北京市哲学社会科学规划办公室
北京市教育委员会　　　　　资助出版
北京现代产业新区发展研究基地

消费者延伸产品态度

品牌概念流畅性
对其形成的作用研究

梁渊 —— 著

化学工业出版社
·北京·

内容简介

本书聚焦品牌概念流畅性，探讨消费者如何在原有产品和延伸产品之间获得品牌概念流畅性体验，以及这种品牌概念流畅性体验对消费者品牌情感迁移的积极作用。本书内容的创新之处在于，基于认知流畅性理论、概念表征理论和认知结构理论，揭示了消费者发生品牌情感迁移的前提条件和直接影响因素。本书以新的视角揭示了新的内在机理，在一定程度上填补了有关消费者对延伸产品态度影响机理研究的空白，对企业实施品牌延伸战略有相应的指导意义。

本书可供企业品牌运营管理人员、企业战略管理者及品牌战略与消费者行为领域的学生和研究人员参考。

图书在版编目（CIP）数据

消费者延伸产品态度：品牌概念流畅性对其形成的作用研究/梁渊著．—北京：化学工业出版社，2022.7
ISBN 978-7-122-41850-0

Ⅰ.①消… Ⅱ.①梁… Ⅲ.①消费者行为论-研究 Ⅳ.①F713.55

中国版本图书馆CIP数据核字（2022）第125216号

责任编辑：张　艳　宋湘玲　　　　　　　　装帧设计：王晓宇
责任校对：边　涛

出版发行：化学工业出版社（北京市东城区青年湖南街13号　邮政编码100011）
印　　装：北京科印技术咨询服务有限公司数码印刷分部
710mm×1000mm　1/16　印张12　字数204千字　2022年7月北京第1版第1次印刷

购书咨询：010-64518888　　　　　　　　　售后服务：010-64518899
网　　址：http://www.cip.com.cn
凡购买本书，如有缺损质量问题，本社销售中心负责调换。

定　价：59.00元　　　　　　　　　　　　　　　　　　版权所有　违者必究

序

　　什么是品牌？学术上有很多解释和定义。现实中，当提及某品牌名称或看到某品牌标志时，我们不由自主地会想到某一汽车、手机、手表、衣服、饮料等特定产品，或某一银行、商店等特定组织，并进一步联想到这一品牌的产品或服务特征、曾经的体验与记忆、心理感受与评价，以及与之相关的各种信息。因而，品牌实质上是人们头脑中的一种状态，或者说是反映人们对特定产品或服务的一种心理感受。成功的品牌，它会令人们对相应的产品或服务喜欢、追逐、拥有，并进一步产生信任、忠诚和归属感，从而树立起能引起顾客强烈情感反应的品牌形象，形成对产品或服务的高度综合评价及具有优秀市场表现的品牌资产。因而企业开展品牌建设及其形象打造，最初总是围绕某一特定品类产品或服务进行，而且最终所形成优秀的品牌资产是企业聚焦于特定品类产品或服务进行合理的品牌定位、科学的品牌设计、有效的品牌传播、精心的品牌经营、严格的品牌管理等多方位、全链条工作的结果。

　　然而，现实中的企业总是不满足于现状，它们要拓展生产经营范围，不仅在已有的产品类别中增加新的品种，还要进行与原有市场或技术相关甚至是不相关的跨界多元化经营，并且相应的要发挥已有品牌形象的所谓"溢出效应"，将相同的品牌名称、品牌标识亦或还有其他已有品牌元素应用到后来推出的新产品上，并希望得到社会和顾客与对最初产品相同的认可和情感关系，即实施所谓的品牌延伸战略。

　　但是，实施品牌延伸战略需要很多条件，因为企业最初都是围绕某一特定品类产品或服务建立品牌和打造品牌形象。开始所确定与宣扬的企业使命、信条、品牌定位、品牌元素、品牌主张、创业发展史、创业者理想与品格，以及所实施的渠道、价格、广告、宣传等策略，一切都是围绕着原先定位的产品及其消费群体展开。在以上既有的打造品牌的举措以及由此在顾客心目中已经形成的对品牌和原有产品的认知和情感关系背景下，如果要实施品牌延伸战略，延伸产品特征必须与原有品牌形象及内涵相一致，要么原有品牌形象能够容纳延伸产品的特征，要么延伸产品能够延续原有品牌的内涵、故事及定位，做到尊重、保持和融入在顾客与品牌之间所建立起的已有情感关系。这其中，掌握消费者心理认知规律是企业选择与决策的前提。先入为主、认知惰性现象以及认知经济性原则等，会为企业选择与决策增添很多困难。

本书作者梁渊将其研究聚焦于品牌概念流畅性，探讨消费者如何在原有产品和延伸产品之间获得品牌概念流畅性体验，以及这种品牌概念流畅性体验对消费者品牌情感迁移的积极作用。其内容创新之处在于，基于认知流畅性理论、概念表征理论和认知结构理论，揭示了消费者发生品牌情感迁移的前提条件和直接影响因素。具体而言，本书内容将延伸产品与原有产品或品牌之间的关系区分为样例性契合（延伸产品与原有产品在类别上的契合程度）和原型性契合（延伸产品在象征性属性上与原有产品或品牌的契合程度），利用田野调查和实验研究方法验证了延伸产品与原有产品或品牌之间不同关系引起消费者品牌情感迁移的不同前提条件和共同中介机制。并进一步验证了在延伸产品与原有产品或品牌之间既不具备样例性契合也不具备原型性契合的情况下，消费者发生品牌情感迁移的前提条件和中介机制。本书内容以新的视角揭示了新的内在机理，在一定程度上填补了有关消费者对延伸产品态度影响机理研究的空白，同时相关结论对企业实施品牌延伸战略有相应的指导意义。

近些年来，中国大力倡导自主创新和自主品牌战略，很多成功企业借助原有品牌进行产品创新和产品结构调整，实施品牌延伸战略和跨界多元化战略。众所周知，现实中品牌延伸战略实施的市场表现千差万别，最后不了了之的也并非个案，个中原因复杂多样。因而，面对国内、国际市场，如何使更多的企业和产品成为国内外消费者喜欢的强势品牌，真正拉近中国企业、中国产品与国内外消费者的情感距离，树立起能够引起国内外顾客强烈情感反应的名牌形象，如何维系和管理一个强势品牌，如何基于一个强势品牌已有形象进行新品类、新行业、新市场的拓展，是中国企业在开展国内外双循环过程中所面临的长期而艰巨的任务。不管是学术研究工作者还是企业实际工作者，都应以此为己任进行不懈努力与艰辛探索。本书是作者多年求学研究的成果之一，希望梁渊博士继续保持探索精神，默默耕耘，不断提供更多更好的研究成果与大家分享！

孙国辉

2021 年 8 月于北京　中央财经大学

前言

进入新时代以来,我国消费市场发生了重大变化。这种变化体现在以下两点:第一,由人均可支配收入增加带来的消费升级,导致人们在消费决策中越来越重视产品品质,品牌成为国民消费的追捧对象;第二,由技术进步加速带来的产品生命周期缩短,导致产品创新和产品结构调整的速度成为决定企业生死存亡的关键因素。身处这一大环境中的企业,要想获得长期竞争优势、实现基业长青,就必须一方面加强自身的品牌建设,建立为消费者信赖的品牌。另一方面,夯实自身的技术积累,提速产品创新和产品结构调整。在这种情况下,品牌延伸——利用原品牌的名称和影响力推出新产品,以加速实现产品创新和产品结构调整的做法对于已经拥有知名品牌的企业来说,就变得理所应当。事实上,利用原品牌的影响力推出新产品,是中国知名企业,乃至世界各地区知名企业的常用做法。如,国内的格力在推出智能手机时,将该手机冠以格力的品牌名称;茅台在推出啤酒时,也将该啤酒冠以茅台的品牌名称;再如,国外的皮尔·卡丹在推出香水时,将该香水冠以皮尔·卡丹的品牌名称;苹果在推出 iPod 时,也将该 iPod 冠以苹果的品牌名称。

虽然品牌延伸在企业品牌管理实践中层出不穷,但是真正成功的品牌延伸实践却是少之又少。根据美国尼尔森咨询公司的统计数据,截至 2016 年底,在美国消费品市场中,运用品牌延伸成功推出新产品的公司,占所有运用品牌延伸推出新产品的公司的比重不足 15%;另根据北京名牌资产管理公司的统计数据,截至 2017 年底,在中国消费品市场中,运用品牌延伸成功推出新产品的公司,占所有运用品牌延伸推出新产品的公司的比重不足 4%。既然品牌延伸战略在企业推出新产品时被广泛运用,而该战略又让企业在推出新产品时寡胜常败,那么哪些因素能够促进企业品牌延伸战略的成功?这些因素之间的相互作用关系如何?便成为企业界和学术界都十分关注的问题。

虽然基于归类理论,现有研究大多认为,延伸产品与原品牌之间的匹配度对消费者延伸产品态度有着重要影响。理由是，这种匹配度预示着延伸产品与原品牌之间存在着信息上的关联性。这种关联性会使消费者在原品牌联想中容易发现延伸产品的信息，从而借助原品牌的影响力产生晕轮效应，促进消费者将他们对原品牌的情感和态度转移至延伸产品。而且现有研究也根据延伸产品与原品牌之间不同维度的共通性，将匹配度分为样例性匹配度和原型性匹配度，并认为两种类型的匹配度都能对延伸产品态度产生直接影响。但是，现有研究仍然没有很好地回答以下三个方面的问题：第一，匹配度通过何种中介因素对消费者延伸产品态度产生影响？第二，样例性匹配度和原型性匹配度对消费者延伸产品态度影响的边界条件是什么？第三，高匹配度和低匹配度对消费者延伸产品态度影响的边界条件是什么？这些都是本书需要分析、验证和解决的问题。

围绕上述三个主要问题，本书从消费者视角出发，分析了"匹配度对消费者延伸产品态度影响的机理"这一核心问题。本书主要包括七部分内容：一是结合案例分析提出研究问题，据此明确本研究的内容、理论创新和实践意义、方法和思路，从而建立本书的整体框架；二是在搜集、回顾延伸产品态度相关文献的基础上，归纳和整理现有文献的观点，提炼现有相关研究的结论、提出文献评述；三是在上述工作的基础上，提出"匹配度对消费者延伸产品态度影响的机理模型"，并结合逻辑分析提出主效应、中介效应和调节效应的相关研究假设；四是遵循严格的量表设计程序，自主开发品牌延伸领域的品牌概念流畅性量表，并利用问卷调查法对101名在校生和91名公司普通员工展开了小样本调研，对问卷进行信度检验和效度分析；五是预实验，将访谈研究和问卷调查研究相结合，在收集了312份数据的基础上，确定适合正式实验研究的实验情境材料，为第六章的正式实验夯实基础；六是在以上步骤的基础上，针对461名在校学生做了两个正式实验、收集了相关数据。同时，也针对428名公司普通职工做了两个正式实验、收集了相关数据。在此基础上，对数据进行了方差分析、协方差分析和回归分析，检验了本书的全部研究假设；七是在实证分析的基础上，总结本书的相关结论和理论贡献，并提出管理建议和研究展望。

本书给出的主要结论有以下五点：

第一，品牌概念流畅性在匹配度对延伸产品态度影响中有中介作用。基于认知流畅性理论和实验研究，本书发现品牌概念流畅性——反映消费者能用同一符号表征延伸产品与原品牌容易程度的主观心理变量能够直接影响消费者的延伸产品态度，并且品牌概念流畅性在匹配度与消费者延伸产品态度之间扮演着完全中介的角色。亦即，匹配度本身并不能直接对延伸产品态度产生影响，而是需要借助品牌概念流畅性的桥梁作用。

第二，对功能型概念品牌，样例性匹配度更能影响消费者的延伸产品态度。若原品牌属于功能型概念，这意味着消费者以产品样例为信息线索来建构对原品牌的信息记忆和信息存储，并依靠反映产品样例属性的信息——产品功能、产品性能和产品质量等来激活他们的原品牌联想。即消费者的原品牌联想呈现出以产品样例为主要内容，以代表产品样例属性的信息为记忆节点的特征。因而，此时延伸产品应该与原品牌在产品样例属性上保持较高的相似性，即保持与原品牌较高的样例性匹配度，才能使消费者在原品牌联想中顺利地找到延伸产品的信息，才能使消费者较轻松地用同一符号来表征延伸产品和原品牌，并由此使消费者对延伸产品产生积极态度。

第三，对象征型概念品牌，原型性匹配度更能影响消费者的延伸产品态度。若品牌属于象征型概念类型，这意味着消费者以符号属性为信息线索来建构对原品牌的信息记忆和信息储存，并依靠反映品牌符号属性的信息——心理参照群体、象征意义等来激活他们的原品牌联想。即消费者的原品牌联想呈现出以品牌符号属性为主要内容，以代表品牌符号特征属性的信息为记忆节点的特征。因而，此时延伸产品应该与原品牌在符号属性上保持较高的继承性，即保持与原品牌较高的原型性匹配度，才能使消费者在原品牌联想中顺利地找到延伸产品的信息，才能使消费者较轻松地用同一符号来表征延伸产品与原品牌，并由此使消费者对延伸产品产生积极态度。

第四，对于局部型认知结构品牌，匹配度能对消费者的延伸产品态度产生显著影响。若原品牌的认知结构呈现局部性特征，这意味着消费者仅仅只是以品牌的某一方面属性信息——产品样例属性信息或品牌符号属性信息为线索来建构对原品牌的信息记忆和信息储存。即消费者的品牌联想在内容上仅仅聚焦于某一方面，除了该方面的信息外，消费者很难能通过其他新信息联想到原品牌。在这种情况下，延伸产品只有与原品牌在这一方面的属性信息保持高度的一致，满足高样例性匹配度或者高原型性匹配度的要求，才能使消费者在原品牌联想中顺利地找到延伸产品的信息，才能使消费者较轻松地用同一符号来表征延伸产品与原品牌，并由此使消费者对延伸产品产生积极态度。

第五，对于整体型认知结构品牌，匹配度不能对消费者的延伸产品态度产生显著影响。如果原品牌的认知结构呈现出整体型特征，这意味着消费者会以多方面的信息为线索来建构对原品牌的信息记忆和信息存储。即消费者的品牌联想在内容上并不局限于某一方面，而是广泛发散于许多方面。在这种情况下，多方面、多种类型的信息都能使消费者较容易地联想到原品牌。此时延伸产品是否与原品牌在某方面的信息保持高度一致，是否满足高样例性匹配度或高原型性匹配度的要求，对消费者能否在原品牌联想中找到延伸产品的信息就没有显著性影响，从而也就对消费者能否较轻松地用同一符号来表征延伸产品与原品牌也没有显著性影响，进而对消费者延伸产品态度没有显著性影响。

本书中的内容丰富和发展了现有延伸产品态度影响因素的研究，创新体现在四个方面：

第一，发现了品牌概念流畅性在匹配度对消费者延伸产品态度影响中的中介作用。虽然前人在延伸产品态度影响因素领域进行了大量研究，但很少有学者就匹配度对消费者延伸产品态度影响的中介因素进行深入探究。基于认知流畅性理论，笔者认为，匹配度并不是导致消费者延伸产品态度形成的直接原因。在一定条件下，因匹配度诱发的品牌概念流畅性，才是影响消费者延伸产品态度的直接原因。这一结论，首次揭开了匹配度对消费者延伸产品态度影响的理论黑箱，找到了嫁接匹配度与消费者延伸产品态度的桥梁，弥补了前人在该方面研究的空白。

第二，开发了品牌延伸研究领域的品牌概念流畅性量表，并验证了它在消费者延伸产品态度形成中的重要作用。虽然概念流畅性的相关观点已经广泛运用到了消费者行为学的研究中，例如有学者将其运用到消费支出决策、投资决策以及产品购买决策，但是目前少有学者将其引入到延伸产品态度影响因素的研究，更无人开发适用于品牌延伸研究领域的品牌概念流畅性量表。本书遵循科学的量表设计步骤，开发出了一个维度、六个题项的量表，并用试验研究证实了它在消费者延伸产品态度形成中的重要作用。这为后续相关的实证和案例研究夯实了理论基础。

第三，发现了品牌概念类型在样例性匹配度、原型性匹配度对消费者延伸产品态度影响中的调节作用。现有研究只是强调了样例性匹配度、原型性匹配度对消费者延伸产品态度的作用，却没有探究这种作用的边界条件。本书引入概念表征理论，认为对于功能型概念品牌来说，消费者主要以产品样例为属性信息形成对原品牌的联想，故样例性匹配度更能影响消费者的延伸产品态度；对于象征型概念品牌来说，消费者主要以品牌符号为属性信息形成对原品牌的联想，故原型性匹配度更能影响消费者延伸产品态度。这丰富和发展了现有的延伸产品态度形成模型。

第四，发现了品牌认知结构特征在匹配度对消费者延伸产品态度影响中的调节作用。毫无疑问现有关于品牌延伸的研究，大多强调企业的品牌延伸战略选择要符合匹配度的要求才能获得消费者积极的态度。本书引入认知结构理论，认为对于认知结构特征为局部性的原品牌来说，因消费者仅仅以某一方面的属性信息形成对原品牌的联想内容,故是否满足匹配度的要求对消费者延伸产品态度确实有着十分重要的影响;对于认知结构特征为整体型的品牌来说,因消费者对原品牌的联想内容呈现出多面型和发散型特质,故是否满足匹配度的要求对消费者延伸产品态度的影响没有显著影响。这发展了现有的延伸产品态度形成模型。

  本书的研究结论,对企业品牌延伸实践有如下指导意义:第一,企业的品牌延伸战略选择要摒弃以匹配度为理论工具的做法,而要考虑在选择既定的品牌延伸战略后,消费者能否较轻松地用同一符号来表征延伸产品与原品牌;第二,若品牌属于功能型概念,那么企业必须重视延伸产品与原品牌在产品样例上的高匹配度,不要将品牌延伸到离原有产品类别较远的品类中,而要将品牌延伸到原品牌产品类别相近的品类中,走以原品牌产品属性为参照的同心多元化之路;第三,若品牌是象征型概念,那么企业必须重视延伸产品与原品牌在品牌原型上高匹配度,即不要将新产品延伸到那些离原有品牌本来业务较近而又不能体现品牌符号属性和象征意义的产品品类中去,而是要将延伸产品延伸到些能真正能体现原品牌核心内涵的产品类别中去,走以原品牌符号属性为参照的水平多元化之路;第四,中国企业要重视面向消费者的抽象符号属性和品牌象征意义塑造,力求使品牌在消费者认知中由具体化的产品类别、向抽象化的符号属性和象征性意义转换,以助力企业的产品结构调整和中国的供给侧结构改革;第五,中国企业要拓宽品牌在消费者认知中的信息内容,让消费者的品牌联想拥有更多、更高抽象层级的信息,以助力品牌的跨界延伸和中国经济的高质量发展。

  本书顺利出版得到了相关领导、专家、学者,特别是作者所在单位北京石油化工学院相关领导、专家和学者的支持。同时还要感谢北京现代产业新区发展研究基地的资助,以及北京石油化工学院吕何诗宜同学和周香雨同学的文字校对工作。

  作者力求将与本书相关的内容科学、严谨、完整地呈现给读者,但限于成书时间较短,书中难免存在不足之处,恳请各位专家和读者批评指正。

著者
2022 年 5 月

目录

第一章 导论 ········· 001

第一节 研究背景与研究意义 ········· 001
  一、研究背景 ········· 001
  二、研究意义 ········· 004

第二节 研究现状与研究不足 ········· 005
  一、研究现状 ········· 005
  二、研究不足 ········· 007

第三节 研究内容与研究路径 ········· 008
  一、研究内容 ········· 008
  二、研究路径 ········· 011

第四节 研究方法与结构安排 ········· 011
  一、研究方法 ········· 011
  二、结构安排 ········· 012

第二章 相关研究回顾 ········· 015

第一节 概念界定 ········· 015
  一、品牌延伸的概念 ········· 015
  二、匹配度的概念 ········· 017

第二节 匹配度的形成过程 ········· 020
  一、基于记忆——信息处理过程理论的匹配度形成过程 ········· 020
  二、基于信息可及性——可诊断性理论的匹配度形成过程 ········· 022

第三节 其他影响延伸产品态度的因素 ········· 024
  一、原品牌属性 ········· 025

二、消费者个体心理差异·· 027
　　三、企业营销活动·· 029
第四节　认知流畅性理论下的消费者产品态度形成················· 030
　　一、知觉处理流畅性与消费者态度形成··························· 032
　　二、信息处理流畅性与消费者态度形成··························· 033
　　三、概念处理流畅性与消费者态度形成··························· 034
第五节　概念表征理论视角下的消费者产品态度形成············· 035
　　一、概念表征的内涵··· 035
　　二、品牌概念表征与消费者产品态度形成······················· 036
第六节　认知结构理论视角下的消费者产品态度形成············· 038
　　一、认知结构的内涵··· 038
　　二、品牌认知结构特征与消费者产品态度形成················ 039
第七节　文献评述··· 041

第三章　假设提出·· 043
第一节　匹配度、品牌概念流畅性与延伸产品态度················ 043
　　一、匹配度与品牌概念流畅性的关系······························ 043
　　二、品牌概念流畅性与延伸产品态度的关系··················· 045
第二节　品牌概念类型与匹配度类型的交互作用···················· 049
　　一、品牌概念类型与品牌信息联想的可及性差异············ 049
　　二、品牌概念类型与匹配度类型对概念流畅性的交互作用······ 051
　　三、品牌概念类型与匹配度类型对延伸产品态度的交互作用···· 053
　　四、品牌概念流畅性的中介作用···································· 055
第三节　品牌认知结构类型与匹配度的交互作用···················· 057
　　一、品牌认知结构类型与品牌信息联想的内容差异········· 057
　　二、品牌认知结构类型与匹配度对概念流畅性的交互作用······ 059
　　三、品牌认知结构类型与匹配度对延伸产品态度的交互作用···· 060
　　四、品牌概念流畅性的中介作用···································· 061

第四章　量表设计·· 064
第一节　量表设计概述·· 064

第二节　量表设计的前期准备 ·· 065
　　一、量表设计前期的文献阅读 ·· 065
　　二、量表设计前的调查访谈 ·· 067
第三节　量表题项的设计与确认 ·· 069
第四节　量表的信度和效度检验 ·· 072
　　一、量表题项的信度检验 ·· 073
　　二、量表题项的效度检验 ·· 074

第五章　预实验 ·· 076
　第一节　预实验一：基于实际品牌 ·· 076
　　一、实际品牌的筛选 ·· 076
　　二、所选实际品牌的概念类型检验 ·· 077
　　三、所选实际品牌的认知结构类型检验 ···································· 078
　第二节　预实验二：基于虚拟品牌 ·· 080
　　一、不同概念类型虚拟品牌的设计和效果检验 ······························ 081
　　二、不同认知结构类型虚拟品牌的设计和效果检验 ·························· 081
　第三节　预实验三：实际品牌的虚拟延伸产品选择 ···························· 082
　　一、不同概念类型实际品牌的延伸产品选择及关系检验 ······················ 083
　　二、不同认知结构类型实际品牌的延伸产品选择及关系检验 ·················· 085
　第四节　预实验四：虚拟品牌的虚拟延伸产品选择 ···························· 087
　　一、不同概念类型虚拟品牌的延伸产品选择及关系检验 ······················ 087
　　二、不同认知结构类型虚拟品牌的延伸产品选择及关系检验 ·················· 088

第六章　正式检验 ·· 091
　第一节　实验一：基于实际品牌 ·· 092
　　一、实验设计 ·· 092
　　二、被试招募与实验过程描述 ·· 092
　　三、变量的测量、信度检验与操控效果检验 ································ 093
　　四、品牌概念类型与匹配度类型对品牌概念流畅性交互作用的假设
　　　　检验 ·· 095
　　五、品牌概念类型与匹配度类型对延伸产品态度交互作用的假设
　　　　检验 ·· 096

  六、品牌概念流畅性的中介效应检验·· 099
  七、实验讨论·· 102
 第二节 实验二：基于虚拟品牌··· 102
  一、实验设计·· 102
  二、被试的招募与实验过程描述·· 103
  三、变量的测量、信度检验与操控效果检验································ 104
  四、品牌概念类型与匹配度类型对品牌概念流畅性交互作用的假设
    检验··· 105
  五、品牌概念类型与匹配度类型对延伸产品态度交互作用的假设
    检验··· 106
  六、品牌概念流畅性中介作用的假设检验···································· 109
  七、实验讨论·· 111
 第三节 实验三：基于实际品牌··· 112
  一、实验设计·· 112
  二、被试招募与实验过程描述·· 112
  三、变量测量、信度检验以及操控效果检验································ 113
  四、品牌认知结构类型与样例性匹配度对品牌概念流畅性交互作用的
    假设检验·· 115
  五、品牌认知结构类型与样例性匹配度对延伸产品态度交互作用的
    假设检验·· 116
  六、品牌概念流畅性中介作用的假设检验···································· 118
  七、实验讨论·· 120
 第四节 实验四：基于虚拟品牌··· 120
  一、实验设计·· 120
  二、被试招募与实验过程描述·· 121
  三、变量的测量、信度检验与操控检验······································ 122
  四、品牌认知结构类型与原型性匹配度对品牌概念流畅性的交互作用
    检验··· 123
  五、品牌认知结构类型与原型性匹配度对延伸产品态度交互作用的假设
    检验··· 124
  六、品牌概念流畅性的中介效应检验·· 126
  七、实验讨论·· 128

第七章 结论与启示 ·· 129
　第一节　研究结论 ·· 129
　第二节　理论贡献 ·· 131
　第三节　营销启示 ·· 133
　第四节　研究局限与未来研究方向 ·· 137

参考文献 ·· 138

附录 ·· 153

第一章 导论

第一节 研究背景与研究意义

一、研究背景

2016年6月,国务院办公室厅刊发了《关于发挥品牌引领作用、推动供需结构升级的意见》,指出在居民可支配收入不断增长、中等收入群体持续扩大、全民消费需求和消费结构日益升级的新时代,消费者对产品和服务的消费更加注重品质,更加讲究品牌消费。因此要发挥品牌在产业结构升级和供给侧结构改革中的引领作用,用产品品质和产品品牌深入挖掘国民的需求潜力、刺激国民消费,从而更好地发挥需求对经济增长的拉动作用。广大拥有知名品牌的企业积极响应党和政府的号召,或根据行业内其他企业的经验,或根据自身独特的品牌优势,选择了自身的产品创新和产品结构调整之路,以期带动和引领整个行业的产业结构升级和供给侧结构改革。

市场经济条件下,企业一切战略选择的成败,都需看消费者对该战略选择的态度和行为倾向(厉以宁,2015)。在此,本书借助案例来剖析消费者对品牌A、品牌B以及品牌C等国内知名企业产品创新和产品结构调整的态度,说明中国企业在选择符合自身产品创新和产品结构调整之路时遇到的困惑。以此提出本书相关内容及研究的意义。

品牌A的啫喱水未获得大众市场的广泛认可 ❶

成立于1999年的A公司,是一家专业化生产和销售护肤品的公司。A公司生产和

---

❶ 案例来源:华经产业研究院.2019—2025年中国防晒护肤品行业市场前景预测及投资战略研究报告 [B].2018.

销售的品牌 A 美容日霜、晚霜及 SOD 蜜受到广大消费者的喜爱,可谓家喻户晓。从 2003 年到 2017 年的 15 年间,品牌 A 年均销售美容日霜、晚霜 3.45 亿瓶,年均销售 SOD 蜜 2.13 亿瓶。而且从 2010 年开始,连续 8 年获得中国护肤品市场产销量第一的傲人业绩。随着在护肤品行业品牌知名度的提升,从 2008 年开始,品牌 A 开始将业务范围逐渐由日霜、晚霜及 SOD 蜜扩展至啫喱水、爽肤水、卸妆水、洗面奶以及剃须膏等化妆类产品。因为只是在化妆品这一大行业内进行品牌延伸,A 公司原以为可以凭借品牌 A 在护肤品行业的声誉和统治地位顺利实现业务在化妆品行业的拓展。但是消费者并没有对品牌 A 推出的啫喱水、爽肤水、卸妆水、洗面奶以及剃须膏等产品表现出较为积极的态度和较强的购买欲望。从销售量来看,以啫喱水为例,2014 年品牌 A 的啫喱水仅实现销售收入 8000 万,占当年中国啫喱水市场总销售收入的比重仅为 1.5%,2015 年该比重为 1.2%,2016 年该比重不足 1%。故有分析人士认为"品牌 A 可以在美容日霜、SOD 蜜等产品线上获得成功,但是很难再做其他产品线延伸。"

很明显,A 公司是想凭借品牌 A 在护肤品市场的影响力,将业务扩展到更大的化妆品市场。实际上,先在单一产品领域做出有行业影响力的品牌,然后再利用已有品牌的影响力将产品扩大到行业内的其他领域、甚至行业外领域的做法,已经被很多企业采用、并证明是行之有效的产品创新和产品结构调整之路,但是品牌 A 却没有通过这条道路实现产品创新和产品结构调整。

品牌 B 的跑车遭遇市场冷眼 ❶

从 1997 年开始,B 公司开始专注于汽车制造行业。经过十多年的发展,它旗下的品牌 B 已经成为国内知名的汽车制造商。2010 年 3 月正式收购全球著名汽车品牌 V 后,品牌 B 加强了与品牌 V 之间的技术合作与品牌整合,使品牌 B 成为了全球知名的汽车品牌,同时品牌 B 还保持对技术研发和技术创新的持续投入,获得了雄厚的技术积累。截至 2018 年第三季度,品牌 B 在汽车制造领域已经拥有专利性成果 103211 件,远高于国内其他汽车生产厂商。基于此,品牌 B 在 2016 年 8 月北京国际汽车展览会上推出了 GT 系列的跑车。该跑车的前身采用"蝴蝶状大鬼脸"设计,前大灯、雾灯采用的都是当时最先进的技术——氙灯,车的发动机也采用的是当时最新的技术——双涡轮引擎技术,尾气排放管也是采用当下最新的技术——内藏式镀铬排气管。总之,该款车无论是在技术组合,还是在外观设计上,都已经达到了世界先进的水平。然而,品牌 B 的 GT 系列跑车却遭受到了市场的冷遇。在北京国际汽车展览会上,当参观者看到这款车贴的是品牌 B 标识后,都或多或少地对这款车持消极的态度,认为品牌 B 的 GT 系列跑车很是不伦不类。

---

❶ 案例来源:刘进.发现 7Q 品牌营销系统 [M].北京:清华大学出版社,2017.

很显然，品牌 B 是想从行业中低端和低技术含量的产品入手，在行业中积累品牌声誉和管理经验后，再将品牌名称运用到行业的中端和高端产品，以实现品牌对行业中的低端、中端和高端产品的全覆盖。其实，这条产品创新和产品结构调整之路，已经被行业中的许多企业证明是一条可行性很高的发展道路，但是品牌 B 却没有通过这条道路实现产品创新和产品结构调整。

品牌 C "造车梦"遭遇市场的冷嘲热讽 ❶

C 公司是一家集制造、销售和研究于一体的专业化空调企业。旗下的品牌 C 更是中国空调行业中的"世界名牌"产品。2002 年以来，品牌 C 的空调受到了全球消费者的追捧，产销量在 2005 年至 2017 年的 13 年间持续全球领先。2017 年更是取得了 1483 亿元营业收入的傲人业绩。在空调行业取得巨大成功后，品牌 C 开始利用品牌的巨大影响力拓展其他业务。2014 年 6 月品牌 C 的智能手机正式亮相，售价为 1599 元，但是消费者对这款手机的态度却十分冷淡。到 2016 年年底，品牌 C 在手机上实现的累计销售额仅为 2400 万元，占当年公司总销售额比重不足 0.1%，占当年国内智能手机市场销售额的比重则更低。在这种境遇下，公司 C 为增加自产手机的销售量，强制要求企业内部员工都使用品牌 C 手机的消息，便开始在网络上流传开来 ❷。在此之后的 2016 年 3 月，公司 C 正式对外宣布要进军新能源汽车产业。消息一出，更是舆论哗然。大部分人都认为公司 C 的造车计划只不过是黄粱一梦，不可能有太大的实质性进展。为了消除舆论的质疑，同时加强自身在汽车制造领域的技术实力，公司 C 宣布未来计划并购新能源领域的高新技术企业——ZH 新能源有限公司。但是这一消息并未改变舆论对品牌 C 造车计划的质疑。最后，随着收购 ZH 新能源有限公司计划的搁浅，品牌 C 的"造车梦"在一片质疑声里胎死腹中。

很明显，品牌 C 是想通过它在空调行业的品牌影响力，跨行业延伸到当下炙手可热的新能源汽车行业。虽说可以将外界对这一计划的质疑，归因于新能源汽车与空调的行业差距过大，加上 C 公司之前没有汽车行业的技术和管理经验两个方面的因素，但是，这些却无法解释另一个同类现象——舆论对苹果公司"造车梦"的肯定与支持。与 C 公司宣布造车计划在时间上相近，2015 年 9 月苹果公司宣布要进军新能源汽车产业，消息一出也是舆论哗然，不过与对公司 C 造车计划的态度相反，大部分人认为苹果公司的造车计划不仅会给苹果品牌带来新的发展机遇，同时也会引领新能源汽车行业的未来发展趋势。同样是行业内的知名品牌，同样是做跨行业发展，品牌 C 的"造车梦"受到人们的质疑，而苹果品牌的"造车梦"则受到人们的追捧。

像品牌 A、品牌 B 以及品牌 C 这般，将原品牌名称运用到与原品牌现有

---

❶ 案例来源：http://www.sohu.com/a/233303369_157493.
❷ http://www.21ic.com/chongdian/news/2017-01-10/699077.html.

产品类别不一致的延伸产品,以利用原品牌的影响力实现产品创新和产品结构调整的企业实践,在学术研究上被称为品牌延伸战略(Tauber,1987;Aaker 和 Keller,1990;符国群,1995)。从延伸产品与原品牌的关系来看,可供企业选择的品牌延伸战略有三种:第一,以原品牌现有产品所属的类别为中心,将品牌名称(标识)运用到该类别中的其他产品。如案例一中 A 公司将品牌 A 由 SOD 蜜延伸至啫喱水;第二,是以原品牌现有产品所属的类别为中心,将品牌名称(标识)运用到该类别中更高端(低端)的其他产品。如案例二中的 B 公司将品牌 B 由低端轿车延伸到高端跑车;第三,是将品牌名称(标识)运用到与原品牌产品本身所属的类别完全不相关的其他产品,这种品牌延伸战略又被称为品牌远距离延伸或品牌跨界延伸(孙国辉,等,2019)。如案例三中公司 C 欲将品牌 C 由空调延伸至新能源汽车。也就是说,品牌 A 所选的延伸类型、品牌 B 所选择的延伸类型以及品牌 C 所选择的延伸类型,是理论上所有可供企业选择的、利用原品牌进行产品创新和产品结构调整的道路。

面对中国企业近期在利用品牌延伸战略实现产品创新和产品结构调整实践中的失利,我国品牌营销学者、中山大学教授王海忠在 2018 年 5 月举行的中国市场学年会暨中国品牌研究中心成立的大会上指出:"如何引导中国领先企业做出正确的品牌延伸战略选择,以让它们的品牌延伸实践为新时代供给侧结构改革和经济的高质量发展做出应有的贡献,是当下中国品牌研究中最为紧迫的课题之一。"那么,什么是"正确"的品牌延伸战略选择?在选择"正确"的品牌延伸战略时,作为企业又需要考虑哪些因素?这些问题都亟待理论界回答。

二、研究意义

当下,中国消费品市场正处于由消费升级带来的消费者对高端产品需求增加和由技术进步带来的产品更新升级步伐加快的新时代,身处其中的中国企业要想获得长足的发展就必须不断调整产品结构调整,不断向高端市场迈进。对于已经拥有知名品牌的企业来说,实施品牌延伸战略无疑是实现这一目标的捷径和坦途。那么,如何选择合适企业的品牌延伸战略就变得尤为重要。本书的研究意义主要体现在以下三个方面:

第一,为企业根据自身品牌属性,选择合适的品牌延伸战略提供理论借鉴。根据本书的研究结论,消费者对品牌的不同概念类型判断会影响不同类型匹配度对消费者延伸产品态度的影响,而消费者对品牌的不同认知结构特征则会影响匹配度对消费者延伸产品态度的影响。据此,当企业进行品牌延伸战略选择时,首先应该考虑消费者对原品牌的概念类型判断和消费者对原品牌的认知结构特征,然后选择适合的品牌延伸战略。当品牌在消费者认知中属于功能型概念时,企业应该选择走符合高样例型匹配度要求的品牌延伸战略,即走以产品样例属性为圆心的同心多元化发展之路;而当品牌在消费者认知中属于象征型概念时,企业应该选择走符合高原型性匹配度要求的品牌延伸战略,即走以品牌符号属性为核心的水平多元化发展之路;当品牌在消费者的认知结构中是整体型时,企业可以选择既不依赖高样例性匹配度也不依赖高原型性匹配的品牌延伸战略,而是可以选择进行与原品牌毫无相关的远距离(即跨界)延伸。

第二,揭示了远距离(跨界)品牌延伸成功的前提条件。根据本书的研究结论,企业远距离品牌延伸要想获得消费者的积极态度,就必须首先满足消费者对品牌的认知结构是整体型的,即外界的新信息能很容易使消费者联想到该品牌。如果外界新信息不容易使消费者联想到原品牌,即企业所拥有的品牌是局部型的,那么企业就不宜进行远距离的品牌延伸。这对于欲突破匹配度的理论藩篱,进行远距离(即跨界)品牌延伸的企业来说,具有很强的现实性指导意义。

第三,为企业品牌延伸战略选择的绩效预期提供新的、更为可靠的方法论工具。根据本书的研究结论,真正影响消费者延伸产品态度的直接原因并不是匹配度,而是在一定条件下由匹配度引起的品牌概念流畅性。为此,企业品牌延伸战略选择的绩效预期应该摒弃以"匹配度"为纲的思想,考虑它所选择的匹配度类型能否使消费者在延伸产品与原品牌之间产生了品牌概念流畅性,即企业应该思考在进行品牌延伸战略选择、延伸到某类别产品后,消费者能否较轻松地回答"原品牌是什么?"这一问题。如果消费者获得了较高的品牌概念流畅性,能够在企业将品牌延伸到某类新产品后,仍然可以轻松地回答"原品牌是什么"这一问题,那么该延伸产品就有可能获得消费者的积极态度,否则延伸产品就不可能获得消费者的积极态度。

第二节　研究现状与研究不足

一、研究现状

市场经济条件下,检验企业一切战略选择是否正确的最终方法是,消费者对该战略执行结果的态度(厉以宁,2015)。企业的品牌延伸战略选择亦不能例外。这导致,现有品牌延伸领域的研究大多是从消费者态度视角进行的(孙国辉,韩慧林,2014)。

从 1990 年 Aaker 和 Keller 的实证研究开始,学者们就开始了对消费者延伸产品态度影响因素的探究。经过近 30 年的研究沉淀,已经形成了大量而丰富的文献资料。对这些研究的详细评述请见本书的第二章,本书在此仅对现有研究的特征做出概要性的说明。总的来说,现有研究呈现出以下特征:

第一,匹配度对品牌延伸态度有直接作用(Aaker和Keller,1990;Park,et al,1991;符国群,2001;王小毅,等,2008,2009;于春玲,等,2012)。现有研究几乎都认为,延伸产品与原品牌间的匹配度是消费者形成积极延伸产品态度的主要因素。所谓匹配度是指消费者对延伸产品与原品牌之间具有某种共通性以及共同性程度的判断(于春玲,等,2012)。由于对消费者来说,品牌既有具体产品样例层面的意义也有抽象符号属性层面的意义(Keller,1993,2003),故有学者将匹配度分为样例性匹配度和原型性匹配度:所谓样例性匹配度是指,延伸产品与原品牌在具体产品样例层面上所具有的共通性程度(Mao和Krishnan,2006;姚琦,等,2014,2017;朱至文,2016);而所谓原型性匹配度则是指,延伸产品与原品牌在品牌符号属性层面所具有的共通性程度(Mao和Krishnan,2006;姚琦,等,2017;朱至文,2016)。例如,阿迪达斯品牌由运动鞋延伸到休闲鞋,就可以凭借运动鞋和休闲鞋都属于鞋类产品,而归类为高样例匹配度延伸;而阿迪达斯品牌由运动鞋延伸到运动水壶,就可以凭借运动鞋和运动水壶共同分享运动这一符号属性,而归类为高原型性匹配度延伸。

现有研究认为,匹配度对延伸产品态度之所以重要,是因为大多企业的品牌延伸实践具有以下特征:①原品牌在进行品牌延伸之前已经为消费者熟悉,并且在行业中有一定的影响力和声誉;②消费者虽然可能对具体的延伸产品不熟悉,但是对延伸产品所属类别却很熟悉。在这种情况下,只有让延伸产品与原品牌之间有着较高的匹配度,才能向消费者展示二者存在着信息上的关联性。这种关联性会使消费者在原品牌的信息联想中容易找到延伸产品,从而借助原品牌的影响力产生晕轮效应(Aaker和Keller,1990;卢泰宏和谢飙,1997)。

第二,原品牌的情感属性对消费者的延伸产品态度有重要作用。原品牌的情感属性包括消费者对原品牌的熟悉度(Olive,1999;范书利,2008)、喜爱度(薛可和余明阳,2003)、忠诚度(Bhat和Reddy,2001;Gurham-Canli,2003)以及依恋度(Fedorikhin,et al,2008)。现有研究认为,消费者积极延伸产品态度的形成实质上是一个情感迁移过程。即消费者之所以对延伸产品有积极的态度,是因为消费者将他们对原品牌的情感迁移到了延伸产品。在这一情感迁移过程中,延伸产品与原品牌的匹配度也扮演着十分重要的角色。这表现为,当消费者对原品牌的情感较深时,延伸产品与原品牌之间的低匹配度会阻碍消费者将其对原品牌较深的情感迁移至延伸产品;当消费者对原品牌没有较深的情感时,延伸产品与原品牌的高匹配度会促进消费者对延伸产品形成一定的情感和积极态度

(Kim, Yoon, 2013)。亦即，低匹配度会抑制消费者将其对原品牌的情感迁移至延伸产品，而高匹配度则会促进消费者将其对原品牌的情感迁移至延伸产品（Liu 和 Hu, 2010; Abosag, et al, 2012）。

二、研究不足

虽然学者们围绕延伸产品态度影响因素这一主题进行了较为深入的研究，形成了诸多文献资料，但是这些研究依然存在很多不足。这些不足导致到目前为止，现有研究结论仍然在诸多问题上无法给出让人信服的解释，本书在此总结如下：

第一，匹配度是通过何种中介机制对消费者延伸产品态度产生影响的？现有研究大多认为匹配度对消费者延伸产品态度有直接的影响。然而，可能正是由于匹配度在消费者延伸产品态度形成中起着非常重要的作用，以至于现有研究忽略了匹配度是通过何种中介机制影响了消费者延伸产品态度这一重要问题。从理论上说，匹配度仅仅是消费者运用自身关于原品牌的信息联想处理延伸产品信息时的一个诊断性结果（Horen 和 Pieters, 2007; Horowitz 和 States, 1994; Lee 和 Labroo, 2004; Mathularishnam 和 Weitz, 1991），这一结果能否真正影响消费者的延伸产品态度，在很大程度上还依赖于消费者在该信息处理过程中的品牌概念流畅性体验（Alter 和 Oppenheimer, 2009; Avnet 和 Dham, 2012; Hoorens 和 Bruckmuller, 2015）；从实践案例上说，有很多满足高匹配度要求的品牌延伸得到了消费者较好的态度，但是，也有更多满足高匹配度要求的品牌延伸没有得到消费者较好的态度，这说明，高匹配度不一定直接预示着消费者肯定会对延伸产品有好的态度。那么，这是否意味着，现有研究还未打开匹配度对延伸产品态度影响的理论黑箱？

第二，样例性匹配度和原型性匹配度对消费者延伸产品态度影响的边界条件是什么？现有研究发现，现样例性匹配度和原型性匹配度都能影响消费者的延伸产品态度，但是，却未曾指出二者作用于消费者延伸产品态度的情境。这让现实中的企业在品牌延伸战略选择时左右为难，因为：首先，在理论上只是概念内涵不同的两种匹配度类型，在实践中却预示着企业要走上不同方向的产品创新和产品结构调整之路；若企业选择走符合高样例性匹配度要求的品牌延伸，那么它的产品创新和产品结构调整之路就是以原品牌的产品为圆心、以原品牌产品本身所属类别范围为半径的同心多元化发展道路；而由于品牌符号属性和品牌象征意义很难在同类别的其他产品品类上体现，因此若企业选择走符合高原型性匹配度要求的品牌延伸，那么它的产品创新和产品结构调整之路就是以原品牌符号属性为圆心的水平多元化发展道路（孙国辉，等，2019）。其次，在实践中，有的企业走以样例性（原型性）匹配度为理论参照的品牌延伸获得了消费者积极的态度，而有的企业则没有。那么，这是否意味着无论是样例性匹配度还是原型性匹配度，二者对消费者延伸产品态度的影响都存在边界条件？

第三，匹配度，无论是高匹配度还是低匹配度，对消费者延伸产品态度的影响的边界条件是什么？根据现有研究结论，只有符合高匹配度（高样例性匹配度或者高原型性匹配度）的品牌延伸才能获得消费者积极的延伸产品态度（Balachander 和 Ghose，2003；Keller 和 Aaker，1992；Kim 和 Yoon，2013；雷莉，等，2005）。但是实践中，很多企业的品牌延伸战略并不符合高匹配度的要求，却也获得了消费者的积极延伸产品态度，这让很多品牌管理者坚信，即便延伸到离原品牌产品类别较远的产品，也能因为原品牌的巨大影响力而让消费者对延伸产品产生积极的态度。例如，在2016年3月宣布进军新能源汽车行业的发布会上，面对外界的质疑，C公司的负责人表示：C公司的新能源汽车计划并非一时兴起，而是有技术、有品质、有品牌做支撑的[1]。但是，正如前文所述，品牌C的造车梦在冷嘲热讽里胎死腹中。那么，匹配度影响消费者延伸产品态度的边界条件是什么？或者，哪一类型的品牌能够支撑企业的远距离品牌延伸？

第四，原品牌情感属性对消费者延伸产品态度真的存在重要的影响吗？现有研究认为，如果消费者对延伸产品有着积极的品牌态度、品牌忠诚度或者很深的品牌依恋，而且延伸产品与原品牌之间有着很高的匹配度，那么消费者就会爱屋及乌地对延伸产品有积极的情感（Fedorikhin，2008；Liu 和 Hu，2010；Abosag，et al，2012）。但是，现实中很多企业的品牌延伸的实践却不支持这一结论。那么，原品牌的情感属性真的如现有研究那样，对消费者的延伸产品态度有着十分重要的影响吗？如果有，这一影响的前提又是什么？

第三节 研究内容与研究路径

一、研究内容

在学习和继承现有品牌延伸研究中的合理成分、总结和规避现有品牌延伸研究中的不足的基础上，本书从以下三个方面开展了深入的研究：

---

[1] 详见：https://www.i-ev.com/index.php?a=show&c=index&catid=22&id=5253&m=content。

第一，品牌概念流畅性在匹配度对延伸产品态度影响中的中介作用研究。基于认知流畅性理论，本书认为匹配度并不能直接影响消费者的延伸产品态度，因为它只是代表消费者运用自身关于原品牌的信息联想处理延伸产品时的一个诊断性结果。这一结果是否能真正影响消费者的延伸产品态度，还依赖于消费者在获得这一最终结果过程中的概念流畅性体验。即本书认为，匹配度需要借助品牌概念流畅性才能真正影响消费者的延伸产品态度。为此：

首先，本书就匹配度与品牌概念流畅性的关系进行了逻辑推导，发现：①就本质上来说，匹配度形成的过程是一个信息处理的过程（Aaker 和 Keller，1990；Mao 和 Mariadoss，2012；Martinez 和 Pina，2009；Park, et al, 1991；王小毅，等，2009），而品牌概念流畅性则是人们在信息处理过程中的流畅性体验（Alter 和 Oppenheimer，2008；Reber, et al, 1998；Schwarz，2004；Schwarz 和 Bless，1991），二者存在逻辑上的因果关系；②匹配度的形成强调消费者能从他们关于延伸产品与原品牌的记忆结构中寻找共同点（Batra et al, 2010），而品牌概念流畅性的形成则强调消费者能顺畅地在他们关于原品牌的记忆内容中提取延伸产品的信息（Shapiro 和 Nielsen，2013；Tversky，1973；Winkielman, et al, 1997）。显然，如果消费者在他们的记忆结构中，有关于延伸产品与原品牌的共同点，那么他们就会顺畅地在关于原品牌的记忆结构中提取延伸产品的信息。

其次，本书也对品牌概念流畅性与延伸产品态度的关系进行了逻辑推导，发现：①高品牌概念流畅性意味着消费者能以最低的认知资源消耗来处理延伸产品与原品牌之间的信息联系（Schwarz, et al, 2007；Schwarz，2018；Shapiro，1999），符合认知经济性的规律；②高品牌概念流畅性能让消费者产生"认知错觉"（Oppenheimer，2008；Schwarz，1998；Schwarz，2016），即让消费者产生延伸产品本来就属于原品牌的错觉。③高品牌概念流畅性的主观体验能让消费者较容易在延伸产品与原品牌之间产生认知内容上的转换，更容易记住原品牌下的延伸产品（Alter 和 Oppenheimer，2009；Scarabis, et al, 2017；Reber 和 Schwarz，2004；Reber 和 Schwarz，1999）。

最后，本书通过四个正式实验收集的数据，检验了品牌概念流畅性对延伸产品态度的直接影响，以及它在匹配度与延伸产品态度影响中的中介作用。

第二，原品牌概念类型与匹配度类型对品牌概念流畅性和延伸产品态度的交互作用研究。基于概念表征理论，本书认为消费者对原品牌的概念类型表征与匹配度类型的交互项能够影响消费者的品牌概念流畅性，进而影响他们的延伸产品态度。为此：

本书就品牌概念类型与匹配度类型的交互项所代表的意义进行了详述：消费者对原品牌的概念类型判断代表了他们对原品牌的心理诉求，这会影响他们对不同概念类型品牌的信息联想模式（Park，et al，1986）。对于功能型概念品牌，消费者以产品的功能和产品种类等内容信息为主形成对原品牌的联想（Park，et al，1986，1991；Monga 和 John，2011）。如果消费者将原品牌归类为功能型概念，那么他们的原品牌联想就是以产品类别和产品功能等信息为主要内容，此时延伸产品必须与原品牌在产品类别上或产品功能上相契合，即满足高样例性匹配度的要求，才能让消费者产生较高的品牌概念流畅性，进而对延伸产品产生积极的态度；对于象征型概念品牌，消费者以品牌的符号属性和象征性意义为品牌的信息联想模式（Park，et al，1993；Jin 和 Zou，2013）。如果消费者将原品牌归类为象征型概念，那么他们的原品牌联想就是以品牌符号属性和品牌象征性意义等信息为主要内容，此时延伸产品必须与原品牌在符号属性和象征型意义上具有高度的继承性，即满足高原型性匹配度的要求，才能让消费者产生较高的品牌概念流畅性，进而对延伸产品产生积极的态度。

第三，原品牌认知结构特征与匹配度对品牌概念流畅性和延伸产品态度的交互作用研究。基于认知结构理论，本书认为消费者对原品牌的认知结构以及匹配度本身的交互项能影响他们的品牌概念流畅性，进而影响延伸产品态度。为此：

本书就品牌认知结构与匹配度交互项所代表的意义进行了详述。消费者对原品牌的认知结构代表了他们对品牌信息的联想内容和编码形式（Lutz，1975；Keller，2003）。对于不同认知结构的品牌消费者有着不同的信息内容存储内容和编码形式（Hastak 和 Olson，1989；Gresham，et al，1984；Keller，2003；Olson 和 Dover，2006）。对于局部型认知结构的原品牌，由于消费者对其存储的联想信息内容较少，故外界的新信息较难使消费者联想到该品牌（Hastak 和 Olson，1989；Gresham，et al，1984）。此时，延伸产品必须要么与原品牌在产品类别上保持较高的一致性，即满足高样例性匹配度的要求，要么与原品牌在符号属性上保持较高的一致性，即满足高原型性匹配度的要求，才能让消费者产生较高的品牌概念流畅性，进而对延伸产品形成积极的态度；对于整体型认知结构的品牌，由于消费者对其存储的联想信息内容较多，故外界的很多新信息较容易使消费者联想到该品牌（Keller，2003；Olson 和 Dover，2006）。此时，延伸产品是否与原品牌在产品类别上保持一致性，即是否满足高样例性匹配度，或者延伸产品是否与原品牌在符号属性上保持较高的一致性，即是否满足高原型性匹配度，对消费者是否产生品牌概念流畅性、是否产生对延伸产品产生积极的态度，没有显著性影响。

二、研究路径

本研究的技术路线如图 1-1 所示。

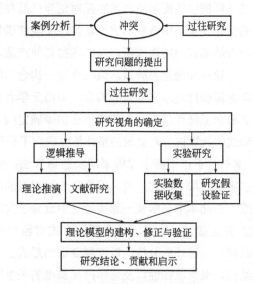

图 1-1　本研究的技术路线图

第四节　研究方法与结构安排

一、研究方法

本书围绕消费者延伸产品态度这一研究主题,首先通过对国内外现有纷杂文献的认真整理和仔细研读,掌握现阶段学者们关于该研究主题的研究成果及主要论点,并通过对现实品牌延伸案例的深入研究,发现现有研究与现实案例的冲突,并以此提出本书的研究问题;其次,围绕延伸产品态度形成这一主题再次展开文献研究,以从理论上发现现有研究出现不足的原因,并就此确定本书研究的主要问题;再者,通过理论和逻辑推导,本书建立了全新的消费者延伸产品态度形成模型,并提出了本书的研究假设;最后通过问卷调查和试验研究验证了本书提出的研究假设。具体来说,本书的研究方法包括:

① 问卷调查。本书基于以下三个原因采用了问卷调查法:第一,检验预实验中所选实际品牌和所设计虚拟品牌的属性。如上所述,本书从消费者的品牌概念类型和品牌认知结构特征对品牌进行属性上的划分。为了确保正式实验所选择

的品牌能够涵盖以上两个维度的属性，本书以问卷调查的形式对所选品牌的两维度属性进行了验证；第二，测试实验中所选虚拟延伸产品与原品牌之间的匹配度。如上所述，本书从样例性匹配和原型性匹配对延伸产品与原品牌的关系属性进行了划分。为了确保正式实验所选择的虚拟延伸产品能够满足以上两个维度的属性，本书以问卷调查的形式对所选或所涉及的虚拟延伸产品与原品牌的关系属性进行了验证；第三，设计和确定品牌概念流畅性这一构念的维度和题项，以及内外部信度。品牌概念流畅性是本书的核心构念，但尚无学者设计和确定适用于品牌延伸研究的品牌概念流畅性量表。为此本书在初步确定构念涉及题项的前提下，用问卷调查的形式收集数据，对量表的整体信度进行了分析。

② 实验研究。本书基于以下两个原因采用实验研究法：第一，控制品牌情感对延伸产品态度的影响。如上所述，前人研究认为消费者的品牌情感会影响他们对延伸产品的态度，为此本书在实验一和实验三中选择了实际品牌和虚拟延伸产品的实验刺激物，并让被试以回答问卷题项的方式对他们的品牌情感进行测量。然后将所得的品牌情感题项的分值，以控制变量的形式参与匹配度、品牌概念类型、品牌认知结构、概念流畅性以及延伸产品态度的关系验证，以期控制品牌情感可能对消费者延伸产品态度存在的潜在影响；第二，控制消费者的品牌知识差异对延伸产品态度形成的影响。虽然正式实验一和正式实验三控制了品牌情感对消费者延伸产品态度形成的影响。但由于使用的是不同的品牌，消费者可能会对这些不同品牌存在品牌知识上的差异（Muthulcrishnan 和 Writz，1991；Paul 和 Datta，2013；Sujan 和 Mita，1985），故实验的内部效度无法得到保证。为此本书在实验二和实验四中选择了虚拟品牌和虚拟延伸产品的实验刺激，以用同一虚拟品牌控制消费者品牌知识差异可能会对延伸产品态度存在的潜在影响。

二、结构安排

在第一章，首先本书基于现实案例的简单分析提出了本书的研究问题，然后本书归纳和总结了现有关于该问题的研究结论、指出现有研究的不足，接着提出本书要研究的主要内容，最后探讨了本研究相对于现有研究的创新性以及在理论上的贡献和对实践指导意义。

在第二章，首先本书对现有关于品牌延伸以及相关概念的文献进行了评述，以界定本研究的相关概念。然后本书对现有关于延伸产品态度形成的文献进行了评述，以学习和吸收现有研究的合理之处，总结和发现现有研究的不足。最后，本书对现有关于认知流畅性理论以及对个体态度影响的文献进行了评述、也对概念表征理论以及对个体态度影响的文献进行了评述，还对认知结构理论以及对个体态度影响的文献进行了文献评述,以发现它们背后的逻辑关系,为本书第三章的逻辑推导夯实理论上的基础。

在第三章,首先本书基于认知流畅性理论,对品牌概念流畅性进行了清晰的界定。然后本书对品牌概念流畅性与消费者延伸产品态度的关系进行了逻辑推导,提出了品牌概念流畅性对消费者延伸产品态度的直接作用假设,也提出了品牌概念流畅性在匹配度与消费者延伸产品态度关系中的中介作用假设。接着本书基于概念表征理论,对消费者品牌概念表征类型以及其对消费者品牌信息联想类型的影响进行了深入分析,在此基础上提出了品牌概念类型与匹配度类型的交互项直接作用于消费者延伸产品态度关系的假设,也提出了品牌概念类型与匹配度类型的交互项通过品牌概念流畅性的中介效应作用于消费者延伸产品态度的关系假设。最后本书基于认知结构理论,对品牌认知结构类型以及其对消费者品牌信息联想内容多寡的影响进行了深入分析,并在此基础上提出了品牌认知结构类型与匹配度的交互项直接作用于消费者延伸产品态度关系的假设,以及品牌认知结构类型与匹配度的交互项通过概念流畅性的中介效应作用于消费者延伸产品态度的关系假设。

在第四章,首先本书详细介绍了量表开发在本书研究中的必要性。然后详细介绍了本书在量表开发中的每一个步骤、程序,以及这些步骤和程序对量表开发的地位和贡献。最后采用科学的研究方法和数据分析方法对所设计量表的信度和效度进行了验证。为第六章实验数据的收集和假设验证做好铺垫。

在第五章,本书遵循现有的品牌延伸研究范式,在正式实验前,通过预实验来确定正式实验所用刺激材料的有效性。为此我们进行了四项预实验,预实验一为实际品牌选择与品牌属性检验。在调查研究的基础上,预实验一选择了8个实际品牌,并分别用 Jin 和 Zou(2013)开发的品牌概念类型判断量表和 John 等(2006)开发的品牌概念地图测绘方法,对所选品牌的品牌概念类型和品牌认知结构特征进行了测试和确认;预实验二为虚拟品牌设计和品牌属性检验。按照前人的方法,本书在此用文字描述和图片展示的方法分别设计了不同概念类型和认知结构特征的品牌,并采用与预实验一相同的方法,对它们的品牌概念类型和品牌认知结构特征进行了确认;预实验三为实际品牌的虚拟延伸产品选择,本书在此采用 Mao 和 Krishnan(2006)开发的方法,为预实验一所选的实际品牌找到了适合实验情境的虚拟延伸产品;预实验四为虚拟品牌的虚拟延伸产品选择,本书也采用 Mao 和 Krishnan(2006)开发的方法,为预实验二所设计的虚拟品牌找到了适合实验情境的虚拟延伸产品。

在第六章,首先基于预测试确定的实际品牌和虚拟延伸产品,在北京某科技公司，针对228名工作人员进行了正式实验一，初步验证了品牌概念流畅性对延伸产品态度的直接作用、品牌概念流畅性在匹配度对延伸产品态度作用中的中介作用以及品牌概念类型与匹配度类型的交互项对品牌概念流畅性的作用、对延伸产品态度的作用。其次基于预测试确定的虚拟品牌和虚拟延伸产品，在北京某高校针对241名本科生做了正式实验二，进一步验证了品牌概念流畅性对延伸产品态度的直接作用、品牌概念流畅性在匹配度与延伸产品态度作用中的中介作用以及品牌概念类型与匹配度类型的交互项对品牌概念流畅性的作用、对延伸产品态度的作用。接着本书基于预测试确定的实际品牌和虚拟延伸产品，在北京某互联网公司针对200名工作人员进行了正式实验三，进一步验证品牌概念流畅性对延伸产品态度的直接作用、品牌概念流畅性在匹配度与延伸产品态度作用中的中介作用，也初步验证了品牌认知结构特征与匹配度的交互项对品牌概念流畅性的作用、对延伸产品态度的作用。最后，本书基于预测试确定的虚拟品牌和虚拟延伸产品，在北京某高校针对220名本科生进行了正式实验四，进一步验证了品牌概念流畅性对延伸产品态度的直接作用、品牌概念流畅性在匹配度与延伸产品态度作用中的中介作用。

在第七章，首先本书总结了通过实验研究得出的研究结论，并在与现有研究对照的前提下，总结了本书研究的创新之处和理论贡献；然后本书就研究创新之处的现实启示意义进行了说明。

第二章 相关研究回顾

学者们对品牌延伸现象的系统性研究开始于 1981 年。这一年，Tauber 首次以品牌延伸为题发表了《品牌授权延伸，新产品得益于老品牌》的学术论文。他认为基于技术进步、行业竞争和产品生命周期的三方面考虑，企业必须不断推出新产品、调整现有的产品结构，以实现基业长青。但是，营销费用的高起又让企业难以承受新产品的营销和市场宣传费用。在此情况下，将企业原有的品牌名称（标识）运用到新产品上，利用原品牌在市场上的声誉和影响力以降低新产品的营销和市场宣传费用来推出新产品，就变得理所当然（Tauber，1981）。

此后无数国内外知名学者，包括 Aaker、Boush、Keller、Park、Trout 以及符国群、卢泰宏、孙国辉、王小毅、于春玲、郑春东等都对品牌延伸这一研究主题表现出了浓厚的研究兴趣。他们或者运用案例分析或者运用实验分析，从不同视角剖析了品牌延伸之于企业的意义和价值、也深入分析了影响消费者延伸产品态度形成的各种要素和品牌延伸对原有品牌的反馈效应，这些研究极大地丰富了品牌延伸的理论体系。但由于当下关于品牌延伸的研究主题涉及面过广，如消费者对品牌延伸整体评价的影响因素、消费者对延伸产品态度的影响因素以及品牌延伸对原品牌的反馈效应等诸多方面，是一个非常庞杂的理论系统。出于研究精力、文章篇幅以及研究主题的考虑，以下本书仅围绕"延伸产品态度"主题展开文献研究与评述。

第一节 概念界定

一、品牌延伸的概念

对于品牌延伸概念的界定，现有研究存在着相当大的冲突。这主要表现为：

有些学者将品牌延伸定义为，企业将原有品牌名称（标识）运用到与原有品牌在产品大类上完全不相关的其他行业领域的实践（Aaker和Keller，1990；Albrecht，et al，2013；Padmanabhan，et al，2016；Yeung和Wyer，2005；符国群，1995，2001；于春玲，等，2012）。照此定义，只有诸如万宝路品牌由香烟延伸到钢笔、雅马哈品牌由摩托车延伸到钢琴以及云南白药品牌由创可贴延伸到牙膏的企业实践才能被称为品牌延伸。而有些学者则将品牌延伸定义为，企业借助自身已有的、为消费者经常使用和熟悉的品牌名称（标识），将它们运用到与原品牌在产品大类上而言的新产品，亦或运用到与原品牌在产品种类上相近，但却分属于不同细分市场的产品和服务，以实现用最低的营销成本使品牌（企业）占领更大范围内目标市场的实践（Ahluwalia，2008；Gurhan-Canli和Maheswaran，1998；Keller，2004；Monga和John，2010；Nijssan和Agustin，2005；Shan，et al，2017；孙国辉等，2019；薛可和余明阳，2003）。那么按照此定义，品牌延伸不仅包括延伸产品与原品牌在产品大类上完全不同的延伸类型，也包括延伸产品与原品牌在产品大类上相近的延伸类型。也就是说，企业品牌延伸战略不仅包括万宝路品牌由香烟延伸至钢笔，雅马哈品牌由摩托车延伸到钢琴以及云南白药品牌由创可贴延伸至牙膏的企业实践，也包括茅台品牌由白酒延伸至啤酒、葡萄酒，雀巢品牌由巧克力延伸至巧克力威化饼和吉利品牌由低档车延伸至高档车。

虽然现阶段，学术界对品牌延伸的概念界定还存在很大争议，但从学术界约定俗成的规矩来看，在没有明确定义和研究目标的情况下，品牌延伸一般既可以指品牌在不同大类间的延伸，也可以指代品牌在大类相近间的延伸（沈铖，2008）。本书也遵循当前学术界这一约定俗成的规矩，将品牌在不同产品大类间的延伸和产品大类相近间的延伸都称为品牌延伸战略。实际上，本书研究的主题之一就是探讨企业如何根据自己的品牌认知结构特征选择合适的品牌延伸战略，以成功利用该战略实现产品创新和产品结构调整。

除此之外，延伸产品与原品牌在市场定位和市场受众上是否发生变化也影响着现有研究对品牌延伸概念的界定：有些学者认为，延伸产品虽然与原品牌产品属同一个产品类别，但是延伸产品在市场定位和产品受众上却与原品牌产品截然不同，这类企业行为也应该被称为品牌延伸战略（Srivastava和Sharma，2012）。例如，派克将品牌由高价、高档钢笔延伸至低价、低档钢笔，虽然都属于钢笔这一类别，但是二者的市场定位和产品受众却天壤之别，因此也应该被称为品牌延伸战略；但是，有些学者却坚持认为，只有延伸产品与原品牌产品在产品大类上的显著不同才能成为品牌延伸战略，在产品市场定位和产品受众上不同的产品延伸，并不能称为真正的品牌延伸战略（Dawar，1996）。

为了缓和这种差异，促进学术研究在概念界定上的统一性，后来学者（Allman, et al, 2016; Beverland, et al, 2015; 杜春晶, 2018）用垂直延伸和水平延伸这一组概念解释了二者的区别。所谓垂直延伸，是指那些延伸产品虽然与原品牌产品同属一个产品大类，但是延伸产品在市场定位上却比原品牌产品更加高端或更加低端的延伸类型；而所谓水平延伸，则是指那些延伸产品在市场定位上与原品牌不发生明显变化，但是在产品大类上却与原品牌产品分属不同类别的延伸类型。例如，派克钢笔将其品牌由高价和高档钢笔延伸至低价和低档钢笔，就可以被归类为垂直品牌延伸；而子宝（Zippo）将其品牌由打火机延伸至香水，就可以被归类为水平品牌延伸的类型。

本研究认为，品牌是一个综合性的概念，它既有企业赋予它的产品属性方面的意义，也有消费者赋予它的社会属性意义（Keller, 1993, 2003）。因此，既然品牌由一类产品延伸到另一类产品，在产品属性意义方面发生变化可以成为品牌延伸战略，那么品牌由一类低档产品延伸到高档产品，在社会属性意义方面发生变化，亦可称为品牌延伸战略。也就是说，本书将品牌在产品类别上的延伸和品牌在市场定位上的延伸都称为品牌延伸战略。实际上，本书将研究的主题之二就是探讨企业如何根据自己的品牌概念类型选择合适的品牌延伸战略，以成功利用品牌延伸实现产品创新和产品结构调整。

二、匹配度的概念

毫无疑问，匹配度（FIT）是现有延伸产品态度研究领域中使用频率最高的关键词。尽管现有研究都认为匹配度对消费者的延伸产品评价存在着正向影响，也都大体上认可"延伸产品与原品牌之间存在着的某种共通性可以称为匹配度"这一说法。但是在具体研究中，学者们对匹配度的定义却存在千差万别。

前人关于匹配度与延伸产品态度关系的研究结论，本书已在第一章中进行了详细的探讨，认为匹配度之所以能影响延伸产品态度，是因为匹配度预示着延伸产品与原品牌之间存在着信息上的关联性，这种信息上的关联性会使消费者在原品牌的信息联想中容易找到延伸产品，从而借助原品牌的影响力产生晕轮效应，促进消费者将他们对原品牌的情感转移至延伸产品（Avent 和 Higgins, 2006; Anderade, 2001; Keller 和 Aaker, 1992; Hem, et al, 2003; 卢泰宏和谢飙, 1997; 王寒和申琦, 2014; 郑春东, 等, 2015）。以下，本书就前人在匹配度概念定义上的差异、匹配度的形成过程进行深入分析，以此来探讨匹配度影响消费者延伸产品态度的深层次原因。

从 Aaker 和 Keller（1990）将匹配度定义为延伸产品与原品牌产品之间的互

补程度、替代程度以及技术可转移程度开始，学者们就根据各自的研究主题和研究对象特征将匹配度进行了不同层面的定义。虽然基于英语语言翻译的差异，国内有些学者将匹配度翻译为一致性（柴俊武，2004，2011；唐建生，等，2014）、契合度（范秀成和高琳，2002；雷莉，等，2005；孙国辉和韩慧林，2014；孙国辉，等，2019）、感知契合度（朱至文和张黎，2013）、类别相似度（朱至文和张黎，2013；林少龙，等，2016）等。但是从本质上来讲，这些概念都是在强调消费者关于延伸产品与原品牌之间共通性程度的判断。因此，本书不对这些概念进行区分。

对于消费者来说，品牌是一个多种信息组成的概念集合（Keller，1993，2003），因此延伸产品可以从多个维度与原品牌具有共通性（Paul和Datta，2013；孙国辉，等，2019），这是学者们能将匹配度的概念分为多个类别的根源。

① 相似性匹配度。所谓相似性匹配度是指延伸产品与原品牌在产品类别上的相近性程度（Aaker和Keller，1990；Reddy和Holak，1994；于春玲，等，2012）。如农夫山泉品牌由矿泉水延伸至茶饮料、果味饮料以及功能饮料，就可以凭借矿泉水与茶饮料、果味饮料以及功能饮料同属于饮料产品大类，而归类为高相似性匹配度的品牌延伸。学者们认为，相似性匹配度之所以会影响延伸产品态度，是因为消费者是以产品类别为信息内容来储存和记忆原品牌的，只有反映原品牌产品类别的信息才能使消费者较容易地回忆起原品牌，进而使原品牌的晕轮效应发挥到最佳效果（Oakley，et al，2008；Milberg，et al，2010）。故延伸产品只有保持与原品牌在类别上的高相近性、尽可能多地体现和反映原品牌的产品类别属性信息，才能使消费者对延伸产品产生积极的态度（Keller和Aaker，1990；符国群和丁嘉莉，2008；林少龙，等，2014）。

② 相关性匹配度。所谓相关性匹配度是指延伸产品与原品牌产品的功能属性联想上的相关程度（Park，et al，1991；王小毅，等，2009），如家乐氏（Froot Loops）品牌由甜味麦片延伸至糖果，虽然麦片与糖果之间存在着较大的产品类别差异，但是可以凭借甜味麦片与糖果之间共同拥有"甜"这一具体产品属性，而归类为高相关性匹配度的品牌延伸。学者们认为，相似性匹配度之所以会影响延伸产品态度，是因为消费者是以品牌产品功能为信息内容来储存和记忆原品牌的（Medin和Schaffer，1978；Milberg，et al，1997），只有反映原品牌产品功能的信息才能使消费者较容易地回忆起原品牌，进而使原品牌的晕轮效应发挥到最佳效果。故延伸产品只有保持与原品牌在产品功能上的高相近性，尽可能多地体现和反映原品牌的功能属性信息，才能使消费者对延伸产品产生积极的态度（Park，et al，1991；王小毅，等，2009；银成钺和于洪彦，2006）。

③ 真实性匹配度。所谓真实性匹配度是指延伸产品在符号属性和象征性意义上对原品牌的继承程度（Spiggle，et al，2012；孙国辉，2019），包括延伸产品在多大程度上继承了原品牌一贯的风格和工艺水准、在多大程度上尊重了原品牌的历史、在多大程度上保持了原品牌的本质属性以及在多大程度上避免了对原品牌的稀释四个方面，如 LV 品牌由箱包延伸至项链，虽然箱包与项链之间既存在较大的类别差异，也存在较大的产品功能差异，但是可以凭借项链符合 LV 品牌一贯的高价格风格和奢侈品风格，而归类为高真实性匹配度。

学者们认为，真实性匹配度之所以会影响延伸产品态度，是因为消费者是以品牌的符号属性和象征意义为信息内容来储存和记忆原品牌的（Bei，et al，2011；Castell，et al，2007；Chen，2011；Chen 和 Lu，2012），只有反映原品牌符号属性和象征性意义的信息才能使消费者较容易地回忆起原品牌，进而使原品牌的晕轮效应发挥到最佳效果。故延伸产品只有继承原品牌的符号属性和象征性意义，尽可能多地体现和反映原品牌的符号属性和象征性意义信息，才能使消费者对延伸产品产生积极的态度（Bottomley 和 Doyle，1996；Bottomley 和 Holden，2011；Spiggle，et al，2012；孙国辉，等，2019；吴川，等，2012）。

以上，本书就相似性匹配度、相关性匹配度与真实性匹配度的概念内涵进行了叙述，那么这一分类方式与本书在第一章中介绍的另一种匹配度的分类方式——样例性匹配度和原型性匹配度有着何种关系呢？本书认为，这两种匹配度的分类方式可以相互替代的。原因有以下几点：

第一，分类的依据完全相同。样例性匹配度与原型性匹配度的分类依据是，延伸产品与原品牌在某个维度上的一致性程度（Mao 和 Krishnan，2006）；如果延伸产品与原品牌在产品样例上高度一致，即与原品牌在产品类别上相似或产品功能上相关，那么该品牌延伸就满足高样例性匹配度的特征（姚琦，等，2014，2017），这与相似性匹配度和相关性匹配度的分类依据是完全吻合的；而如果延伸产品与原品牌在品牌原型上高度一致，即与原品牌在符号属性和象征性意义保持高度继承性，那么该品牌延伸就满足高原型性匹配度的特征（姚琦，等，2014，2017），这与真实性匹配度是完全吻合的。

在学术研究中，它们之间的差异仅仅体现在：样例性匹配度和原型性匹配度往往是在考虑原品牌延伸历史条件下，着重考察不同类型匹配度对单一品牌的适用性；而相似性匹配度、相关性匹配度和真实性匹配度则往往没有考虑原品牌的延伸历史，着重考察的是不同类型品牌对不同品牌的适用性。对以上论述的总结，见图 2-1。

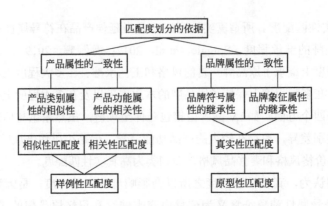

图2-1 不同匹配度分类方法的内在一致性

第二，现有研究的实验操控完全相同。通过文献的仔细对比，本书发现，现有研究对相似性匹配度、相关性匹配度与样例性匹配度的试验操控是完全相同的，对真实性匹配度与原型性匹配度的试验操控也完全相同。例如 Sppigle 等（2012）的研究中，将原来做跑车的品牌—克尔维特（Corvette）延伸至迷你型汽车作为高相似性匹配度的试验情境、将原来做巧克力的品牌—歌帝梵（Godiva）延伸至巧克力味朗姆酒作为高相关性匹配度的试验情境。这些与姚琦等（2017）的研究中，将原来做隐形眼镜的品牌——强生（Johnson & Johnson）延伸至美瞳作为高样例性匹配度的试验情境，在试验操控上是完全相同的；再如 Sppigle 等（2012）的研究中，将具有运动和健康符号属性的耐克（Nike）品牌延伸至维他命作为高真实性匹配度的试验情境。这也与姚琦等（2017）的研究中，将具有健康与清洁符号属性的强生品牌延伸至漱口水作为高原型性匹配度的试验情境，在试验操控上是完全相同的。

既然现有研究对相似性匹配度、相关性匹配度与样例性匹配度在概念内涵和试验操控原理上完全等同，那么为了研究的简化和逻辑分析的清晰，更为了试验操控的简化，本书在后文的论述中就用样例性匹配度来指代相似性匹配度和相关性匹配度。同理，本书在后文的论述中也用原型性匹配度来代指真实度匹配度。

第二节 匹配度的形成过程

一、基于记忆——信息处理过程理论的匹配度形成过程

匹配度是指延伸产品与原品牌之间具有的某种共通性程度，这种共通性程度

的判断主体是消费者（Albrecht，et al，2013；Bhat 和 Reddy，2001；雷莉，等，2005；于春玲，等，2012）。那么，消费者是如何形成对延伸产品与原品牌之间的共通性程度判断的？以下基于现有研究，本书对此问题展开详细的论述。

根据认知归类理论（theory of cognitive category），人们对两类相异事物的共通性程度判断的基础和依据是，该两类相异事物所具有的相似性特征（Barsalou，1983；Collster 和 Tversky，2000；Endress 和 Langus，2007；Fiske，1982）。此处的相似性特征并不是指两类相异事物在外表或其它具体属性上相似性，而是指人们在其信息和知识的记忆存储内容中，是否对该两类相异事物存在着重叠和相同的内容（Cox 和 Criss，2017）。如果人们对该两类相异事物存在着很多重叠和相同的内容，那么该两类事物在人们的认知中就存在很高的相似性，反之人们就会认为该两类事物之间不存在很高的相似性（Clark，et al，2014；Cohen 和 Basu，2001；Shen，et al，2011）。

与此类似，消费者也是基于他们信息和知识的记忆存储内容中，是否对延伸产品与原品牌存在着重叠和相同的内容，以及重叠和相同内容的多寡，来形成关于延伸产品与原品牌之间是否具有相似性以及相似性程度的判断（Boush 和 Loken，1991；Finlay，1986；Cowley 和 Mitchell，2003），并最终形成对延伸产品与原品牌之间匹配度的判断。换句话说，当面对贴着原品牌标签的延伸产品时，消费者会首先将该延伸产品编码成自己能理解和接收的信息，然后会从其原有信息和知识记忆内容中提取关于原品牌的信息，最后会将延伸产品的编码性信息和原品牌的提取性信息进行相似性比较，并据此对延伸产品和原品牌之间的共通性程度进行判断，以形成对二者匹配度的判断。

虽然相似性比较（Similarities Comparison）是认知心理学中人们形成事物间相似性判断的核心步骤。但是它只是一个抽象的心理学概念，而非一个能被人们所观察和研究的具体行为（Gerbing 和 Anderson，1988）。因此，要想解剖相似性比较的具体过程，进而探究匹配度形成的清晰路径，还需要研究者借助其他理论。

Oberauer 等（2003）借助记忆——信息处理过程理论，深刻剖析人们相似性比较的具体过程。他认为，相似性比较来源于人们有用自身已有的信息和知识储备来理解、处理和解释新事物的认知需求，人们已有的信息和知识储备来自于他们对事物的长期记忆。但是由于长期记忆里存储了过于庞杂的信息和知识储备，因此当人们在做事物间的相似性比较时，一般不会直接动用他们长期记忆中关于事物的信息和知识储备，而是从长期记忆中提取自身当下能够联想到的信息和知识，并将这些信息和知识组成临时性的任务记忆，以任务记忆中的信息和知识为基础与新事物所呈现的信息进行比较（Gerbing 和 Anderson，1988；Nosofsky，1984），以此判断事物间的相似性程度。

照此推论，有学者将消费者关于延伸产品与原品牌之间匹配度判断的形成过程表述如下：首先，当消费者面对贴着原品牌标签的延伸产品时，会以自己的经验、认知水平和具体情境来对延伸产品进行信息编码，并以此产生自己认知中的延伸产品信息流；然后，消费者会根据自己的经历和具体情境，从长期记忆中提取关于原品牌的信息和知识存储，并以此产生关于原品牌的临时性的任务记忆；最后，消费者会将自己认知中的延伸产品信息流和原品牌任务记忆中的信息和知识进行比较，以此判断延伸产品与原品牌之间的共通性，最终形成二者之间匹配度高低的判断（Ahn，et al，2018；Chen 和 Lu，2012；Farquhar，et al，1990；Sandy，1993；安蓉，2006；王寒，等，2014）。

综上研究发现，匹配度的形成包括以下几个阶段：

阶段一：消费者根据延伸产品的属性信息，形成对延伸产品的认知，并据此对延伸产品产生认知上的信息流；

阶段二：由于延伸产品运用原品牌的名称（标识），消费者会从他们长期记忆中提取关于原品牌的信息和知识，并据此形成临时性的、关于原品牌的任务记忆。该任务记忆代表了消费者最容易在当时情况下对原品牌产生的信息联想。

阶段三：消费者会将因延伸产品产生的信息流与因原品牌产生的任务记忆所包含的信息流进行比较。如果这两个信息在内容上存在很多重叠和相同的地方，那么延伸产品与原品牌之间就存在较高的相似性，消费者也就会认为二者之间存在较高的匹配度；如果这两个信息在内容上不存在重叠和相同的地方，那么延伸产品与原品牌之间就不存在较高的相似性，消费者也就不会认为二者之间存在较高的匹配度。对以上论述的总结，见图 2-2。

二、基于信息可及性——可诊断性理论的匹配度形成过程

如图 2-2 所示，基于记忆——信息处理过程的匹配度形成是一个非常复杂、并包含大量内外部因素和信息处理阶段的过程，这让后续的定量研究无从下手。为了使该过程具有一定的可操作性，朱至文（2016）用信息可及性——可诊断性理论对消费者的匹配度形成的认知过程进行了简化。所谓信息的可及性是指，人们能从其长期记忆结构中提取某些信息，作为临时性任务记忆的难易程度（Feldmand 和 Lynch，1988）。而所谓信息的可诊断性则是指，在人们输出评价结果时，这些作为任务记忆的信息，对评价结构的重要程度（Feldmand 和 Lynch，1998）。

在记忆——信息处理过程理论中，匹配度的形成取决于哪些长期性的原品牌

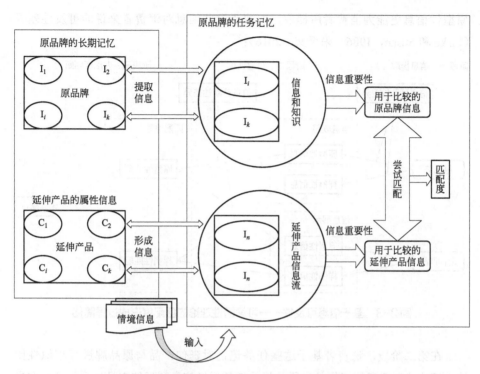

图2-2　基于记忆——信息处理过程理论的匹配度形成

资料来源：安蓉，2006。

记忆信息能被消费者提取，组成临时性的任务信息以及这些任务信息在进行相似性信息比较时的重要性更能为消费者所提取（Colcombe，2002；Cowley，2003；安蓉，2006）。也就是，存储于消费者长期记忆里的原品牌信息凭借在特定情境中的可及性差异，被消费者提取出来当成完成特定凭借任务的临时性任务记忆信息。这些临时性任务记忆信息会与延伸产品信息进行相似性比较。至于哪些临时性任务记忆信息会被用来完成相似性比较，则取决于这些任务记忆信息相对于该相似性比较的重要性程度（Cowley，2003；朱至文，2016）。

如此，图2-2所示的基于记忆——信息处理过程理论的消费者匹配形成过程就可以简化为以下三个信息处理阶段：阶段一，消费者从其关于原品牌的长期记忆中提取某些信息，作为临时性的任务记忆；阶段二，根据提取的反映原品牌和延伸产品的任务信息对原品牌和延伸产品进行相似性匹配；阶段三，做出延伸产品与原品牌之间是否具有高匹配度的判断。如图2-3所示。

在第一阶段，消费者从原品牌长期记忆中提取任务记忆，以形成对原品牌的信息联想。在这一阶段，到底是反映原品牌的产品样例性信息是反映品牌的符号原型性信息更能为消费者所提取,取决于这些信息对消费者来说的可及性差异(Fiske 和 Susan,1986;朱至文,2016);

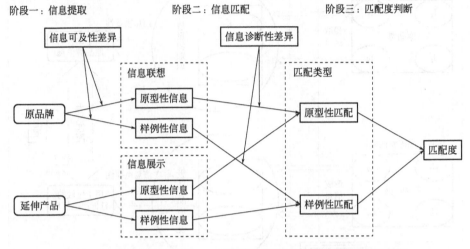

图2-3 基于信息可及性——可诊断性理论的匹配度形成过程简化

资料来源:朱至文,2016。

在第二阶段,消费者基于这些任务记忆对延伸产品与原品牌进行相似性比较。该阶段消费者的工作是对原品牌的任务记忆信息和延伸产品显示的信息在内容上的相似性和重叠性比较。由于消费者对原品牌信息联想取决于长期记忆对某类信息的可及性,因此,该阶段的匹配结果,也同样由消费者长期记忆结构中的信息可及性差异所决定(Anderson,2013;朱至文,2016);

在第三阶段,消费者对延伸产品与原品牌的匹配类型和匹配程度做出评价。在该阶段,是反映品牌的产品样例性信息还是反映品牌的符号原型性信息对最终评价的结果影响更大,取决于该信息对最终评价结果的诊断性,即不同类型信息对消费者做出匹配度判断的重要性(Aderson,2013;Cao 和 Nosofsky,2017)。

第三节 其他影响延伸产品态度的因素

虽然匹配度与消费者延伸产品态度的关系是现有品牌延伸研究领域的主线,但仍然有很多学者探讨除匹配度外的,其他能够影响消费者延伸产品态度的因素。根据对文献的梳理,本书将这些因素归纳为原品牌属性、消费者个体心理差异以及企业营销活动三大类。以下,本书分类叙述:

一、原品牌属性

在品牌延伸中,原品牌属性既可以指企业赋予品牌的产品方面属性也可以指消费者赋予品牌的符号属性(Spiggle, et al, 2012;孙国辉,等,2019)。根据现有的研究结论,二者都可能对消费者的延伸产品态度产生直接影响。由于消费者赋予原品牌的情感符号属性对延伸产品态度的影响已在第一章中进行了详述,本书在此不再过多赘述。以下,本书就品牌其他方面的属性对消费者延伸产品态度的影响展开叙述。

① 品牌质量。品牌质量是指消费者对品牌产品质量好坏的感知和判断(Keller 和 Aaker,1992;符国群和约翰·桑德森,1995)。现有研究认为,消费者对原品牌产品质量好坏的感知和判断,会影响他们对延伸产品质量好坏的感知和判断。这是因为,如果消费者坚信品牌可以生产出质量好的主打产品,那么他们也可能坚信品牌能够生产出质量好的其他产品;而如果消费者都不相信品牌可以生产出质量好的主打产品,那么也就很难奢望他们能够坚信品牌可以生产出质量好的其他产品(符国群,2003;范秀成和高琳,2002)。

当然,原品牌质量对消费者延伸产品态度的作用还要受到匹配度的影响。这表现在,如果消费者对原品牌质量有着较好的感知和判断,而且延伸产品与原品牌之间又存在着较高的匹配度,那么消费者就会对延伸产品持以非常积极的态度;而如果消费者对原品牌质量有着较好的感知和判断,但是延伸产品与原品牌之间的匹配度较低,那么消费者对延伸产品的态度就不会很积极(Hem, et al, 2003;Keller 和 Aaker,1992;符国群,2001)。即匹配度对消费者延伸产品态度的影响要受到原品牌质量感知的调节性影响。

② 品牌宽度。所谓品牌宽度是指单一品牌下产品种类的有效变动幅度(Boush 和 Loken,1991;Kim 和 Wingate,2017;符国群,2003)。Boush 和 Loken(1991)的研究指出,宽度较广的品牌,由于消费者在记忆中对品牌拥有较多的联想信息,故外界新信息较容易触发消费者对品牌的记忆,从而在品牌延伸中,该类品牌更容易获得成功;而宽度较窄的品牌,由于消费者在记忆中对品牌拥有的联想信息较少,故外界新信息较难触发消费者对品牌的记忆,从而在品牌延伸中,该类品牌较难获得成功。

我国学者雷莉等(2005)也得到过相似的研究,她们认为单一品牌的类别固着度(既单一品牌下产品种类的有效变动幅度)会对消费者的延伸产品态度产生重要影响。理由是:较高的类别固着度,意味着消费者已经将品牌与某一特定类别紧密地联合起来了,他们很难接受作为另一类产品的品牌,因此会对延伸产品有着较为消极的态度和较低评价;而较低的类别固着度,意味着消费者还没有将品牌与某一特定类别紧密地联合起来，他们较容易接受作为另一类产品的品牌，因此会对延伸产品有着较好的态度和较高的评价（雷莉，等，2005）。

当然，类别固着度对消费者延伸产品态度的影响还受到品牌涉入度的影响。所谓品牌涉入度是指消费者对品牌的重视程度或者品牌对个人的重要性程度（Sujan 和 Mita，1985）。品牌涉入度在类别固着度与延伸产品态度之间的作用体现在：如果消费者对品牌有着较高的涉入度，即便是品牌的类别固着度较低，消费者也不会对延伸产品有较高的态度；而如果消费者对品牌的涉入度较低，即便是品牌的类别固着度较高，消费者也会对延伸产品有着较高的态度（Echambadi，et al，2006；Goedertier，et al，2015）。即品牌涉入度在品牌类别固着度对消费者延伸产品态度的影响中起调节作用。

③ 品牌使用者形象。所谓品牌使用者形象是指品牌旗下产品或服务的消费者群体的人口统计特征和形象特征的综合（Gwinner 和 Eaton，1999）。品牌使用者形象对品牌自身形象的塑造有着非常重要的意义，消费者往往会借助品牌的使用者形象来向外界表达自我，从中获得对自我形象的认同（Escalas 和 Bettman，2005）。在品牌延伸中，原品牌使用者形象对消费者延伸产品态度的影响主要体现在：当延伸产品所能具有的使用者形象与原品牌固有的使用者形象相一致时，消费者由于可以使用延伸产品来展示与原品牌一致的自我形象，故他们会将延伸产品与原品牌归为一类，而不管延伸产品在产品类别上是否与原品牌同属一类，从而会将他们对原品牌的情感和态度迁移至延伸产品；而当延伸产品所能具有的使用者形象与原品牌固有的使用者形象不一致时，消费者由于不能使用延伸产品来展示与原品牌一致的自我形象，故他们不会将延伸产品与原品牌归为一类，从而也就不会将他们对原品牌的情感和态度迁移至延伸产品（曹颖和符国群，2012）。

原品牌使用者形象对延伸产品态度的作用，要受到延伸产品原品牌之间匹配度的影响。这体现在，如果延伸产品与原品牌之间有着较高的使用者形象一致性，这预示着消费者已经在其心理将延伸产品与原品牌归为一类产品。此时，延伸产品与原品牌是否具有较高的匹配度，对消费者延伸产品态度没有显著性影响；而如果延伸产品与原品牌之间没有较高的使用者形象一致性，这预示着消费者没有在其心理将延伸产品与原品牌归为一类产品。此时，延伸产品与原品牌是否具有较高的匹配度，对消费延伸产品态度有着显著性的影响（曹颖和符国群，2012）。

另外，原品牌使用者形象对延伸产品态度的作用，也会受到消费者品牌刻板印象程度的影响。这体现在，如果消费者对品牌存在较为严重的刻板印象，那么和延伸产品与原品牌使用者形象一致的品牌延伸相比，消费者会对延伸产品与原品牌使用者形象不一致的品牌延伸持更为消极的态度；如果消费者对品牌不存在较为严重的刻板印象，那么消费者对延伸产品与原品牌使用者形象一致的品牌延伸持更积极的态度（Martinez 和 de Chernatony, 2014）。

二、消费者个体心理差异

作为延伸产品态度的发出方，消费者方面的特征性因素也是现有关于"延伸产品态度影响因素"研究的重点。现有研究主要是从个体特征差异来研究消费者方面的因素对延伸产品态度的影响。总结来说包括：消费动机、专业知识、内隐人格、调节聚焦倾向、对创新的接受程度等。本书将分别对以下内容展开叙述：

① 消费动机。此处的消费动机不是指消费者购买品牌（产品）时的欲望和目的，而是指的消费者想通过具体的消费过程了解或学习哪些信息和知识（Gurhan-Canli 和 Masheswaran, 1998），即消费者的学习动机。高消费动机的消费者会非常在意从消费过程中了解详细的、与消费相关的信息，而低消费动机的个体则不会在意从消费过程中了解详细的、与消费相关的信息（Shine, et al, 2007）。

在品牌延伸中，消费动机对消费者延伸产品态度的影响体现在：在高消费动机条件下，由于消费者会较多地关注和处理延伸产品与原品牌之间的详细信息，故此时匹配度——反映消费者对延伸产品与原品牌某方面信息共通性感知的变量，对消费者延伸产品态度的影响就不是很重要；在低消费动机下，由于消费者只会粗糙地处理延伸产品与原品牌之间的信息，故此时匹配度——反映消费者对延伸产品与原品牌某方面信息共通性感知的变量，对消费者延伸产品态度的影响就非常重要（Nan, 2006；邱玲和张爽, 2014）。

与此类似，Srivastava 和 Sharma（2012）的研究发现，匹配度与延伸产品态度的关系会受到消费者具体消费情境中的认知需求和变革需求的调节。具体来说，表现在：当消费者在具体消费情境中表现出认知需求时，由于他们非常关注延伸产品与原品牌之间的信息联系，故此时延伸产品与原品牌之间较高的信息共通性，会让他们对延伸产品表现出较积极的态度；当消费者在具体消费情境中表现出较高的变革需求时，由于他们非常关注与原品牌相比，延伸产品是否发生了变化，故此时延伸产品与原品牌之间较高的信息共通性，会让他们觉得延伸产品并没有发生太多的变化，从而对延伸产品表现出较为消极的态度（Srivastava 和 Sharma, 2012）。

② 专业知识。所谓专业知识是指消费者对有关品牌（或产品）信息和知识的掌握情况或熟悉程度（Broniarczyk 和 Alba, 1994；Sujan 和 Mita, 1985；Sullivan,

1982)。如果消费者对品牌（或产品）的有关信息和知识掌握的较深或者非常熟悉，那么对于该品牌（或产品）来说，这类消费者就是专家型消费者；如果消费者对品牌（或产品）的有关信息和知识掌握不深或者不熟悉，那么对于该品牌（或产品）来说，这类消费者就是新手型消费者（Alba 和 Hutchinson，1987）。

在品牌延伸中，消费者专业知识对延伸产品态度的影响体现在：如果对于某品牌（产品）来说，消费者属于专家型消费者，那么因为他们对该品牌（或产品）非常熟悉，他们会用自身掌握的品牌信息和知识来对延伸产品做出相应的判断，并据此判断形成对延伸产品的态度（Sood 和 Keller，2012；Sheng，et al，2013）；如果对于某品牌（产品）来说，消费者属于新手型消费者，那么因为他们对该品牌（或产品）不熟悉，他们会根据延伸产品与原品牌在直观上的匹配程度做出相应判断，并据此判断形成对延伸产品的态度（Reinholtz，et al，2015；Paul 和 Patta，2013）。也就是说，当消费者属于专家型消费者时，匹配度对他们延伸产品态度的作用要小；当消费者属于新手型消费者时，匹配度对他们延伸产品态度的作用要大。

③ 内隐人格。Flaherty 和 Pappas（2000）从内隐人格理论出发探讨了消费者延伸产品态度形成的影响因素。他根据人的内隐人格特征，把消费者分为实体论者（entity theories）和渐变论者（incremental theories）。内隐人格特质为实体论的消费者，会根据信息在不同实体之间的转换来处理信息，并据此判断该信息的属性和特征。内隐人格特质为渐变论的消费者，会根据自己对该信息的感受和体会来处理信息，并据此判断该信息的属性和特征（Kumar，2005）。

在品牌延伸中，消费者的内隐人格特质对延伸产品态度形成的影响体现在：如果消费者的内隐人格特征表现为实体论，这预示着消费者会根据信息在不同实体之间的转换来判断信息的属性和特征，从而较容易发生情感由原品牌到延伸产品之间的情感转移；如果消费者内隐人格特征表现为渐变论，这预示着消费者只会根据自己对信息的感受和体会来处理信息，从而不容易发生情感有原品牌到延伸产品之间的情感转移（Faherty 和 Pappas，2000）。

④ 调节聚焦倾向。所谓调节聚焦是指人们对事物发展结果的关注层面。Higgins（1997）将人们的调节聚焦倾向分为趋进型调节聚焦倾向和规避型调节聚焦倾向；所谓趋近型调节聚焦倾向是指人们有更加关注事物发展正面结果的倾向；而所谓规避型调节聚焦倾向是指人们有更加关注事物发展负面结果的倾向。由于关注事物发展的信息焦点长期存在差异，不同调节聚焦倾向的人们有着不同的思维方式。趋进型调节聚焦倾向的人们拥有更高的认知能力，善于提出事物与事物之间的深层关系；规避型调节聚焦倾向的人们有着较低的认知能力，善

于处理具体信息,更加关注外界事物的具体信息点(Higgins,1997;吴川,等,2012)。也就是说,人们的调节聚焦倾向差异会导致他们的思维方式存在差异。

在品牌延伸中,消费者对匹配度类型和匹配度高低的判断,涉及延伸产品与原品牌之间的信息比较。调节聚焦倾向差异在消费者延伸产品态度形成过程中扮演的角色体现在:如果消费者属于趋进性调节聚焦倾向,那么善于处理事物与事物之间关系的思维方式,会让他们在面对延伸产品时,较多关注延伸产品与原品牌之间的关系和关联。此时,匹配度——反映延伸产品与原品牌是否存在信息上的关系和关联程度的变量,便会在消费者延伸产品态度形成过程中至关重要的作用;如果消费者属于规避性调节聚焦倾向,那么善于处理事物具体信息的思维方式,会让他们较难关注到延伸产品与原品牌之间的关系和关联,此时,匹配度——反映延伸产品与原品牌是否存在信息上的关系和关联程度的变量便会在消费者延伸产品态度形成过程中显著无足轻重(吴川,等,2012)。

三、企业营销活动

现有研究发现,作为品牌延伸活动的发出方,企业可以通过广告、产品定价等方式来影响消费者的延伸产品态度。例如,通过提供或操纵关于延伸产品的广告信息内容、信息量、曝光率以及通过启动(priming)、间距(distancing)等心理暗示操控技术,企业可以直接改变消费者对延伸产品的态度。由于广告策略能部分削弱认知过程、感情转移和匹配度在消费者延伸产品态度形成过程中的重要性,故广告策略对于那些延伸产品与原品牌匹配度不高,或原品牌本身口碑不佳的品牌延伸特别重要。通过广告还可以启动消费者进行全局或局部信息加工,进而改变匹配度对消费者延伸产品态度的影响强度(Puligadda,et al,2013)。王寒等(2014)的研究发现,情感诉求广告更有利于提高声望型品牌的低原型性匹配度的延伸产品态度,而信息诉求广告更有利于提高功能型品牌的低样例性匹配度的延伸产品态度,并发现对于单一层面高匹配度品牌延伸,广告诉求不会对消费者延伸产品态度产生影响。

价格信息也可能影响消费者的延伸产品态度,并且匹配度会调节价格与延伸产品态度之间的关系。具体来说,对于高匹配度的品牌延伸,价格信息对积极延伸产品态度的形成是负面的,但对于低匹配度的品牌延伸,高价格向消费者传递了延伸产品高质量的信息,从而价格信息对消费者积极延伸产品态度的形成是正面的(Taylor 和 Bearden,2002)。银成钺、于洪彦(2008)的研究也发现,价格信息与匹配度的交互项对消费者延伸产品态度的形成有重要影响,价格信息在低匹配度中对消费者积极延伸产品态度的形成有正向影响,在低匹配度中具有负向影响。

Lehmann 等（2007）的研究发现，面对延伸产品时，消费者会首先自发性地对其进行形象化处理，从而形成延伸产品的形象想象，而该形象想象的诉求决定了消费者对延伸产品的态度。同时，Hagtvedt 和 Patrick（2009）提出延伸产品的视觉艺术能增加消费者对其的好感。因为一方面，通过正面艺术形象的转移，视觉艺术对原品牌形象有正面影响；另一方面，通过增强认知灵活性，它还能加大消费者对延伸产品与原品牌匹配度的感知。

另外当一个品牌同时推出两个或几个互补延伸产品时，例如同时推出数码相机和数码照片打印机时，品牌延伸的协同效应（synergy effect）就会出现，从而对积极延伸产品态度的形成产生影响，这种积极影响独立于延伸产品与原品牌之间的契合度（Shine，et al，2007）。

综上，本书从延伸产品与原品牌的关系视角，对现有关于消费者延伸产品态度形成影响因素的研究进行了综述。本书发现，围绕消费者延伸产品态度形成这一研究主题，现有研究呈现以匹配度为自变量，以品牌属性、消费者个体特征和企业营销活动为调节变量的总模型（图2-4）。

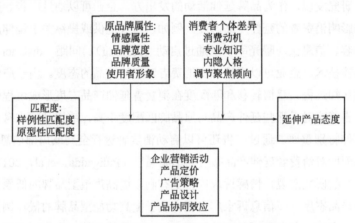

图2-4 基于现有文献整理的延伸产品态度影响因素模型

第四节 认知流畅性理论下的消费者产品态度形成

认知流畅性理论来源于学者们对个体元认知意识的讨论。所谓元认知是指人们对自己认知过程的认知（Adaval，et al，2001；Wright，1973）。元认知由元认知知识、元认知体验和元认知监控三个部分组成（Scrull 和 Wyer，1989）。其中，元认知知识是指人们对自己认知过程的了解程度（Albarracin 和 Kumkaie，2014）；元认知体验是指人们对自己认知过程的主观性体验（Alter 和 Oppenheimer，2008）；元认知监控是指外界因素对个体认知过程的干扰（Flavell，1979）。由于元认知知识和元认知监控目前还属于脑神经科学研究的前沿领域，与本书的研究主题也没有太多联系，在此不做过多的赘述。本书将详细介绍元认知体验的相关内容。

由上文可知，元认知体验是指人们在认知过程中的主观性体验（Brinol，et al，1976；Flawell，1979）。因为个人的认知活动从本质上来讲就是他对外界信息的理解和处理，所以个体的元认知体验本质上也就是人们理解和处理信息时的主观性体验（Zajonc,1980）。而由于人们在多数情况下都用流畅性（fluency）来描述自己理解和处理信息的主观性体验，因此元认知体验也地被学者们称为认知流畅性体验（Krystallis，2015；Labroo，2009；Schwarz，1989；Zajonc，1980；Winkielman，2001）。也就是说，认知流畅性体验实质上是指人们在处理信息时的元认知体验。

根据人们理解和加工信息时的主动性程度和对信息的加工程度，有学者将人认知流畅性体验分为知觉流畅性体验、信息处理流畅性体验和概念流畅性体验（Zajonc，1980；Reber，et al，1998；Schwarz，1999；Labroo，et al，2008；Oppenheimer，2008）。

所谓知觉处理流畅性是指人们用自身的知觉系统（如视觉系统、听觉系统、嗅觉系统、味觉系统等）处理外界信息的难易程度（Labroo，et al，2008；Reber，et al，1998；Zajonc，1980）。知觉处理流畅性的产生不是人们对信息的主动性和深层次加工，而是一种无意识的、浅层次的信息理解和处理体验（Reber，et al，1998）。例如，阅读时周围灯光的黑暗、书本印刷的模糊、书本字迹的潦草都有可能会造成人们在阅读书本是的知觉处理不流畅体验。

所谓信息处理流畅性是指人们基于自身已有或熟悉的信息处理模式去处理外界新信息时的主观难易程度体验（Oppenheimer，2008；Reber，et al，1998；Schwarz，1999）。信息处理流畅的获得是人们有意识和主动性去理解和处理外界新信息的结果。但是因它不涉及对外界信息的整理和归纳，故它还是一种属于较低层次的信息处理和认知体验（Flavell，1979；Oppenheimer，2008；Zajonc，1980）。如阅读时，阅读时字句生的涩、语句的矛盾和冲突，可能会造成人们阅读时的信息处理流畅性体验。

所谓概念流畅性是指面对新事物时，人们能将该事物与他们已知的某类事物在概念表征上归类同一符号的容易程度（Flavell，1979；Reber，et al，1988；Schwarz，1989；Zajonc，1980），即人们能将新信息与他们已知的信息归类到同一符号的容易程度。如在阅读中，概念流畅性是指人们能将其阅读到的新文章，根据文章主旨大意将该文章与自己之前阅读到的文章同一性归类的难易程度。

认知流畅性理论认为，如情感上的温馨知觉（即良好的情感体验）、身体上的具身认知（即良好的触觉体验）一样，认知上的流畅性体验（即良好的认知过程体验）会对人们的态度和行为产生深远的影响（Schawarz，2018；Schwarz 和 Sanna，2007）。它认为，无论是知觉流畅性体验、信息处理流畅性体验还是概念流畅性体验，都会因为使人们因能更轻松地处理新信息而产生"认知错觉"（cognitive illusion），会让人们感觉该信息是自己之前深入了解和认知过的信息，会对自己能否正确认知该信息产生信心，并因此认为该信息是频繁出现的、符合现实的、理所应当的和真实存在的，并因此对该新事物产生积极的态度（Lee，2004；Schwarz，1989，2018；Schwarz 和 Snana，2007；Srull 和 Wyerm，1989；Winkielman，2001）。

以下，本书就知觉处理流畅性、信息处理流畅性和概念流畅性对人们态度影响的具体研究进行回顾。

一、知觉处理流畅性与消费者态度形成

如上所述，知觉处理流畅性是指人们用感官处理事物信息的难易程度，它会直接影响人们对信息本身的态度。例如，Scharz 和 Sanna（2007）的研究显示消费者之所以愿意去电影院看电影，是因为在电影院看电影能让他们在视觉和听觉上更容易处理关于电影的信息，这时让电影给消费者带来更多的欢乐和身心上的愉悦；Reber 和 Scharz（2004）的研究让被试记住："奥索尔诺是智利的一个城市"的声明，并让他们对该声明的正确性做出判断。结果显示，与在字迹潦草、灯光灰暗的场景中读到该申明的被试相比，在字迹工整、灯光条件正常场景中阅读到该申明的被试更容易记住这个申明，也更容易相信这个申明是正确性的。

Rennekamp（2012）的研究揭示，上市公司财务报表的字体类型对机构投资者投资意愿的影响机制，发现：当上市公司财务报表用比较规整的字体时，会增加机构投资者对该财务报告内容真实性的信任，因为字体规整的研究报告让这些机构投资者产生知觉处理流畅性体验；当上市公司财务报表的字体类型比较随意时，会减小机构投资者对该财务报告内容真实性的信任，因为字体随意的研究报告不能让这些机构投资者产生知觉处理流畅性体验。

除了让人们对所要加工信息更加信任以外，知觉处理流畅性还会增加人们对事物的喜爱程度。例如，Winkielman 和 Cacioppo（2001）的研究发现，与那些韵律复杂且不押韵的诗歌相比，人们会对那些韵律简单且押韵的诗歌产生更强的学习欲望和更为积极的态度；与此类似，Nathan 和 Stanovich（1991）的研究发现，与那些词义复杂且不押韵的歌曲相比，人们更愿意听那些词义简单且押韵的歌曲。人们也更愿意相信那些词义简单且押韵的社会宣传标语所宣传的内容会真实发生（Reber，et al，1998）。当然知觉流畅性也会影响消费者的产品态度，Tversky 和 Kahneman（1973）的研究发现消费者会对那些符合自身知觉审美标准的产品设计表现积极的态度，因为符合他们审美的产品设计，会让他们感觉身心愉悦。

二、信息处理流畅性与消费者态度形成

信息处理流畅性是指人们基于自身已有或熟悉的信息处理模式去处理外界新信息时的主观难易程度体验（Reber，et al，2004；Schwarz，1999）。它也会直接影响人们对新信息的态度，并因此影响他们的行为决策。例如，在一项经典研究中，Scharz 和 Bless（1991）要求被试回忆过往能证明自己自信的事件，并以此为基础让被试对自己的自信程度进行判断。按照一般逻辑，应该是那些能最多回忆证明自己自信事件的人，对自己的自信心程度有着较高的评价。但研究的结论却恰恰相反。那些较少回忆证明自己自信事件的人，反而对自己的自信心有着较高的评价，因为较少的回忆事件更能让人们对所处理的信息有着认知流畅性体验。

信息处理流畅性会影响人们对事件发生频率的估计，进而会影响他们对该事件是否真实发生的判断。Hansen 等（2008）的研究发现，与那些深奥、晦涩难懂的政治宣传标语相比，那些简单易懂的政治宣传标语更容易发动群众，因为群众更相信后者所宣传的内容会真实发生。与此类似，Baker（2006）的研究发现，医院出具健康报告的可读性会影响病人对自己是否健康以及健康程度的判断。

当然，信息处理流畅性也会影响消费者对产品的评价。Coulter 和 Roggeveen（2004）的研究发现，在相同折扣优惠价格下，相比于宣传具体的优惠金额（即优惠了多少钱），宣传优惠力度（即打了多少折）更容易使消费者对该折扣活动产生良好的态度，也相信商家给了较大程度的优惠，因为与宣传具体优惠金额相比，宣传优惠力度更能让消费者产生信息处理上的流畅性。Song 和 Schwarz（2009）的研究发现，与更容易发音和记忆的食品添加剂名称相比，消费者会认为那些名称更难发音和记忆的食品添加剂更具危险性。Alter 和 Oppenheimer

（2006）的研究发现，在首次公开发行的股票中，与代码符号不易发音的股票相比，投资者更倾向于购买那些容易发音的股票。Sundar 等（2015）的研究发现，消费者更倾向于对那些内容紧凑而又简单易懂的广告宣传产生良好的记忆和态度。

三、概念处理流畅性与消费者态度形成

概念流畅性是指面对新事物时，人们能将该事物与他们已知的某类事物在概念表征上归类为同一符号的容易程度（Flavell，1979；Koriat，2009；Novemsky，2007；Schwarz，1989；Zajonc，1980），即人们能将新信息与他们已知的信息归类到同一符号的容易程度。当然，在具体定义上，各个学者的具体描述存在着差异。整体上来说，概念流畅性是指，人们从整体上将某一新事物，在其原有关于该类事物的认知模式中，进行信息处理和信息理解上的难易程度或者流畅性程度体验（Bless, et al，1990）。但是，学者们基于自身的研究对象和研究特点，从不同视角对概念流畅性进行了定义。例如，Schwarz 和 Snana（2007）将概念流畅性定义为，人们能将新事物和原有已知事物在某类符号属性中进行同一性表征的难易程度；Chein 和 Mugnier（2009）将人们进行知识表征的难易程度和流畅性程度定义为概念流畅性，并认为概念流畅性会受到人们已有知识结构的影响；Berger 和 Fitsimons（2008）从信息提取的视角对概念流畅性进行了定义，他们认为，概念流畅性是衡量人们用在一定的认知资源和认知经历消耗下提取某类信息的容易程度。如果在认知资源和认知经历消耗一定的前提下，人们能轻易地提取某类信息，那么他们就能获得主观上的概念流畅性体验，否则人们就不能获得主观上的概念流畅性体验。

概念流畅性对人们新事物态度形成中的重要作用，已经在消费行为学的研究领域得到了广泛验证。研究者们将企业推出的新营销活动作为消费者认知上的新事物，将原品牌作为消费者在认知上的已知事物，验证了消费者在原品牌信息联想与新营销活动信息展示上的概念流畅性体验对营销活动态度形成的积极影响。

如，Goert 等（2012）的研究发现，消费者对品牌公益赞助事件积极态度的形成，受到他们能否用同一概念表征"赞助公益事件所展示的信息与他们关于原品牌的联想信息"的影响。具体来说，如果人们关于原品牌的信息联想是关怀和温暖型的，那么由于原品牌赞助公益事件本身就携带着关怀和温暖的寓意，故消费者能够用同一概念来表征原品牌联想信息与该品牌赞助公益事件所展示的信息，从而他们会对原品牌赞助公益事件有着积极的态度。而如果人们关于原品牌的信息联想是排他性的和阶级性的，那么消费者就不能用同一概念来表征原品牌

信息联想与该匹配赞助公益事件所展示的信息,认为他们赞助公益事件是多余的和没有必要的,并且还会稀释品牌对他们而言的象征性意义,从而他们会对原品牌赞助公益事件有着较为消极的态度。

Shao 和 Martin（2016）的研究发现,消费者对企业捆绑销售行为积极态度的形成,也就受到他们能用同一概念来表征被捆绑销售品牌（产品）间信息的难易程度影响。具体来说,如果人们关于被捆绑销售品牌（产品）A 的信息联想是 M,对捆绑销售品牌（产品）B 的信息联想是 M_1,且 M_1 是 M 的子集,那么消费者就能较容易地用 M 这个概念来表征被捆绑销售的品牌（产品）A 和品牌（产品）B,从而会发生积极态度在两个被捆绑销售品牌间的转移,并对企业捆绑销售行为本身产生积极的态度；而如果人们关于被捆绑销售品牌（产品）A 的信息联想是 M,对捆绑销售品牌（产品）B 的信息联想是 N,且 M 和 N 之间不存在任何交集,那么消费者就很难用 M 和 N 这个概念来表征被捆绑销售的品牌（产品）A 和品牌（产品）B,从而不会发生积极态度在两个被捆绑销售品牌间的转移,同时也不会对企业捆绑销售行为本身产生积极的态度。

Hu 和 Li（2017）用概念流畅性的相关观点,解释了代言人类型选择与消费者品牌态度之间的关系,认为：如果消费者能够用同一概念来表征代言人所代表的信息联想和他们本身对原品牌的信息联想,那么他们就会认为企业的代言人选择是正确的,这会使消费者接受企业对品牌代言人的选择,并对原品牌持积极的态度；而如果消费者不能够用同一概念来表征代言人所代表的信息联想与他们本身对原品牌的信息联想,那么他们就会认为企业的代言人选择是失败的,这会使消费者拒绝企业对品牌代言人的选择,并对原品牌持消极的态度。

第五节　概念表征理论视角下的消费者产品态度形成

一、概念表征的内涵

概念表征理论认为,人们对新事物的认知和了解是通过对该新事物的概念表征进行的（Pitkin,1967）。所谓概念表征是指可以替代某事物的任何符号或符号集,这意味着当某事物缺席时,能表征该事物的概念可以指代或代替该事物（安蓉,2006）。人们对新事物的认知通过对该事物的概念表征开始,并以形成对该事物固定的概念表征形式而结束（Herbort, et al, 2017；孙国辉等, 2019）。比如，当你在通过街道看到一张陌生的面孔时，你会首先问自己："这是一张什么脸？我该如何调用已掌握的知识来指代这张脸？"思索一会儿后，你可能会自顾自地回答："哦，这张脸和小明的脸一样，都是瓜子脸，很好看。"Hartwing 和 Dunlosky（2017）指出，在多数情况下，人们对事物的认知和理解都不是事物本身的属性，而是人们基于先验知识对该类事物形成的概念表征。亦即，实质上人们对新事物的认知是一种基于先验知识和主观认知的符号表征归类。

人们对事物的概念表征代表了一种信息建构、信息传递和信息交流的方式和信息加工的特征（Hampton, 1993），它详细说明了一个物体、事件、种类的信息特征。人们对任何事物的概念表征都有以下两个不同方面的含义：其一是概念表征的形式，亦即信息传递的方式。例如，一幅图画和一段文字描述就是不同的概念表征形式（Anderson, 1978）；其二是概念表征的内容，也就是特定表征所传递的内涵和意义。同样的概念表征内容通常可以通过多种不同形式进行信息传递，比如口语、正常公文以及摩斯电码都可以传递相同内容的概念表征（Rumelhart 和 Norman, 1983）。

由于概念表征也是一种信息加工和信息表达的方式，故它还携带着有关它所代表的事物的信息记忆。例如，地铁系统的地图就是一个概念表征，因为它代表了各种各样的地铁路线、站点和联络，还携带这关于这些事物的信息集合。有学者研究指出，由于概念表征是人们的主动性认知行为，故由概念表征所构建的代替事物的符号和符号集，代表着人们对该事物的主动性记忆信息内容和记忆结构（Hampton, 1993）。即实际上，概念表征具有主动加工信息，以便日后回忆或提取的功能。换句话说，概念表征具有记忆建构上的主动性特征。对不同事物的不同概念表征代表了人们对不同事物的不同记忆内容和不同记忆结构特征。

二、品牌概念表征与消费者产品态度形成

品牌是人们消费生活中经常会遇见的事物，因此人们也会对品牌进行概念表征。即消费者会在自己的头脑中回答"该品牌对我来说是什么"这一问题。所谓品牌概念表征是指消费者用某一符号或符号集来对特定品牌进行指代的行为（Keller, 1993；Park, et al, 1986, 1991）。由于品牌概念表征在名称上比较长，而且它往往指代的是消费者的特定品牌行为，很多学者用品牌概念（brand concept）来指代消费者的品牌概念表征行为，以及该行为的结果——消费者对品牌的概念类型判断（Jin 和 Zou, 2012；Keller, 1993；Park, et al, 1986；吴川，等, 2012；孙国辉，等, 2019）。

品牌与消费者的生活密切相关，不同品牌满足消费者需求的角度和需求的层次也存在差异，久而久之，这会使得消费者对不同品牌的概念表征存在差异（Park，et al，1991）。在日常生活中，有的品牌会被消费者用来仅仅满足自己对外部性功能的需要，而有的品牌则会被消费者用来满足自己对内象征型功能的需要。例如，大众品牌的汽车被消费者用来满足自己对出行工具的需求，而宝马品牌的汽车则会被消费用来满足展示自我社会地位的需要（Escalas 和 Bettman，2005）。出于此原因，消费者也会对不同品牌持不同的品牌概念表征。

Park 等（1986）根据品牌满足消费者需求角度和需求层次的不同，将消费者认知中的品牌分为功能型概念和象征型概念：所谓功能型概念品牌是指，那些主要被消费者用来满足自身对工具性和功能性需求的品牌；所谓象征型概念品牌则是指，那些主要被消费者用来满足自身对象征型和符号性需求的品牌。对于功能型概念品牌，消费者主要关注的是品牌在产品质量和性能上的表现，而对于象征型概念品牌，消费者主要关注的则是品牌本身所代表的符号属性和象征性意义。

由于消费者长期对功能型概念品牌和象征型概念品牌的信息关注点存在差异，导致他们对二者的品牌记忆信息和品牌联想信息也存在差异（Jin 和 Zou，2012；Monga 和 Gurhan-Canli，2012；Monga 和 John，2011；孙国辉，等，2019；吴川，等，2012）。具体来说，对于功能型概念品牌，消费者的品牌记忆以具体产品属性信息为主要内容（Jin 和 Zou，2012；Monga 和 Gurham-Canli，2012）；但对于象征型概念品牌，消费者的品牌记忆以品牌符号属性为主要内容（Monga 和 John，2011；孙国辉，等，2019；吴川，等，2012）。既然对于不同概念类型的品牌，消费者有着不同的信息记忆内容和品牌信息联想，那么外界新信息能够使消费者联想到品牌的容易性程度也就存在差异。

品牌概念类型的二分法对企业品牌管理的启示性意义在于：企业相关品牌活动所释放出来的信息只有符合消费者对品牌的概念表征习惯才能获得消费者的积极态度。相关的实证假设也验证的这一点：例如，Torelli 和 Ahluwalia（2012）研究发现，对于象征型概念类型的品牌，延伸产品必须要与原品牌有着相同的象征意义，才能使延伸产品获得消费者的积极态度。若延伸产品与原品牌没有相同的象征意义，那么不仅延伸产品无法获得消费者的积极态度，也会对原品牌长期发展不利；Jin 和 Zou（2013）的研究揭示，对于功能型概念的互联网品牌，延伸产品应主要集中在线上的、与原品牌在有着高相似性的品类上，而对于体验型（象征型）概念的互联网品牌，延伸产品则可以选择在线下的、与原品牌在产品类别上不相似的品类上；郑春东等（2015）的研究指出，低契合度会导致消费者品牌联想的淡化，但是这一淡化程度在联想层级多、联想内容抽象的品牌上较轻。

因此品牌概念类型之于消费者态度形成的意义在于：企业的品牌相关活动（包括品牌延伸活动）所释放出的信息，必须与消费者关于该品牌的概念类型判断相一致，才能获得消费者对品牌以及相关活动的积极态度。

第六节 认知结构理论视角下的消费者产品态度形成

一、认知结构的内涵

顾名思义，认知结构是指事物信息在人们头脑中的记忆内容和组织结构，即人们对事物信息的内在编码系统，是由一系列相互关联的非具体属性信息而连接而成的组织结构（Rosenberg，1956）。例如，对一栋大楼的信息组织结构可能包括大楼本身的楼层高度、大楼的设计样式、大楼的用途、大楼的历史等。根据信息的组织特点，人们对事物的认知结构可以分为局部型（Local）和整体型（Global）两种（Frijda，1987；Ortony，et al，1990）。局部型认知结构是指人们只以单一属性为信息组织形式来建构对自己对事物的认识（Frijda，1987）。例如有些人只从楼层本身的高度这一个维度来形成对一栋楼的认识，有些人只从楼层的设计样式这一个维度来形成对一栋楼的认识；整体型认知结构是指人们首先将反映事物信息进行整体汇总，然后从多个维度来建构自己对事物的认识（Ortony，et al，1990）。例如有些人会通过先将一栋大楼汇总为"楼"，然后分别从楼层高度、设计样式、大楼用途以及大楼历史等多个维度形成自己关于大楼的认识。由于对事物的认知结构是他们关于该事物信息多次加工的结果，因此它会受到事物信息的呈现内容，个体信息的编码方式和情景性因素的影响。

有研究显示，对陌生事物的信息呈现内容和信息呈现形式会影响人们对该事物本身的认知结构（Zajonc 和 Markus，1982）。具体来说，当只向人们呈现关于事物具体属性信息时，如只呈现实验刺激物（新电脑）的电池容量、性能以及材质等时，人们对该事物的认知结构就是局部型的，即人们只会以事物自身的属性信息来形成对该事物的认识，而不是任何整体性的名词，甚至不是"电脑"这个名词；而当向人们呈现关于事物抽象属性的信息时，如向人们呈现该电脑的品牌名称、设计工艺以及品牌历史时，人们对该事物的认知结构就是整体型的，即人们首先会用一个整体型名词（如，高科技）来指代这台新电脑，然后会从产品质量、性能等多维度信息来形成对其的认知。

因为个体间的思维方式不一样，因此他们的信息编码方式也就存在差异，这会导致他们对同一事物的信息组织结构（即认知结构）出现差异（Witkin and Bimbaum, 1968）。具体来说，基于以下两个原因，相比于低图解动机的人，高图解动机的人更容易形成整体性的认知结构：原因一，与低图解动机的人相比，高图解动机的人有着更强的吸收和概要新信息的意愿，因此高图解动机的人更能从多维度获得有关事物的信息；原因二，与低图解动机的人相比，高图解动机的人更倾向于用图式（Schema）的方法来认知事物，即更愿意从多个维度来认知事物。

另外，人们对所处环境的情景依赖程度也会影响他们对事物的认知结构。所谓情景依赖是指一个人忽略其所嵌入的环境背景和从完整的组织领域中分离出单个的条目的能力（Auriacombe et al, 2004）。研究证实，基于以下原因，情境独立者比情境依赖者更容易形成整体性的认知结构，而情境依赖者比情境独立者更容易形成局部性的认知结构：原因一，情景独立的人更倾向于忽略抽象概念的环境信息和个人偏好，这会导致他更倾向于用笼统的信息来评价事物，而抛开事物的个别属性差异。而情景依赖的人则更加关注周围环境的信息，他们对事物的认知深受周围环境信息的影响；原因二，情境独立的人更可能忽略周围环境，而用全局性的总体评价和看法去评价一个事物。而情境依赖的人更可能留意周围环境造成的压力，采用适用场合的个别信息而非整体信息来评价事物。

二、品牌认知结构特征与消费者产品态度形成

品牌认知结构是品牌信息联想在消费者长期记忆中的呈现内容、组织方式以及联想形式（Lutz, 1975；Keller, 2003）。有学者根据消费者对品牌信息联想的不同呈现内容，将品牌认知结构分成局部型（local）认知结构品牌和整体型（global）认知结构品牌（Christensen 和 Olson, 2002；Greshan, et al, 1986）。局部型认知结构品牌是指，消费者对品牌信息联想的呈现内容是单一维度的，是聚焦于某一信息点或某一共同特征信息集的品牌（Greshan, et al, 1986；Olson 和 Dover, 2006）；整体型认知结构的品牌则是指，消费者对品牌信息联想的呈现内容是多维度的，不聚焦于某一信息点，很多维度的信息都能使消费者联想到该品牌（Greshan, et al, 1986；Keller, 2003）。由于品牌认知结构本身携带着消费者对品牌的认知资源和知识结构，故它会以两种形式来影响消费者的品牌态度。

第一种形式是直接影响，即通过认知资源直接作用于消费者的品牌态度。Aaker（2002）认为，真正长期影响消费者品牌态度的，不是品牌旗下产品的具

体属性，而是由消费者对这些产品属性了解和体验后形成的品牌认知结构。为了验证该假设，他收集了美国消费者关于烟草品牌的认知结构和品牌态度，结果发现如果消费者对品牌的认知结构是整体型的，那么因为其能从多方面来收集关于品牌的认知资源和知识，所以其往往对品牌有着较为积极和稳定的态度。而如果消费者对品牌的认知结构是局部型的，那么因为其只能从一方面来收集关于品牌的认知资源和知识，所以其往往对品牌有着较为不稳定的态度。Lutz（1975）的研究发现，在消费者品牌态度形成过程中，品牌认知结构扮演着品牌产品属性、质量和象征性意义一样重要的角色，而且它决定了消费者对品牌的记忆结构和记忆强度。Krystallis（2015）的研究发现，由于品牌认知结构预示着消费者的记忆结构和记忆强度，故他不仅会影响消费者的品牌态度，也会影响消费者对品牌的购买频率和品牌忠诚。

第二种形式是间接影响，即通过影响消费者对品牌相关活动的态度，进而影响他们对品牌本身的态度。这些研究往往都不是从正面直接探讨品牌认知结构对品牌相关活动的影响，而是从消费者的认知图式差异视角出发，探求消费者信息处理模式的差异对其关于品牌认知结构差异的影响，进而探究他们对品牌延伸评价的影响。

例如，姚崎等（2014）从消费者情景依赖视角出发，探求了品牌认知结构对消费者品牌延伸评价的影响，认为对于高情景依赖的消费者，由于他们往往以品牌具体的属性信息来形成对品牌的认知结构，即高情景依赖的消费者往往容易形成局部型的品牌认知结构，故他们往往对高样例性匹配度的品牌延伸产生积极的评价和态度。而对于低情景依赖的消费者，由于他们往往以品牌整体性信息来形成对品牌的认知结构，即低情景依赖的消费者往往容易形成整体型的品牌认知结构，故匹配度并不能左右他们的品牌延伸评价和态度。

与此类似，姚崎等（2017）从消费者品牌图解视角出发，探求了品牌认知结构对消费者品牌延伸评价的影响，认为对于高图解动机的消费者，由于他们往往以品牌整体性信息来形成对品牌的认知结构，即高图解动机的消费者往往容易形成整体型的品牌认知结构，故匹配度并不能左右他们的品牌延伸评价和态度。而对于低高图解动机的消费，由于他们往往以品牌的属性信息来形成对品牌的认知结构，即低图解动机的消费往往容易形成整体型的品牌认知结构，故只有高样例性匹配度能左右他们的品牌延伸评价。

综上，品牌认知结构之于消费者态度形成的意义在于：它包含着消费者对品牌信息的存储内容多寡以及品牌信息组织形式的特征，企业的相关品牌活动（包括品牌延伸活动）所释放的信息，必须与消费者关于品牌信息的存储内容和品牌信息的组织形式相适应，才能使该活动为消费者所接受。

第七节　文献评述

近30年的时间沉淀，使学者们在延伸产品态度的研究领域形成了大量而丰富的文献资料。对这些文献资料进行深入阅读和归纳总结后，本书发现现有研究形成了以匹配度为自变量、以原品牌属性、消费者个性特征和企业营销活动为调节变量的延伸产品态度形成模型（如图2-4所示）。这较完整地揭示了消费者延伸产品态度的形成过程，但仍存在以下缺陷：

第一，没有深入挖掘匹配度作用于消费者延伸产品态度的中介因素。虽然大量现有研究都对匹配度与消费者延伸产品态度的关系进行了研究，但是至今尚无学者揭示匹配度对消费者延伸产品态度的影响的中介机制。即尚无学者研究匹配度与消费者延伸产品态度之间的中介变量。从理论上说，匹配度仅仅代表消费者运用自身关于原品牌的信息联想处理延伸产品时的一个诊断性结果，这个结果评价能否最终转化为消费者的延伸产品态度，还需要看消费者能否较容易地用同一符号来表征延伸产品和原品牌的信息。也就是说，从理论上看匹配度作用与消费者延伸产品态度是存在中介机制的，这个中介机制就是消费者主观上的概念流畅性体验，即消费者能将延伸产品与原品牌进行同一符号表征的容易性程度。

第二，虽然将原品牌属性作为匹配度与延伸产品评价的调节变量，但这些品牌属性基本属于品牌情感变量，缺少反映品牌记忆特征和记忆结构属性的变量作为匹配度与延伸产品评价的调节变量。现有研究将品牌质量感知、品牌宽度、使用者形象等反映品牌与消费者关系变量作为匹配度与延伸产品态度之间的调节因素，但很少有研究将反映品牌记忆特征和品牌记忆结构的变量引入匹配度与延伸产品态度之间关系的研究。但是根据现有品牌延伸研究的逻辑，消费者形成匹配度感知的基础前提是，他们能将自己关于原品牌的信息记忆特征和记忆结构与延伸产品所反映出的信息特征相匹配，也就是说消费者关于原品牌的信息记忆特征和记忆结构不仅能影响其对延伸产品的态度，还能影响消费者对高匹配度感知的形成。

第三，缺少对样例性匹配度和原型性匹配度作用于消费者延伸产品态度的边界条件研究。现有关于匹配度影响消费者延伸产品态度的研究，大多只探讨某一类匹配度单独对消费者延伸产品态度的影响，而缺乏将多种类型匹配度放在一个概念框架中的研究，更缺乏对多个类型匹配度影响消费者延伸产品态度边界的研究。但是从战略选择视角看，企业更为迫切需要知道的是，如何根据自身拥有品牌的特征属性选择为消费者所接受的延伸产品。即在实践中，研究不同类型匹配度作用于消费者延伸产品态度的边界，以为企业根据自己的品牌特征选择合适的品牌延伸战略是非常有必要的。

第四，缺少对远距离品牌延伸成功因素的研究。现有研究依据匹配度对消费者延伸产品态度形成的重要作用，倡导企业的品牌延伸战略选择应该满足匹配度对延伸产品与原品牌关系的要求，不要进行远距离品牌延伸。但是，现实中很多企业的远距离品牌延伸获得了消费者的积极态度和认可。这使得很多企业都想跃跃欲试，进行品牌的跨界延伸，实现品牌的无关多元化。那么，影响远距离品牌延伸成败的因素有哪些？这一问题现有研究并没有给出很好地回答。

第三章 假设提出

本章的结构安排逻辑如下：第一节，首先回顾了最近关于概念流畅性研究领域的成果，并将这些研究结论与消费者匹配度认知过程在逻辑上的契合性展开了论证，在此基础上提出了消费者延伸产品态度形成的一般性框架，并提出了假设 H_1；第二节，首先回顾了品牌概念表征研究领域的成果，在此基础上论证了不同品牌概念类型下的消费者品牌信息联想差异，并提出了假设 H_2、假设 H_3、假设 H_4、假设 H_5、假设 H_6 和假设 H_7；第三节，首先回顾了最近关于品牌认知结构研究领域的成果，在此基础上论证了不同品牌认知结构下的品牌信息处理和联想内容的差异，并提出了假设 H_8、假设 H_9 和假设 H_{10}。

第一节 匹配度、品牌概念流畅性与延伸产品态度

一、匹配度与品牌概念流畅性的关系

本书在前述内容中对匹配度的形成过程进行了深入分析，认为匹配度是消费者在对自身的原品牌的长期记忆信息进行提取，并将该信息与延伸产品所展示的信息进行相似性匹配的结果（Keller 和 Aaker，1992；Osth, et al, 2017；于春玲，等，2012）。而且，由于相似性匹配的过程比较复杂（见图 2-2），导致消费者的匹配度感知形成过程也比较复杂（见图 2-3）。消费者需要从自身的品牌长期记忆结构中，提取部分信息作为临时性的任务记忆，并将这些任务记忆所携带的信息与延伸产品所展示的信息进行反复对比和匹配后，才能最终形成延伸产品与原品牌之间的匹配度判断。在这一过程中，原品牌长期记忆所存储信息的可及性和可

诊断性（Mersky 和 Gati，1982；Rosch 和 Mervis，1976），对消费者关于延伸产品与原品牌之间的匹配程度判断至关重要。那么，消费者匹配度的认知过程与其品牌概念流畅性之间存在何种关系呢？这种关于对消费者最终延伸产品态度的形成有着怎样的影响呢？这是本书研究的核心内容，以下进行深入和详细的论述：

概念流畅性（concept fluency）是指当人们面对新信息时，将该新信息与其记忆中已知信息归结为同一概念表征的难易程度（Oppiner，2009）。那么在品牌延伸研究中，品牌概念流畅性就是指当消费者面对延伸产品的信息时（相对于原品牌的其他产品来说，延伸产品属于新产品），他们能将该延伸产品的信息与自己记忆中关于原品牌的信息联想归结为同一概念的难易程度或者流畅性程度体验（Nielsen 和 Escalas，2010）。简单来说，在品牌延伸中，品牌概念流畅性是指，消费者用同一符号表征延伸产品信息和原品牌信息的难易程度或流畅性程度。

根据元认知理论的观点，只有满足以下条件，人们才有可能在新信息与自己记忆中同类已知信息之间获得概念处理上的流畅性体验。条件一：新信息与已知信息之间存在着很高的关联性，人们能方便地从其已知信息的记忆结构中发现新信息，或者能将新信息在其关于已知信息的联想中顺利地进行排位和次序排列（Alter，et al，2002；Deng，et al，2016；Endress 和 Langus，2017；Lee，2004；Love，et al，2004）。如果人们不能方便地从其已知信息的记忆结构中发现新信息，或者很难在其关于已知信息的联想中顺利地将新信息进行排位，那么消费者就很难在新信息与已知信息的认知处理上获得流畅性体验（Alter，et al，2002）；条件二：新信息在已知信息的记忆结构中有着很高的代表性（Adam，et al，2017；Alter，2013；Chang，et al，2011；Cohen 和 Basus，1987；Scharniz，et al，2008）。例如，海豹在人们关于哺乳动物的记忆结构中的代表性很低，而猿猴在人们关于哺乳动物的记忆结构中的代表性很高。如果新信息在已知信息中有着很高的代表性，那么当面对新信息时，人们就能自然而然地从其记忆结构中联想到旧信息，从而很容易将新信息与已知信息在概念表征上归为一类。也就是说，新信息所呈现出来的特征必须是人们关于已知信息记忆中最为突出的那部分特征时，人们才能在新信息与已知信息之间产生概念流畅性体验。

笔者认为，在一定条件下，消费者对延伸产品与原品牌匹配度认知的过程有利于他们形成关于延伸产品信息与原品牌信息在概念处理上的流畅性体验：

原因一，就本质上来说，匹配度的形成过程是一个信息处理的过程（Aaker 和 Keller，1990；Mao 和 Mariadoss，2012；Martinez 和 Pina，2009；Oakley，et al，2008；Park，et al，1991；于春玲，等，2012；王小毅，等，2009），而概念处理流畅性则是人们在信息处理过程中的流畅性体验（Alter 和 Oppenheimer，

2008；Reber，et al，1998；Schwarz，2004；Schwarz 和 Bless，1997)，即概念处理流畅性是人们基于信息处理的主观体验，二者存在逻辑上连续性和闭合性。

原因二，匹配度形成过程强调的是，消费者要从其关于原品牌与延伸产品信息的长期记忆结构联想提取工作记忆联想（Agarwal 和 Malhotra，2005；Avent 和 Higgins，2006；Milberg et al，2010），且匹配度形成的基础是消费者在信息长期记忆结构中存在延伸产品信息与原品牌信息的共同点（Bottomely 和 Doyle，1996；Chang，et al，2013；Frieden，2013；Liu 和 Yoon，2013）。而概念处理流畅性强调的则是，消费者从其关于延伸产品和原品牌的长期记忆结构中提取某方面工作联想的顺畅程度（Shapiro，1999；Shapiro 和 Nielsen，2013；Srull 和 Wyer，1989），概念处理流畅性形成的基础是，消费者在其工作记忆结构中，存在着关于延伸产品信息联想与原品牌信息联想共同点的高关联性、高突出性和高典型性（Albarracin 和 Kumkaie，2014；Reber et al，2014）。很显然，只有共同点的关联程度高、关联型突出性高的匹配度，才能视为消费者在处理关于延伸产品信息与原品牌信息时具有较高的概念处理流畅性。

原因三，从现实情况来看，只有当消费者有能力将新事物与原有事物在信息联想上归为一类时，他们才有可能较容易地将延伸产品与原品牌进行同一概念表征的（Medin，1998；Thomas 和 Morwitz，2009）。

笔者需要强调的是，并不是消费者形成的所有关于延伸产品与原品牌的匹配度感知都能促进他们形成品牌概念流畅性体验，从匹配度感知到品牌概念流畅性还受其他条件的限制。对这个问题的探讨，本书在介绍消费者匹配概念表征类型的交互作用和品牌认知结构特征的交互作用时，再作详细探讨。

二、品牌概念流畅性与延伸产品态度的关系

因为人们对事物的认知是从对事物信息的概念表征开始的，而且固定概念表征的形成标志着人们对事物认知过程的结束（Herbort 和 Dunlosky，2017；孙国辉，等，2019），所以对事物概念表征本身就掺杂着人们对事物的态度倾向（Wright，1973）。当面对新事物时，人们也会对其进行概念表征。而且此时人们已经按照自己的认知习惯对事物进行了表征，形成了较为固定的、基于事物类别的概念表征形式，故人们会将新事物按照自己原有的概念表征形式进行表征（Rosch 和 Mervis，1975，1976）。在该过程中，人们首先会对新事物的信息类别进行认知，然后根据新事物信息的类别特征与自己认知结构中同类事物的信息进行相似性匹配。如果匹配成功，人们就会用他们对同类事物的概念表征来表征新事物（Rosch，et al，1976）。例如，当人们看到一条摇尾巴的斑点狗时，他们首

先会用"四条腿""摇尾巴"等信息属性将它归类为一条狗,然后用"狗"这个词来表征这只斑点狗,并认为它肯定具有狗的其他信息特征,比如会吠、会咬人等;如果匹配不成功,人们就会寻找其他的途径对该新事物进行概念上表征,以此获得对新事物的认知。

出于以下原因,当人们能够用其已知事物的概念表征顺利地表征新事物(即产生概念流畅性体验)时,他们会对新事物产生较为积极的态度:

第一,概念处理流畅性意味着人们能以较低的认知资源认识新事物(Schawarz, 2016; Schwarz, et al, 1989; Tsai 和 Megili, 2011; Winkielman, et al, 1997)。根据认知经济性(cognitive economy)原则,人们对事物的认知过程实质上也是一个认知精力和认知资源的消耗活动。与其他消耗活动一样,人们总是倾向于能以最低的精力和资源消耗去完成对事物的认知。理所当然,人们会对那些能最低消耗其认知精力和认知资源的认知客体(新事物)报以积极的态度,而对那些大量消耗其认知精力和认知资源的认知客体(新事物)报以消极的态度,从而概念流畅性体验会促使人们对新事物产生积极的情感。

第二,概念处理流畅性能让人对其自身的新事物认知能力产生自信,认为自己在认知上是胜任的(Medin 和 Atram, 2004; Winkielman et al, 2001; Wright, 1973)。概念处理流畅性让人们较容易地用其对已知事物的概念表征去完成对新事物的表征,这使他们感觉到自己对新事物是有较强认知能力的,会让他们产生认知上的自信,从而对新事物产生积极态度。

第三,概念处理流畅性会让人产生"认知错觉"(Oppenheimer, 2008; Schwarz 和 Bless, 1997; Osth, et al, 2017)。所谓认知错觉是指,由于某些原因,一个人很明显在认知(内容、形式)上发生了错误,他还依然相信他在认知上是正确的。当人们很容易用已知事物的概念表征是表征新事物时,他会深信该新事物在某类属性上是属于已知事物的,而不管事实上这种归属是否真实存在。

第四,概念处理流畅性会让人们较容易完成认知内容上的转换,即较容易使人们用其关于已知事物的认知内容去理解新事物的属性,从而较容易发生人们关于已知事物的情感和态度向新事物迁移的现象(Alter 和 Oppenheimer, 2009; Meyvis, et al, 2012)。

遵照现有大多学者在品牌延伸领域的研究范式(Aaker 和 Keller, 1990; Boush 和 Loken, 1991; 符国群,约翰•安德森, 1995; Spiggle, et al, 2012; 郑春东,等, 2015; 孙国辉,等, 2019),本书将延伸产品属性信息视作消费者需要当下耗费一定认知资源去理解的新事物,将原品牌属性信息视为消费者已经耗费过往认知资源形成固定认知表征的已知事物。且基于以下原因本书认为,消费者能较容易用同一符号来表征原品牌联想信息与延伸产品属性信息的程度，即消费者关于延伸产品与原品牌概念流畅性程度，会影响他们延伸产品态度的形成：

原因一，品牌概念流畅性意味着消费者不用调动新的概念表征，而是用他们关于原品牌的概念表征就能掌握和理解延伸产品的信息（Hoorens 和 Bruckmuller，2015），这符合认知经济性原则，会让消费者直接对延伸产品产生积极的态度。

原因二，品牌概念流畅性会让消费者产生"认知错觉"，即会让他们坚信延伸产品本来就是属于原品牌的，并不存在企业利用他们对原品牌情感和原品牌知名度开发延伸产品的问题（Cohen 和 Basu，1987），故他们会发自内心地用他们关于原品牌的情感和态度来对待延伸产品，而不存在情感和态度的迁移问题。

原因三，品牌概念流畅会让消费者顺利地完成在延伸产品与原品牌之间的认知内容转换，加速他们将其关于原品牌的态度向延伸产品的转移（Schwarz, et al, 1991）。概念处理流畅性意味着消费者不需要调动新的认知资源就能处理延伸产品与原品牌的信息，这会加速他们的认知过程，使他们能够轻松完成认知内容在延伸产品与原品牌之间的转换，也会加速情感和态度在延伸产品与原品牌之间的转换。

综上，本书建构了延伸产品态度形成过程的框架，如图3-1。它一共分为五个部分：

第一，当面对贴着原品牌标签的延伸产品时，消费者会从其长期记忆中提取关于原品牌和延伸产品属性的信息，并形成关于原品牌和延伸产品的任务记忆。影响该阶段的因素主要是，消费者关于原品牌与延伸产品属性信息的可及性差异，即存储于消费者长期记忆结构中的原品牌和延伸产品属性信息，哪些会被消费者当作任务信息进行提取。

第二，消费者会将任务信息以相似性匹配的形式在延伸产品与原品牌之间进行匹配，这种匹配可能是样例性信息的匹配，即品牌产品属性层面信息的匹配，也可能是原型性信息的匹配，即品牌符号属性层面的信息匹配。消费者到底会进行哪种匹配，这取决哪种信息对于消费者来说具有诊断性，即哪种类型信息在消费者进行信息匹配时更为重要。如果，样例性信息在消费者进行匹配时更为重要，那么他们就会采用样例性信息进行匹配。而如果，原型性信息在消费者进行匹配时更为重要，那么他们就会采用原型性信息进行匹配。

第三，根据匹配过程中所选择的联想信息类型，消费者会对延伸产品与原品牌的匹配程度进行判断。如果消费者对他们采用一定类型信息进行的匹配度判断没有信心或者把握不准，那么他们会重新从其长期记忆结构中提取关于原品牌和延伸产品的信息，并重新对延伸产品与原品牌的匹配程度进行判断。

第四，消费者会对其形成匹配度认知的过程进行流畅性的评价，他们会根据在该过程中自己的信息提取次数和认知资源消耗来评估自己的认知流畅性体验。

第五，消费者会根据自身的概念处理流畅性来形成对延伸产品的态度。综上，本书提出了延伸产品态度形成的一般性框架。如图3-1所示，消费者延伸产品态度的形成过程，主要受他们从其长期记忆结构中提取关于原品牌信息和延伸产品信息属性联想、信息联想匹配以及品牌概念流畅性体验三方面因素的影响。

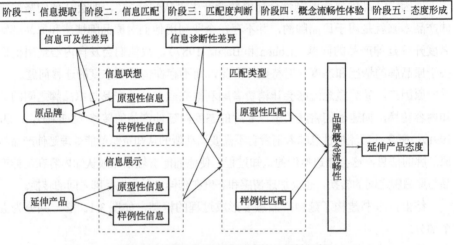

图3-1　延伸产品态度形成的一般性框架

另外，需要在此强调的是，关于延伸产品态度，现有研究大多从单一维度去衡量，如有从品牌延伸整体评价（brand extension overall evaluation）（Aaker 和 Keller，1990；Dacin 和 Smith，1995；王小毅，等，2009；郑春东，等，2016）、延伸产品评价（extended product evaluation）（Park，et al，1991；Broniarczyk 和 Alba，1994；于春玲，等，2012；郑春东，等，2015）、延伸产品推荐意愿（Torelli 和 Ahluwalia，2012；Michel 和 Donthu，2014）。

本书认为品牌延伸整体评价是消费者对企业品牌延伸活动本身的评价，除了受延伸产品与原品牌关系左右外，它还受到企业方面的其他因素限制（如广告宣传，Klink 和 Smith，2001），故本书不将其作为延伸产品态度的衡量维度。而延伸产品评价、延伸产品推荐意愿都只是消费者倾向维度的态度，它们并不涵盖消费者行为维度的态度。Bradu 和 Orquin（2014）认为，倾向维度的态度与行为维度的态度是存在重大区别的，人们对产品评价好并不意味着他一定会购买该产品。故本书在此添加延伸产品购买倾向作为消费者延伸产品态度补充衡量维度。即本研究用延伸产品态度、推荐意愿和购买倾向作为消费者延伸产品态度的衡量维度。根据上文的逻辑推论和相关论述，本书提出假设 H_1：

假设 H_1：品牌概念流畅性对延伸产品态度有正向影响；

假设 H_{1a}：品牌概念流畅性对延伸产品评价有正向影响；

假设 H_{1b}：品牌概念流畅性对延伸产品购买倾向有正向影响；

假设 H_{1c}：品牌概念流畅性对延伸产品推荐意愿有正向影响。

第二节　品牌概念类型与匹配度类型的交互作用

如上文所述，消费者在延伸产品与原品牌之间的品牌概念流畅性体验，受到两个方面因素的影响：第一，延伸产品信息与消费者关于原品牌联想信息的关联程度；第二，消费者对延伸产品产生的信息认知在他们关于原品牌信息联想中的典型性。也就是说，消费者的品牌概念流畅性受制于延伸产品信息与原品牌联想信息的关联型和代表性差异。那么本书认为，代表着消费者关于原品牌信息联想内容和关联强度差异的品牌概念类型判断，可能会影响消费者在延伸产品与原品牌之间的品牌概念流畅性，进而影响他们的延伸产品态度。

一、品牌概念类型与品牌信息联想的可及性差异

Aaker（1982）把消费者记忆中的品牌信息联想内容分为 11 种类型，包括产品品质、消费者利益、相对的价格、产品类别、竞争对手、国家或地理区域、社会名流与普通人、生活方式与生活个性、产品类别、竞争对手、国家或地理区域，并认为不同类型的品牌联想存在于不同水平的记忆强度之下。他还进一步扩展了品牌联想的概念，认为除了包括与产品相关的联想外，品牌联想还应包括企业或组织联想（Aaker，1982）。

Keller（2003）把品牌联想定义为消费者记忆中存在的和品牌节点连接的信息节点。但是不同于 Aaker（1982）对品牌联想的定义，Keller（1993）缩减了品牌联想的范畴，认为品牌联想是除感知之外的，只对消费者有意义的信息节点。Keller（2003）指出，品牌联想决定了品牌形象的内容和品牌在消费者心目中的地位，是顾客与品牌长期接触后形成的，反映了顾客对品牌的认知、态度以及情感。

那么，消费者对具体的品牌会形成怎样的信息联想内容呢？即面对不同品牌，到底哪种信息更能为消费者联想呢？Park 等（1986，1991）认为，由于在

日常生活中，不同品牌能满足消费者需求的层次存在差异，例如都是买车，消费者购买大众品牌汽车一般为了满足对代步工具和交通工具需求的目的，而购买保时捷品牌汽车一般都是为了满足对社交和对外自我符号建构需求的目的，故消费者对不同的品牌有着不同概念类型。一般来说，人们购买品牌（产品或服务）是用来满足以下三个方面的需求：

第一方面的需求是功能型需求，即用品牌产品所属的种类来满足其某些外在功能的需求。如买轿车是为了满足出行的需求，买手机是为了满足通信需求等。

第二方面的需求是象征型需求，即用品牌所代表的符号象征意义来满足自己内在心理的需求。如购买阿迪达斯品牌的消费者可能是为了彰显自己爱运动，购买宝马品牌的消费者可能是为了彰显自己的社会地位。

第三方面的需求是体验型需求，即用品牌产品的使用场景来获得体验感。如在星巴克咖啡消费是为了获得轻松和小资的消费体验。

由于本书的研究对象是一般工业品和快速消费品的延伸问题，而非服务行业的品牌延伸问题，故体验性需求不属于本书的研究范围。以下本书只关注消费者品牌（产品）的外在功能需求和内在心理需求，对体验性需求以及基于体验性需求而形成的品牌概念表征，本书不再过多赘述。

既然不同品牌在日常生活中能满足消费者的需求层次不一样，那么消费者对不同品牌的信息记忆和信息关注点也存在差异，从而他们对不同品牌的概念表征也存在差异。

Park 等（1993）对照消费者对品牌的不同需求，将消费者对品牌的概念表征类型分为功能型概念和象征型概念。功能型概念品牌是指那些主要满足消费者对功能、工具等外在功能需求的品牌，象征型概念品牌是指那些主要满足消费者对符号、象征性意义等内在心理需求的品牌（Park，et al，1993）。

因为消费者对不同概念类型品牌的信息关注点存在差异，那么久而久之，他们对不同概念类型品牌的信息记忆和信息存储内容也就存在着差异。亦即，消费者对不同概念类型的品牌存在不同的信息联想内容（Park，et al，1986，1993；Milberg，et al，1997；Monga 和 John，2012）。

对于功能型概念表征的品牌，由于其主要满足的是消费者对功能、性能等外在功能的需求，因此他们对品牌的信息联想内容呈现出"以产品类别属性信息为记忆节点，以产品功能、工具属性信息为联想网络"的特征（Park，et al，1986；Milberg，et al，1997；Monga 和 John，2010；孙国辉，等，2019）；对于象征型概念表征的品牌，由于其主要满足的是消费者对符号，象征意义等内在心理的需求，因此他们对品牌的信息联想内容呈现出"以品牌符号属性信息为记忆节点，以品牌象征性意义、品牌心理参照群体属性信息为联想网络"的特征（Park，et al，1993；Jin 和 Zou，2013；Torellia 和 Ahluwalia，2012；吴川，等，2012）。也就是说，对于功能型概念品牌，反映品牌的产品样例性信息更能为消费者的记忆所提取，而对于象征型概念品牌，反映品牌的符号原型性信息更能为消费者的记忆所提取。以上论述的总结，见图 3-2。

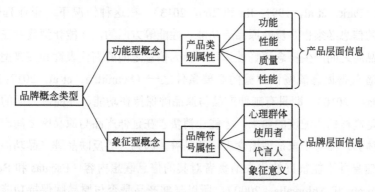

图 3-2 品牌概念类型与品牌信息联想的可及性差异

二、品牌概念类型与匹配度类型对概念流畅性的交互作用

如上所述，消费者对不同品牌相异的概念类型判断代表了他们对品牌有着不同的信息联想内容。不仅如此，现有研究还发现，消费者对不同品牌相异的概念也预示着他们对外界新信息与品牌联想信息之间的关联性程度和代表性强度存在较大差异（Monga 和 Boush，2012）。

如果消费者对品牌是以功能型概念表征为主的，那么此时品牌主要是满足消费者对产品功能和工具等外部性、工具性消费需求（Chaabane 和 Pez，2017；Park，et al，1986；Milberg，et al，1997）。

第一，外界反映品牌所属产品类别的新信息与消费者品牌信息联想内容之间的关联性强度最高（Torelli 和 Ahluwalia，2009；Chaabane 和 Pez，2017），因为这关系到品牌能满足消费者哪一方面的外部性、工具性需求。在这种情况下，企业延伸产品所携带的信息必须也是反映原品牌类别属性的，才能让消费者在延伸产品与原品牌上产生概念处理上的流畅性体验（本书后续用"概念处理流畅性"来替代），因为信息之间的高关联性是消费者获得概念流畅性体验的必要条件之一（Schnittka，et al，2012；Nielsen 和 Escalas，2010）。即只有延伸产品与原品牌保持在类别信息上的高相似性，满足高样例匹配度的要求，才能让消费者在延伸产品与原品牌产品之间产生概念处理流畅性。而对于象征型概念表征的品牌，因为外界反映品牌所属产品类别的新信息与消费者品牌信息联想之间的关联性强度不高（Chugnai，et al，2015；Till，et al，2011），所以延伸产品是否与原品牌保持类别信息上的高相似性，对他们是否在延伸产品与原品牌之间产生概念处理流畅性没有太多关联。

第二，外界反映品牌所属产品的性能、功能等新信息最能代表消费者对品牌的信息联想内容，因为这关系到品牌如何以及在何种程度上能够满足他们的功能性需求（Park，et al，1991；Jin 和 Zou，2013）。在这种情况下，企业延伸产品所携带的信息必须也是反映原品牌功能、性能等方面的，才能让消费者在延伸产品与原品牌之间产生概念流畅性体验，因为信息之间的高代表性和高典型性，也是消费者获得概念流畅性体验的必要条件之一（Schnittka，et al，2012；Nielsen 和 Escalas，2010）。即只有延伸产品与原品牌保持在功能、性能等方面的高相关性，满足高样例匹配度的要求，才能让消费者在延伸产品与原品牌之间产生概念流畅性体验。而对于象征型概念表征的品牌，因为外界反映品牌产品功能、性能等的新信息并不能很好的代表消费者对其的信息联想内容（Escalas 和 Bettman，2005；Torelli 和 Ahluwalia，2009），所以延伸产品是否与原品牌保持功能、性能上的高相关性，对他们是否能在延伸产品与原品牌之间产生品牌概念流畅性没有太多关联。据上，本书提出假设 H_2：

H_2：品牌概念类型与样例性匹配度对品牌概念流畅性有交互作用。与象征型概念品牌比，样例性匹配度更能影响功能型概念品牌的品牌概念流畅性。

而如果消费者对品牌以象征型概念表征为主，那么此时品牌主要满足的是消费者对品牌符号性，象征性等内在心理消费需求（Park，et al，1991；Monga 和 John，2012；孙国辉，等，2019；吴川，等，2012）。

第一，外界反映品牌所具有的符号属性新信息与消费者品牌信息联想内容之间的关联性最高（Chugnai，et al，2015；Torelli 和 Ahluwalia，2009），因为这关系到品牌能让他们获得哪一方面的符号展示。在这种情况下，企业延伸产品所携带的信息必须也是反映原品牌符号属性的，才能让消费者在延伸产品与原品牌之间产生概念处理流畅性。即只有让延伸产品继承原品牌的符号属性，满足高原型性匹配度，才能使消费者在延伸产品与原品牌之间产生概念处理流畅性。而对于功能型概念表征品牌来说，因为外界反映品牌所具有的符号属性信息与消费者关于品牌的信息联想内容关联度不高，甚至不相关（Chaabane 和 Pez，2017；Till，et al，2011；Torelli 和 Ahluwalia，2012），所以延伸产品是否继承原品牌的符号属性，对他们是否在延伸产品与原品牌之间产生概念流畅性体验没有显著关系。

第二，外界反映原品牌使用者形象以及品牌使用者心理参照群体等信息最能代表消费者对原品牌的信息联想内容（Chaabane 和 Pez，2017；Chugnai，et al，

2015；Escalas 和 Bettman，2005），因为这关系到他们借助品牌进行符号展示时的受众群体及接受程度。在这种情况下，企业延伸产品所携带的信息也必须是反映原品牌使用者形象以及心理参照群体的，现有研究显示对品牌使用者形象和心理参照群体的继承在某种程度上说就是对品牌符号属性的继承（Escalas 和 Bettman，2005），即延伸产品必须继承原品牌的符号属性，满足高原型性匹配度的要求才能使消费者在延伸产品与原品牌之间有概念处理流畅性体验。而对于功能型概念表征品牌来说，因为外界反映品牌所具有的使用者形象和心理参照群体的信息并不能很好地代表他们关于原品牌的信息联想内容（Jin 和 Zou，2013；Ng，2010），故延伸产品与原品牌之间是否具有高原型性匹配度，并不会影响他们的品牌概念流畅性。故，本书提出假设 H_3：

H_3：品牌概念类型与原型性匹配度对品牌概念流畅性有交互影响。与功能型概念品牌比，原型性匹配度更能影响象征型概念品牌的概念流畅性。

三、品牌概念类型与匹配度类型对延伸产品态度的交互作用

本书认为，由于不同品牌概念类型预示着消费者对品牌联想信息内容的差异，也就是消费者能将外界不同类型新信息与原品牌联想信息进行归类的差异，而不同类型匹配度则预示着延伸产品与原品牌之间存在信息关联程度和关联层次的差异。故在不同概念类型的品牌下，消费者能将不同类型匹配度的延伸产品归类为原品牌的程度也不一样，从而根据前人的研究范式，对延伸产品与原品牌的归类程度决定他们在多大程度上能将其对原品牌的态度和情感转移至延伸产品（Aaker 和 Keller，1990；Fu 和 Saunders，2009；Fu，et al，2009；Keller 和 Aaker，1992；Sppigle，et al，2012），本书认为品牌概念概类型与匹配度类型的交互项对延伸产品态度存在影响。

以下对此逻辑进行细化讨论：

若原品牌是功能型概念的，那么消费者对品牌信息联想的内容呈现出以产品类别属性信息为记忆节点，以产品功能、工具属性信息为联想网络的特征（Park 和 Jaworski，1986；Monga 和 John，2010）。在此品牌联想内容特征下，企业的延伸产品必须与原品牌在以下两个方面中的某一方面保持一致，才会有消费者将其对原品牌的态度和情感迁移至延伸产品的基础：

第一方面，延伸产品要与原品牌在产品类别上高度相似，消费者才能在其关于原品牌的信息记忆节点上发现延伸产品，将二者归为相似性判断上归为一类（Fiske，2014；Frieden，2013），进而将其对原品牌的态度和情感转移至延伸产品，并对延伸产品产生积极的态度；

第二方面，如果延伸产品无法保证与原品牌在类别上的高度相似，那么可以退而求其次，与原品牌产品的功能和工具属性高度相关（Hartwing 和 Dunlosky，2017；Medin 和 Schaffer，2008）。因为，消费者对品牌的信息联想既包括记忆连接点，也包括记忆网络，如果新信息与人们信息联想网络中的信息内容高度相关，那么该新信息也会让人们沿着其信息联想网络与记忆节点的信息发生信息连接和相似性匹配。从而如果延伸产品与原品牌在功能、工具等信息属性上高度相关，那么消费者也会将二者归为一类，进而将其对原品牌的态度和情感转移至延伸产品（McChoskey 和 Glucksberc，2009）。

也就是说，对于功能型概念表征的品牌，延伸产品要么需要和原品牌在类别信息属性上保持一致，要么需要和原品牌在功能、工具等属性上保持一致，才能使消费者将其对原品牌的态度和情感转移到延伸产品上，进而对延伸产品有积极的态度。故本书认为，样例性匹配度才能对功能型概念表征品牌的延伸产品态度产生影响。

但是，若品牌是象征型概念类型的，那么消费者对品牌的信息联想网络就不是以产品类别属性信息为记忆节点，也不是以产品功能、工具属性信息为联想网络（Chugnai, et al, 2015），从而样例性匹配度对象征型概念表征品牌的延伸产品态度并不产生影响。据上，本书提出假设 H_4：

H_4：品牌概念类型与样例性匹配度对延伸产品态度有交互作用；

H_{4a}：与象征型概念品牌比，样例性匹配度更能影响功能型概念品牌的延伸产品评价；

H_{4b}：与象征型概念品牌比，样例性匹配度更能影响功能型概念品牌的延伸产品购买倾向；

H_{4c}：与象征型概念品牌比，样例性匹配度更能影响功能型概念品牌的延伸产品推荐意愿。

若原品牌是象征型概念的，那么他们对品牌信息联想的内容呈现出以品牌符号属性为记忆节点，以品牌象征型意义、品牌心理参照群体等属性信息为联想网络的特征（Park, et al, 1986；Chugnai, et al, 2015）。在该品牌联想网络特征下，企业的延伸产品必须与原品牌在以下两个方面保持一致，才会有消费者将其对原品牌的态度和情感迁移至延伸产品的基础和条件：

第一方面，延伸产品要与原品牌在符号属性上有高度的继承性，消费者才能在其关于原品牌的信息记忆节点上发现延伸产品，将二者在相似性判断上归为一类（Fu 和 Ding，2009；Torelli 和 Ahuwalia，2012），进而将其对原品牌的态度和情感转移至延伸产品，并对延伸产品产生积极的态度；

第二方面，延伸产品还需要与原品牌在象征性意义和心理参照群体等属性信息上保持一致，消费者才能沿着自己关于原品牌的信息联想网络中找到延伸产品，并将其与原品牌进行相似性匹配（Ma, et al, 2014; Monga 和 Gurhan-Canli, 2012）。在匹配成功后，才会发生态度和情感由原品牌向延伸产品的转移。与上述关于功能型概念表征品牌不同的是，在象征型概念表征品牌的品牌延伸中，延伸产品必须在以上两个方面都与原品牌保持一致，因为品牌象征性意义和品牌心理参照群体是消费者对品牌符号属性认知的重要来源，如果延伸产品不能在象征性意义和心理参照群体上与原品牌保持一致，那么消费者对延伸产品对原品牌的符号属性继承程度就会大打折扣（Escalas 和 Bettman, 2005）。

也就是说，对于象征型概念表征的品牌，延伸产品既要与原品牌在符号属性上有较高的继承性，又要在品牌象征性意义和品牌心理参照群体上与原品牌保持高度一致，才能使消费者将其对原品牌的态度和情感转移到延伸产品上，进而对延伸产品有积极的态度。故本书认为，原型性配度才能对象征型概念品牌的延伸产品态度产生影响。

但是，若品牌是功能型概念的，那么消费者对其的信息联想网络就不是以品牌符号属性信息为记忆节点、也不是以品牌象征性意义、品牌心理参照群体为联想网络为特征（Chaabane 和 Pez, 2017; Fu 和 Ding, 2009），从而原型性匹配度对功能型概念表征品牌的延伸产品态度并不产生影响。据上，本书提出假设 H_5：

H_5：品牌概念类型与原型性匹配度对延伸产品态度有交互作用；

H_{5a}：与功能型概念品牌比，原型性匹配度更能影响象征型概念品牌的延伸产品评价；

H_{5b}：与功能型概念品牌比，原型性匹配度更能影响象征型概念品牌的延伸产品购买倾向；

H_{5c}：与功能型概念品牌比，原型性匹配度更能影响象征型概念品牌的延伸产品推荐意愿。

四、品牌概念流畅性的中介作用

在上文中，分别就品牌概念类型与匹配度类型的交互项对消费者概念处理流畅性和延伸产品态度的影响做了深入的逻辑推理和详细探讨，认为对于功能型概念品牌，样例性匹配度更能左右消费者在延伸产品与原品牌之间概念流畅性、也更能左右消费者的延伸产品态度。那么品牌概念表征类型与匹配度类型的交互项、概念流畅性与消费者延伸产品态度三者之间的关系又是如何呢？

从图 3-1 可以看出，消费者延伸产品态度的形成，主要受制于他们关于原品牌联想信息和延伸产品属性信息的长期工作记忆向任务工作记忆的转化、匹配度类型判断以及品牌概念流畅性这三个递进影响的要素。而消费者将原品牌的长期工作记忆向任务工作记忆的转化，又主要取决于消费者对品牌的概念表征形式。因此从浅层逻辑上看，是品牌概念表征类型与匹配度的交互项影响了消费者的概念处理流畅性，进而影响了消费者的延伸产品态度。即概念处理流畅性起到了桥梁性的作用。以下将进行深入的逻辑演绎。

对于功能型概念表征的品牌而言，由于消费者对该品牌的信息联想内容呈现出以产品类别属性为记忆节点，以功能、工具等反映品牌产品具体属性的信息为联想网络（Park, et al, 1986; Milberg, et al, 1997; Monga 和 John, 2012）。故只有外界事物携带着与品牌产品类别属性高度相似的信息，或者外界事物携带着与品牌产品功能、工具属性的高度相关的信息，才能使消费者在其品牌信息联想网络中顺利地找到关于延伸产品的信息（Ma, et al, 2014; Gilovich, 1981），从而产生品牌概念理流畅性的主观体验，据此将其对原品牌的情感和态度迁移到延伸产品上，并对延伸产品产生积极的态度。

样例性匹配度强调的就是延伸产品在多大程度上与原品牌产品在类别上保持相似性，或者在多大程度上与原品牌产品的功能和工具等属性信息上保持相关性（Mao 和 Krishnan, 2006; 姚琦, 等, 2014, 2017）。因此，当原品牌属于功能型概念类型时，只有样例性匹配度才能让消费者轻松地用其关于原品牌的概念表征形式处理延伸产品的信息，才能真正将延伸产品与原品牌归为一类，产生品牌概念流畅性，进而让他们将其对原品牌的情感和态度转移到延伸产中去、对延伸产品产生积极的态度。据此，本书提出假设 H_6：

H_6：品牌概念流畅性在品牌概念类型与样例性匹配度对延伸产品态度的交互作用中起中介作用；

H_{6a}：品牌概念流畅性在品牌概念类型与样例性匹配度对延伸产品评价的交互作中起中介作用；

H_{6b}：品牌概念流畅性在品牌概念类型与样例性匹配度对延伸产品购买倾向的交互作用中起中介作用；

H_{6c}：品牌概念流畅性在品牌概念类型与样例性匹配度对延伸产品推荐意愿的交互作用中起中介作用。

而对于象征型概念品牌，由于消费者对该品牌的信息联想内容呈现出以品牌符号属性为记忆节点，以象征性意义和心理参照群体等反映品牌社会属性的信息为信息联想网络（Park, et al, 1991; Monga 和 John, 2012）。故只有外界事物携带着继承该品牌符号属性的信息、携带着与品牌象征性意义、品牌心理参照群体等反映品牌社会属性高度相关的信息时，才能使消费者在其品牌信息联想网络中顺利地找到关于延伸产品的信息（Adam，et al，2017；Bakamitsos，2006；Bosmans 和 Baumgartuar，2003），从而产生概念处理流畅性的主观体验，据此将其对原品牌的情感和态度迁移到延伸产品上，并对延伸产品产生积极的态度。而原型性匹配度强调的就是延伸产品在多大程度上继承了原品牌的符号属性、在多大程度上与原品牌的符号属性和心理参照群体等方面保持一致（Mao 和 Krishnan，2006；姚琦，等，2014，2017）。因此，当原品牌属于象征型概念时，只有原型性匹配度才能让消费者轻松地用其关于原品牌的概念表征形式处理延伸产品的信息，才能真正将延伸产品与原品牌归为一类，产生概念处理流畅性，进而让他们将其对原品牌的情感和态度转移到延伸产中去。据此，本书提出假设 H_7：

H_7：品牌概念流畅性在品牌概念类型与原型性匹配度对延伸产品态度的交互作用中起中介作用；

H_{7a}：品牌概念流畅性在品牌概念类型与原型性匹配度对延伸产品评价的交互作用中起中介作用；

H_{7b}：品牌概念流畅性在品牌概念类型与原型性匹配度对延伸产品购买倾向的交互作用中起中介作用；

H_{7c}：品牌概念流畅性在品牌概念类型与原型性匹配度对延伸产品推荐意愿的交互作用中起中介作用。

基于以上假设，本书提出了概念模型一（图 3-3）：

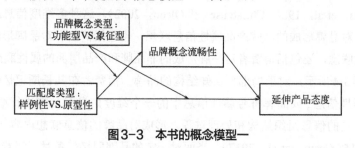

图 3-3 本书的概念模型一

第三节 品牌认知结构类型与匹配度的交互作用

一、品牌认知结构类型与品牌信息联想的内容差异

品牌认知结构是指品牌联想信息在消费者记忆中的呈现内容和组织方式

(Lutz, 1975; Keller, 2003)。所谓品牌信息联想的呈现内容是指品牌在消费者长期记忆中的信息储存内容, 即消费者在过往消费体验和消费经历中形成的关于某品牌信息联想的内容 (Aribarg 和 Arora, 2008)。而所谓品牌信息联想的组织方式是指在消费者形成一定品牌信息联想内容后, 将这些信息联想由长期记忆变成任务记忆的方式 (Ng 和 Houston, 2005)。很明显, 消费者对品牌联想信息的呈现内容, 在一定程度上决定了他们对品牌联想信息的组织方式。而且信息联想的组织方式是一个极为复杂的心理认知过程, 是现阶段脑科学和神经科学研究的主要方向 (秦裕林, 等, 2012)。故在此, 本书只集中探讨消费者对品牌联想信息的记忆内容。

根据品牌联想信息在消费者记忆结构中呈现内容的不同, 有学者将品牌认知结构分为局部型认知结构品牌和整体型认知结构品牌 (Greshan, et al, 1986; Keller, 1993)。所谓局部型认知结构品牌, 是指那些在消费者记忆结构中只存在单一维度联想信息或单一维度联想信息集合的品牌, 这种单一维度联想信息既包括产品具体属性联想信息, 也包括品牌本身属性联想信息 (Greshnan, et al, 1986; Christensen 和 Olson, 2002)。但在一般情况下, 消费者并不会对局部型认知结构品牌既形成品牌产品属性信息联想, 又形成品牌本身属性信息联想, 而只会形成一种属性信息联想 (Keller, 1993); 而所谓整体型认知结构品牌则是指, 在消费者记忆结构中, 存在多维度联想信息或多维度联想信息集合的品牌 (Greshnan, et al, 1986; Christensen 和 Olson, 2002)。这种多维度信息联想既包括消费者对品牌形成的品牌产品属性信息联想, 也包括消费者对品牌形成的品牌本身属性联想, 还包括消费者对品牌形成的非品牌和产品层面的属性联想。

如图 3-4 所示, 对于局部型认知结构的品牌, 消费者在其长期记忆中选择品牌产品属性信息, 或品牌符号属性信息中的一个维度信息对品牌进行概念表征, 并根据一定的信息组织结构和处理过程, 形成对品牌的信息联想内容 (Mollers, et al, 2015; Costh, et al, 2017)。当面对一定的品牌回忆任务时, 消费者也只能从其关于品牌的该单一维度信息出发来提取品牌任务记忆; 而对于整体型认知结构的品牌, 消费者在其长期记忆中既有关于品牌产品属性信息的表征, 又有品牌自身属性信息的表征, 甚至还有对非品牌和非产品层面的属性信息表征和信息联想 (Cox 和 Criss, 2017; Ng, 2008)。当面对一定的品牌回忆任务时, 消费者能从各个维度属性信息出发来提取关于品牌的任务记忆。

另外, 如上所述, 无论是原型性匹配度还是样例性匹配度都只是延伸产品与原品牌某方面信息联结程度的表现 (Mao 和 Krishnan, 2006; 姚崎, 等, 2014, 2017)。样例性匹配度是指延伸产品与原品牌产品在产品属性信息上的联结程度,而原型性匹配度则是指延伸产品与原品牌本身的品牌属性信息上的联结程度。本章节探讨的是消费者的品牌认知结构，即消费者对品牌联想信息的存储内容差异对其延伸产品评价的影响，并不涉及信息链接强度的层面差异。故在本章节余下的部分，我们用匹配度来泛指样例性匹配度和原型性匹配度。在具体的数据收集和实证研究中，本书再作具体讨论。

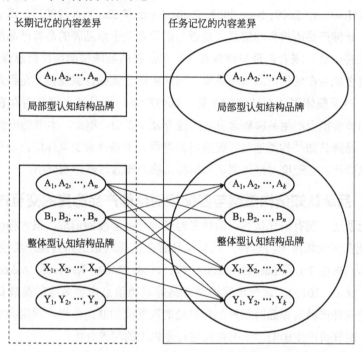

图3-4　品牌认知结构类型与品牌信息联想的内容差异

二、品牌认知结构类型与匹配度对概念流畅性的交互作用

基于以下原因，本书认为品牌认知结构类型与匹配度的交互项对消费者的品牌概念流畅性有显著影响。

首先，对于局部型认知结构的品牌来说，因为消费者只能以某一方面的属性信息来提取他们关于品牌的任务记忆，因此只有与该方面属性信息一致的外界新信息才能让他们联想到该品牌（Mollers, et al, 2015; Ng 和 Houston, 2005; Punj 和 Hillyer, 2004）。那么在品牌延伸中，延伸产品所携带的属性信息，就必须与消费者关于原品牌的具体方面任务记忆信息相匹配，才能使消费者在延伸产品信息和原品牌联想信息上产生概念上的流畅性体验。也就是说，对于局部型认知结构的品牌，只有延伸产品与原品牌之间满足高匹配度（样例型匹配度或原型性匹配度）的要求，才能使消费者产生概念处理流畅性的主观体验。

然后，对于整体型认知结构的品牌来说，因为消费者能从多方面的属性信息来提取他们关于品牌的任务记忆，而且多方的属性信息还会产生相互干扰，并产生新的任务记忆信息（如图3-4所示）。因此，外界多方面的信息，而不一定非得是品牌产品属性层面的信息和品牌自身属性层面的信息，都能使消费者联想到该品牌（Houston，2009；Ng，2008；Ratheshwar 和 Shocker，2001）。那么在品牌延伸中，延伸产品所携带的信息，是否与消费者关于原品牌的品牌产品层面的属性信息保持一致，或者是否与消费者关于原品牌的品牌层面属性信息保持一致，对于消费者能否在延伸产品与原品牌之间产生概念流畅性就显得不是很重要。也就是说，对于整体型认知结构的品牌，延伸产品与原品牌之间是否存在高匹配度，对消费者能否产生品牌概念流畅性没有显著影响。据此，本书提出假设 H_8。

H_8：品牌认知结构类型与匹配度对品牌概念流畅性有交互作用。与局部型认知结构品牌比，匹配度对整体型认知结构品牌的概念流畅影响要小。

三、品牌认知结构类型与匹配度对延伸产品态度的交互作用

如上所述，现有研究认为，消费者对延伸产品态度的形成，很大程度上取决于他们能在多大程度上将延伸产品与原品牌在信息联想上归为某一类别（Aaker 和 Keler，1990；Fu 和 Sanders，2009；Fu，et al，2009，Keller 和 Aaker，1992；Sppigle，et al，2012）。这预示着消费者品牌联想信息内容多寡的品牌认知结构与预示着延伸产品与原品牌某种信息联结的匹配度的共同作用，肯定会对消费者的延伸产品评价产生影响。本书在此进行逻辑上的深入分析：

对于局部型认知结构的品牌，消费者关于品牌信息的长期记忆的存储内容是很少的，而且是单一维度的（Mollers，et al，2015；Punj 和 Hillyer，2004）。那么当面对贴着原品牌标签的延伸产品时，消费者能够提取的关于原品牌的任务记忆也就相对较少，从而能让他们联想到原品牌的新信息也就很少（Keller，2003），只有少量的、能与消费者关于原品牌的任务记忆信息相匹配的新信息，才能够让消费者联想到该品牌（Punj 和 Hillyer，2004）。

也就是说，延伸产品只有携带与消费者关于原品牌任务记忆信息相匹配的信息时，消费者才能在其关于原品牌的记忆网络中发现延伸产品，才能将二者归为一类，从而产生态度和情感由原品牌到延伸产品的迁移，进而对延伸产品形成积极的态度。如果延伸产品没有携带与消费者关于原品牌任务记忆信息相匹配的信息时，消费者便不能在其关于原品牌的记忆网络中发现延伸产品，也不能将二者归为一类，从而不能产生态度和情感由原品牌到延伸产品的迁移，进而也不能对

延伸产品形成积极的态度。也就是说，对于局部型认知结构的品牌，只有延伸产品与原品牌之间的关系符合某种类型的匹配度要求时，消费者才能将二者归为一类，也才会对延伸产品本身产生积极的态度。

对于整体型认知结构的品牌，消费者关于品牌信息的长期记忆的存储内容是很丰富的、多维度的，而且已有多维度信息联想之间也会产生新的信息集合（Mollers, et al, 2015; Punj 和 Hillyer, 2004），这使得消费者关于品牌的信息联想内容更为丰富（Keller, 2003）。那么当面对贴着原品牌标签的延伸产品时，消费者能够提取的关于原品牌的任务记忆就相对较多，从而能让他们联想到原品牌的新信息也就很多（Keller, 2003）。由于消费者提取的关于原品牌的任务记忆信息很丰富，故很多信息、甚至与消费者关于原品牌信息联想不一致的新信息都能使消费者联想到原品牌，而不仅仅是那些与消费者关于原品牌的任务记忆信息。

也就是说，延伸产品即使不携带与消费者关于原品牌任务记忆信息相匹配的信息，消费者也能在某种程度上将二者归为一类，从而产生态度和情感由原品牌到延伸产品的迁移，进而对延伸产品形成积极的态度。也就是说，对于整体型认知结构的品牌，延伸产品与原品牌之间的关系是否符合某种类型的匹配度，并不会对消费者积极延伸产品态度的形成产生太多影响。据此，本书提出以下假设 H_9：

H_9：品牌认知结构类型与匹配度对延伸产品态度有交互作用。相比于局部型认知结构品牌，匹配度对整体型认知结构品牌的延伸产品态度的影响要小。

H_{9a}：品牌认知结构类型与匹配度对延伸产品评价有交互作用。相比于局部型认知结构品牌，匹配度对整体型认知结构品牌的延伸产品评价的影响要小。

H_{9b}：品牌认知结构类型与匹配度对延伸产品购买意愿有交互作用。相比于局部型认知结构特征品牌，匹配度对整体型认知结构特征品牌的延伸产品购买倾向的影响要小。

H_{9c}：品牌认知结构类型与匹配度对延伸产品推荐意愿有交互作用。相比于局部型认知结构特征品牌，匹配度对整体型认知结构特征品牌的延伸产品推荐意愿的影响要小。

四、品牌概念流畅性的中介作用

上文中，本研究分别就品牌认知结构类型与匹配度的交互项，对品牌概念流畅性和延伸产品态度形成的影响，做了深入的逻辑演绎和详细探讨。认为相比于局部型认知结构品牌，匹配度对整体型认知结构品牌的概念流畅性和消费者延伸产品态度的影响要小。那么，品牌认知结构类型与匹配度的交互项、概念表征流畅性与消费者延伸产品态度三者之间的关系又如何呢？

从图 3-1 可以看出，消费者延伸产品态度的形成主要受制于三个递进性因素的影响：原品牌信息与延伸产品属性信息的长期工作记忆向任务记忆的转化、匹配度类型判断以及品牌概念流畅性体验。而消费者将其关于原品牌的长期工作记忆向工作记忆的转化，除了受到上文所述的概念表征形式的影响外，还要受到概念表征具体内容的影响（朱文正，2016）。因此，从浅层逻辑上看，是品牌的认知结构类型与匹配度的交互项影响了消费者的概念表征流畅性，进而影响了消费者的延伸产品态度。以下，本书进行深入的逻辑演绎。

若原品牌是局部型认知结构的品牌，由于消费者关于品牌信息的长期记忆的存储内容较少，而且信息是单一维度的，是聚焦的（Mollers, et al, 2015; Punj 和 Hillyer, 2004）。也就是说消费者本来就只用为数不多的、单一维度的信息来表征原品牌。从而他们能将外界新信息与原品牌进行同一概念表征的难度本来就比较大。在这种情况下，延伸产品所携带的信息特征，就必须要与消费者从长期记忆里提取的任务记忆中关于原品牌的信息特征高度相似或高度一致，才能让消费者顺利地将延伸产品与原品牌进行同一概念表征，获得概念上的流畅性体验，进而真正将二者在自己关于原品牌的信息处理模式下归为一类，发生态度和情感由原品牌向延伸产品的转移，并对延伸产品产生积极的态度；

而若原品牌是整体型认知结构的品牌，由于消费者关于品牌信息的长期记忆的存储内容较为丰富，而且信息存储的维度是多维的，是发散的（Mollers, et al, 2015; Punj 和 Hillyer, 2004）。也就是说消费者本来就可用很多方面和维度的信息来表征原品牌。从而他们本来就较容易将外界新信息与原品牌进行同一的概念表征。在这种情况下，延伸产品所携带的信息，是否与消费者从长期记忆里提取的任务记忆中关于原品牌的信息特征高度相似或高度一致，对消费者是否能在延伸产品属性信息与原品牌信息联想之间获得概念流畅性就不是很重要，因为关于原品牌消费者能从多方面多维度提取任务信息而产生品牌联想，从而能从多个维度将原品牌与延伸产品真正归为一类。这就是说，延伸产品所携带的信息，是否与消费者从长期记忆里提取的任务记忆中关于原品牌的信息特征高度相似或高度一致，对消费者延伸产品积极态度的形成也不是很重要。故，本书提出假设 H_{10}：

H_{10}：品牌概念流畅性在品牌认知结构类型与匹配度对延伸产品态度的交互作用中起中介作用；

H_{10a}：品牌概念流畅性在品牌认知结构类型与匹配度对延伸产品评价的交互作用中起中介作用；

H_{10b}：品牌概念流畅性在品牌认知结构类型与匹配度对延伸产品购买倾向的交互作用中起中介作用；

H_{10c}：品牌概念流畅性在品牌认知结构类型与匹配度对延伸产品推荐意愿的交互作用中起中介作用。

基于以上假设，本书提出了研究模型二（图3-5）：

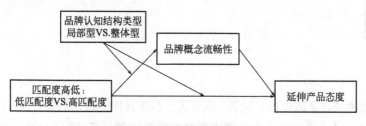

图3-5 本书的概念模型二

第四章 量表设计

正如本书在文献评述中所示,现有关于品牌延伸的研究中很少引入概念流畅性的观点,从而现有研究也就尚未开发品牌延伸研究领域的品牌概念流畅性量表。但是通过逻辑推理,本书发现了品牌概念流畅性在逻辑上确实能对消费者的延伸产品态度产生影响。在这种情况下,本书必须自行开发品牌延伸研究领域的品牌概念流畅性量表,以用统计方法和科学试验来验证本书的逻辑推理。

第一节 量表设计概述

对一项实证研究来说,变量的精确测量与研究问题本身同等重要,因为精确的测量是使研究具有可信度和可靠性的前提条件。因此,在实证研究中,学者们都力争使他们感兴趣的研究问题与对研究问题的测量在本质上相同或者一致(Diamantopoulos 和 Winklhofer,2001)。严格、科学的量表设计以及之后的科学测量是达到这一主要目标的关键点(席仲恩和杜珏,2016)。

所谓量表是指由一个或多个题项组成、能形成单一评估分数或复合评估分数的、用以测量那些不易为肉眼观察到的变量的工具(席仲恩和杜珏,2016)。虽说量表由题项组成,但是研究者们往往关注的是量表所测量的构念,而并非题项或量表本身。就本研究来说,我们关注的是如何准确测量品牌延伸中的"品牌概念流畅性"这一构念。统计意义上的构念是指由理论演化而来的、无法为研究者进行直接测量的、有一定内容和内涵的关系属性(Sullivan,1995)。由于构念的无法直接衡量性,题项在某种意义上来说就是对诸多不可直接观测的构念在度量值表上的替代。也就是说,通过对题项在数量之间的变化关系,研究者可以推断出构念之间的作用关系。在通常情况下,量表中的题项就是量表欲测量的某一构念的替代物（Sullivan，1995）。这意味着，虽然题项并不是研究者进行量表设计时关注的焦点，但却是量表设计工作本身的重点。因为量表题项的内容本身和量表题项内容相对于调查者而言的可读性，是研究者能够真实测量构念水平，进而发现构念间关系的前提条件（Rossiter，2002）。

社会科学研究领域中的量表题项设计是一个繁琐、复杂的科学挖掘过程，它首先需要研究者进行大量的前期工作准备，包括对相关文献阅读和基于研究对象的调查访谈，以清晰界定构念所指的范围、构念的特征以及构念的内涵；其次，需要研究者与该领域的同行组成量表开发团队，进行深入的交流和讨论，以初步确定量表的题项；然后，需要研究者邀请该领域的专家，对初步确定的量表题项进行删减和补充，以尽量使量表的题项能够正确反映所需测构念本身的内涵；最后，还需要研究者在最大范围内收集相关联的数据，以使量表的信度在统计上得到分析和检验（席仲恩和杜珏，2016）。

第二节 量表设计的前期准备

一、量表设计前期的文献阅读

社会科学研究中量表的测量对象——构念大都不是来源于客观存在，而是来源于相关理论的演化（Worthington 和 Whittaker，2006），因此在社会科学领域的量表设计中，理论扮演着十分重要的角色。用相关理论指导量表设计是使量表尽可能地反映构念本身内容的前提条件（de Vellis，2016）。为此本书首先需要对现有研究中关于概念流畅性的文献进行了大量而深入的阅读，以期用相关理论来发现品牌延伸领域中的品牌概念流畅性的本质和应该包含的基本内容。

元认知理论认为，人们在认知形成过程中的主观性体验会影响他们对事物本身的认识和态度（Lee，2004；Lee 和 Aaker，2004）。作为人们认知过程中的主观性体验之一，概念流畅性（concept fluency）是指面对新事物时，人们能用其已有的信息处理模式来理解和处理该新事物信息的难易程度或流畅性程度（Bless，et al，1990）。当然基于研究主题的考虑，不同学者对概念流畅性定义的侧重面各不相同。如，Schwarz 和 Sanna（2003）从符号表征视角出发，将概念流畅性定义为人们能将新事物和原有同类事物进行同一性符号表征的难易程度；Chein 和 Mugnier（2005）从知识结构视角出发，将概念流畅性定义为人们在两类事物间发现同一知识表征的难易程度，并认为人们在两类事物间的概念流畅性，会受到他们关于该两类事物已有知识结构的影响。Berger 和 Fitsimons（2008）从信息提取的视角出发，将概念流畅性定义为新事物能够诱发人们从其记忆中提出某类信息的容易程度。如果某类新事物能够较容易地使人们从自己的记忆中提取某类信息，那么该新事物就使人们产生了概念流畅性的主观体验；如果某类新事物不能够较容易地使人们从自己的记忆中提取某类信息，那么该新事物就没有使人们产生概念流畅性。

综合现有研究对概念流畅性的定义，本书发现：第一，概念流畅性体验来源于面对新事物时，人们将该新事物与他们已知的事物进行同一性表征的主观体验；第二，概念流畅性衡量的是面对新事物时，人们能将该新事物与同类已知事物进行同一性表征难易程度的体验。

虽然现阶段概念流畅性的相关观点在营销研究中的运用处于初始期，但在为数不多的研究中，学者们对概念流畅性的概念界定却是统一的。他们都认为，在营销研究中，概念流畅性是指消费者能用他们已存储的品牌信息和已形成的品牌信息联想模式，来处理和理解与品牌相关联新信息的流畅性程度（Goert, et al, 2012；Shao 和 Martin, 2016；Hu 和 Li, 2017）。即在现有营销研究中，概念流畅性是指消费者能将品牌与品牌相关联的新信息进行同一符号性表征的难易程度和流畅性程度。只不过根据不同的研究主题，学者们对概念流畅性的具体测量题项和测量内容还存在着差异。

如，Goert 等（2007）在用概念流畅性去解释消费者对品牌赞助公益事件态度的研究中，只用一个题项："赞助该公益事件，我很清晰地知道品牌在干什么。"来衡量消费者的品牌概念流畅性；Shao 和 Martin（2016）在其品牌概念流畅性去解释消费者对企业捆绑销售行为的态度时，用了两个题项："题项1：我不能理解为什么企业要将产品 A 和产品 B 进行捆绑销售；题项2：通过该捆绑销售活动，我很清楚地知道品牌接下来要做什么。"来衡量消费者的概念流畅性；Hu 和 Li（2017）在用概念流畅去解释消费者对品牌代言人类型选择的态度时，却用了四个题项："题项1：选择该类型的形象代言人，让我对品牌未来的发展方向有一个清晰的认识；题项2：选择该类型的形象代言人，让我对品牌未来要选择的代言类型有着清晰的预期；题项3：选择该类型的形象代言人，让我不知道品牌在干什么。题项4：选择该类型的形象代言人，让我很容易理解品牌的形象管理策略。"来衡量消费者的概念处理流畅性。

通过对现有文献的分析，本书发现尽管在营销研究中，学者们对品牌概念流畅性的测量在具体维度上存在一定的差异，但也存在以下三点共识：第一，对概念流畅性的测量题项都关注的是消费者当下和未来对品牌及其相关事件在信息处理上的顺畅程度；第二，对概念流畅性的测量题项都没有关注消费者对品牌及其相关事件的态度倾向；第三，对概念流畅性的测量题项都侧重的是当品牌进行某项活动、释放某些品牌信息后，消费者从整体上将品牌及新释放出的品牌信息进行整合性处理的难易程度。现有研究的这些共识，是本书开发品牌延伸领域的品牌概念流畅性量表的理论基础。

二、量表设计前的调查访谈

社会科学的研究问题大多来自于社会实践，因此针对某一研究问题进行社会调查和访谈是弄清楚该研究问题本质的必要途径（de Vellis，2016）。一般情况下，学者们在量表题项设计的前期进行社会调查和访谈的目的有两个：第一，发现现有文献中还未涉及的内容。针对某一构念，现有研究可能已经开发了相应的量表。但是研究者发现，这些测量量表很明显并不能完整地反映该构念所应包含的内容和维度。在这种情况下，研究者可以通过广泛地社会调查和访谈来了解受访者对该构念的看法，以发现现有研究在测量该构念时的疏漏（Gerbing 和 Anderson，1988）；第二，从被调查者视角全面理解构念的本质及其应包含的内容，为量表的题项设计夯实基础。对有些新发现的构念，现有研究还未开发出相应的量表，研究者对该构念应包括哪些维度和内容也没有十分确定。

在这种情况下，研究者可以通过广泛收集社会大众对该构念的看法，并基于一定的数据编码程序来揭示该构念的内涵（Hinkin，1995）。如上所述，现有研究并未将概念流畅性的相关观点引入品牌延伸研究领域，故现阶段还未有学者开发适合品牌延伸研究领域的品牌概念流畅性量表。为了全面理解"品牌延伸中的品牌概念流畅性"这一构念的本质及其应包含的完整内容，笔者进行了社会调查。

受访者来自北京市某科技园的 26 名职工。这 26 名职工的年龄分布于 24 岁至 35 岁，平均年龄为 29.6 岁，学历水平都在大专以上。调查以面对面提问和回答的形式进行。本书首先询问了受访者的消费习惯和品牌消费偏好，以了解被调查者的品牌熟悉度。然后，本书以受访者熟悉的品牌及该品牌下的实际延伸产品为话题，让受访者依次回答以下三个问题：问题一"您怎样评价品牌（如 DB）延伸到某类新产品（如啫喱水），为什么？"；问题二"您认为品牌（如 DB）延伸到某类新产品（啫喱水）会成功吗？为什么？"；问题三"您自己购买过某品牌（如 DB）下的该新产品（如啫喱水）吗，为什么？"每次访谈都持续 30 分钟左右。

为了更好地分析受访者的回答，首先在征得他们同意的条件下，对整个访谈过程进行了录音；其次，根据汪涛等（2012）和孙国辉等（2019）的文本数据编码程序，对基于访谈整理的397条语句进行了编码。编码对应的顺序为：受访者——回答的问题——回答的语句。例如1-1-1，就代表第1个受访者在回答第一个问题时回答的第一句话。

由于受访者较多，而且他们回答的语句也较多，本书在此只摘录了有代表性的3位受访者在回答以上三个问题时的11条语句。而且由于访谈所涉及的范围很广，本书在此只摘录能够反映品牌概念流畅性的访谈内容。

7-1-4，DB品牌的SOD蜜我几乎每天都用，但我对DB品牌推出的洗面奶和啫喱水却并不感兴趣。7-1-6，DB品牌在我心中只是一般意义上的护肤产品，我很难将护肤品和啫喱水归为一类，所以我不清楚DB公司推出洗面奶和啫喱水的战略目标是什么？7-2-2，我不认为DB品牌推出的洗面奶和啫喱水会受到市场的欢迎，因为这会让人觉得不伦不类，很难回答DB品牌到底是什么？从受访者7的回答中本书发现，当企业利用原品牌推出延伸产品后，消费者的品牌概念流畅性可以从"品牌所属企业的战略目标是什么？""品牌到底是什么？"这两个维度来衡量。

11-1-3，我认为PG推出智能眼镜是可行的。11-1-5，PG品牌本来就是高科技的代名词，推出高科技产品智能眼镜，能很好地诠释PG品牌的内涵，让人对PG品牌的未来发展有着明确的期待；11-2-3，我觉得PG品牌本来就应该包含智能眼镜这类产品，因为高科技、炫酷本来就是PG品牌的外在形象；11-2-5，只要对PG品牌有一定的熟悉度，就会对PG品牌推出的智能眼镜有所期待。从受访者11的回答中本书发现，当企业利用原品牌推出延伸产品后，消费者的品牌概念流畅性也可以从"是否对品牌未来发展有明确期待？""是否符合品牌一贯的战略目标"以及"品牌是否从属性上包含延伸产品"这三个维度来衡量。

23-1-2，如果XM品牌推出智能眼镜，我会欣然接受。23-1-4，XM品牌的智能手机和智能家居等系列产品我一直在用，我认为像智能眼镜这类只有发烧友才会使用的产品，就应该被XM品牌所囊括；22-2-5，我相信XM品牌的智能眼镜，会与XM品牌的其他产品一样质量好、性价比高，因此肯定会受到消费者的青睐；

23-2-7，我觉得智能眼镜这类产品很好地诠释了XM品牌，很容易让人接受，它就是属于XM品牌下的产品。从受访者23的回答中本书发现，当企业利用原品牌推出延伸产品后，消费者的品牌概念流畅性也可以从"延伸产品是否本身就属于原品牌""延伸产品是否很好地定义了原品牌"这两个维度来衡量。

第三节 量表题项的设计与确认

经过对概念流畅性的文献回顾以及必要的社会调查与访谈，本书初步掌握了品牌延伸领域的品牌概念流畅性的本质、内涵及应包含的主要内容，夯实了下文关于品牌概念流畅性量表设计的基础。Hinkin（1995）认为，在量表设计过程中题项的设计与确认需要大致需要经历以下步骤：小组讨论、初步确定量表题项、量表题项的删减与补充和量表题项的专家审核这四个步骤。而且，这些步骤并非单向的，而是循环往复的。本书量表题项的设计与确认将严格遵照这些步骤进行，以保证量表设计的科学性。

① 小组讨论。包括北京市某高校商学院的 1 名副教授、4 名博士生和 2 名硕士生在内的量表开发的团队成员就"品牌延伸中的品牌概念流畅性"这一构念应包含的内容和具体问卷的题项设计进行小组讨论。讨论过程如下：

首先，由本书作者通过 PPT 展示和讲解的形式，向讨论团队成员介绍了概念流畅性在认知心理学和营销学中的研究，重点介绍的是现有研究关于概念流畅性的定义和测量内容和测量题项等，让讨论团队对品牌概念流畅性的相关观点在各学科中的应用和品牌概念流畅的内涵有一个深刻的理解。

然后，由本书作者通过 PPT 展示和讲解的形式，向团队成员介绍上文针对"品牌延伸中的品牌概念流畅性"这一构念所做的社会调查和访谈，将社会调查和访谈的所有资料（包括纸质资料和录音资料）让讨论小组的成员阅读和试听，让他们熟悉现实中的消费者对"品牌延伸中的品牌概念流畅性"这一构念的理解以及该构念应该包括的内容；接着，4 名博士生和 2 位硕士生根据本书作者的介绍和他们自己对资料的阅读和理解，对在品牌延伸中如何衡量消费者的概念流畅性进行建设性的发言和讨论，每人至少给出两个题项的测量内容；

最后，团队成员中的副教授根据博士生、硕士生和本书作者的发言以及自己的理解，给出自己认为的可以衡量概念流畅性的量表题项。最后，本书作者将团队成员提出的量表题项进行了汇总和整理，形成了如表 4-1 所示的量表。

表 4-1 小组讨论形成的品牌概念流畅性量表

题项	内容
题项一	从延伸产品 Y 来看，我对品牌 X 今后要推出的产品类型有着清晰的预期
题项二	从延伸产品 Y 来看，我很清楚品牌 X 今后要干什么
题项三	延伸至产品 Y，我对品牌 X 未来的发展方向有一个清晰的认识

续表

题项	内容
题项四	延伸至产品Y，我知道品牌X在干什么
题项五	延伸至产品Y，让我对品牌X很振奋
题项六	我很能相信品牌X会延伸至产品Y
题项七	我认为品牌X能真正延伸到产品Y
题项八	我很清晰地知道品牌X为什么要延伸至产品Y
题项九	延伸到产品Y，我很难搞明白品牌X能代表什么
题项十	延伸至产品Y，我很容易发现品牌X原来之于我的消费意义
题项十一	延伸至产品Y，让我很容易回答"品牌X代表什么？"这一问题
题项十二	在延伸到产品Y后，我很清楚品牌X背后所属公司的战略目标是什么

② 题项的删减和补充。量表的题项设计不是一蹴而就的，是一个复杂的科学挖掘过程。由团队讨论而来的量表题项还需进行删减和补充：量表题项删减的依据主要是题项语义是否存在累赘、重复，题项语义是否能够反映构念的本质和内涵等（Hinkin，1995）。根据此原则，本书将表4-1中的题项一、题项二和题项三进行了合并，因为它们共同衡量的是当推出延伸产品Y后，消费者对品牌X未来发展的预期，并将它们归纳为：延伸到产品Y，我很清楚地知道品牌X未来要干什么。将题项六和题项七进行了合并，因为他们共同衡量的是，当品牌X推出延伸产品Y后，消费者对该延伸事件的接受程度，并将他们归纳为：我很容易相信品牌X会延伸到产品Y。除了进行题项删减外，本书也根据前期关于"概念流畅性"的文献回顾、关于"品牌延伸中的品牌概念流畅性"的调查访谈工作中所确定的原则，对表4-1中未涉及的内容在题项上进行补充。

另外通过语义检索，本书发现表4-1中的十二个题项，均未涉及"当品牌X延伸至产品Y后，消费者在内涵上对品牌X的理解"这一在上文调查访谈中发现的能代表品牌延伸中概念流畅性的重要维度。为此，本书在表4-1的基础上，添加了"我很能理解品牌X为什么要延伸至产品Y"这一题项。从而"品牌延伸中的品牌概念流畅性"测量量表就由表4-1所示的一维十二个题项量表，变成由表4-2所示的一维十个题项量表。为了语言精练和通俗易懂，本书邀请了北京某985高校中文系的两位博士生对4-2所示的量表题项进行语言和修辞上的润色，并形成了如表4-3所示的量表。

③ 专家审核。量表题项设计的最后一环和最重要的一环是专家审核。专家审核是保证量表内容具有专家效度的唯一渠道（Rossiter，2002）。而如果量表没有专家效度，那么量表的题项在内容上能否反映它所要测量的构念这一量表题项

设计的基本要求,就无从得到保证。为此,本书邀请了北京某高校商学院的一名教授和两名博士生来对本书所设计的量表题项的内容进行审核。具体过程如下:首先,作者将"品牌延伸中的品牌概念流畅性"这一构念的内涵,以及本书设计这一量表的初衷对一名教授和两名博士生进行了详细介绍;然后,请求他们尽可能地补充或删除表4-3中的量表题项,以准确测量出"品牌延伸中的概念流畅性"。

表4-2 进行题项合并、删减和添加后的品牌概念流畅性量表

题项	内容
题项一	延伸到产品Y,我很清楚地知道品牌X未来要干什么
题项二	延伸至产品Y,我不知道品牌X在干什么
题项三	延伸至产品Y,让我对品牌X很失望
题项四	我很容易相信品牌X会延伸至产品Y
题项五	我很清晰地知道品牌X为什么要延伸至产品Y
题项六	延伸到产品Y,我很难搞明白品牌X能代表什么
题项七	延伸至产品Y,我很难发现品牌X原来之于我的消费意义
题项八	延伸至产品Y,让我很难回答:"品牌X代表什么"这一问题
题项九	在延伸到产品Y后,我很清楚品牌X背后所属公司的战略目标是什么
题项十	我很能理解品牌X为什么要延伸到产品Y

表4-3 基于语言陈述精练性的品牌概念流畅性量表修改

题项	内容
题项一	延伸到产品Y,我很清楚品牌X是什么
题项二	产品Y很好地定义了品牌X
题项三	延伸到产品Y,我很清楚品牌X接下来要做什么
题项四	延伸至产品Y,我不知道品牌X在干什么
题项五	延伸至产品Y,让我对品牌X很失望
题项六	我很难相信品牌X会延伸至产品Y
题项七	延伸至产品Y,我很难发现品牌X原来之于我的消费意义
题项八	在延伸到产品Y后,我很难回答"品牌X代表着什么?"这一问题
题项九	延伸至产品Y,能让我容易理解品牌X
题项十	在延伸到产品Y后,我很清楚品牌X背后公司的战略目标是什么

专家们一致认为题项一和题项四存在着较大的语义重复,两个题项都是在强调"延伸到某一新产品后,消费者对品牌内涵的理解"。本书听从了专家们的建议,将二者归为"延伸到产品Y后,我很清楚品牌X是什么"一个题项;另外

专家们也一致认为，题项五、题项六和题项七测量的内容并不是"品牌延伸中的概念流畅性"这一构念。其中题项五和题项六共同测量的是"消费者对品牌X延伸至产品Y的心理接受程度"，而非"关于延伸产品与原品牌之间的概念流畅性"。本书听从了专家们的建议，将题项五和题项六给予删除；而题项七测量的是"当品牌X延伸到产品Y后，消费者对品牌X的心理态度变化"，也非关于"延伸产品与原品牌之间的概念流畅性"。本书也听从了专家们的建议，将题项七给以删除。最终形成了如表4-4所示的概念流畅性量表。

表4-4　经过专家审核的品牌概念流畅性量表

题项	内容
题项一	延伸到产品Y，我很清楚品牌X是什么
题项二	产品Y很好地定义了品牌X
题项三	延伸到产品Y，我很清楚品牌X接下来要做什么
题项四	在延伸到产品Y后，我很难回答"品牌X代表着什么？"这一问题
题项五	延伸到产品Y,能让我容易理解品牌X
题项六	在延伸到产品Y后，我很清楚品牌X背后公司的战略目标是什么

第四节　量表的信度和效度检验

为了验证量表的效度和信度，本书需要在尽可能广泛的范围内收集相关数据，并对数据进行统计分析和检验。为此，本书根据 Hinkin（1995）的建议，选择了4个虚拟的品牌延伸：阿迪达斯延伸至西装、晨光文具延伸至笔记本电脑、晨光文具延伸至学生护眼台灯以及阿迪达斯延伸至运动手环。让受访者根据这4个虚拟品牌延伸来对自己在延伸产品（如西装）和原品牌之间的概念流畅性体验进行评价。

为了检验量表的效标关联效度，本书也同时用问卷分别收集了受访者对4个虚拟品牌延伸下的延伸产品评价，量表来自于 Zhang 和 Sood（2002）开发的消费者产品评价量表。而且，为了使受访者对延伸产品与原品牌的关系有着更直接的认识，本书参考 Jin 和 Zou（2013）以及孙国辉等（2019）的方法，向被试展示了经过 Photoshop 软件处理过的宣传海报（详见附录：一、量表信度、效度检验中的虚拟品牌延伸情境和调查问卷）。

考虑到所选择的实际品牌都是在校学生们会经常使用的，故本书数据收集主要在在校大学生间进行。本书为每个虚拟品牌延伸情境发放了 200 份问卷，其中 AD 延伸至新能源汽车的虚拟品牌延伸情境回收了 189 份；CG 延伸至笔记本电脑的虚拟品牌延伸情境回收了 192 份；CG 延伸至学生护眼台灯的虚拟品牌延伸情境回收了 196 份；AD 延伸至运动手环的虚拟品牌延伸情境回收了 195 份。问卷的整体回收率为 96.5%。在所有问卷回答者中，有 69% 为女性，有 83.9% 的年龄在 20 岁到 23 岁，其余年龄在 23 岁至 25 岁。

数据收集以受访者回答问卷的方式进行。问卷包括以下几部分：第一，虚拟品牌延伸情境描述。问卷告知受访者，品牌（如 AD）要推出新的产品类别（如运动手环）；第二，品牌概念流畅性的测量。本书用表 4-4 中的品牌概念流畅性量表测量了受访者在虚拟品牌延伸情境中概念流畅性体验；第三，用 Zhang 和 Sood（2002）开发的产品评价量表测量了受访者对虚拟品牌延伸情境中的延伸产品评价。

一、量表题项的信度检验

可信度高是对量表设计的基本要求。如果一套量表不可信，那么由它所产生的测量分数就不能代表所要测量构念的某种真实状态。一套可信度高的量表，应该只反映所测构念的真实变化，而不反映其他任何东西（Devellis，2016）。

对量表信度的检验就是对量表的可靠性或稳定性检验（Clark 和 Watson，1995），信度检验有外部信度（external reliability）检验与内部信度（internal reliability）检验两种。所谓量表的外部信度是指，当对同一群体在不同时间段测量时，量表题项所反映的分值在随测量时间变化上具有可靠性或稳定性（Clark 和 Watson，1995）。再测信度方法，即在两个以上时间段内用同一份量表来测量同一群被试的量表信度检验方法，是学者们经常使用的外部信度检验法。由于本书量表所指代的构念——品牌概念流畅性，被前人研究证实它并不会随着时间的变化而发生变化（Goert, et al, 2007；Hu 和 Li, 2017），故本书不需考虑对问卷的外在效度进行检验，而只需考虑对问卷的内部效度进行检验。

在多题项量表中，量表内部信度特别重要。所谓内部信度是指构成量表题项的同质性，即量表题项是否替代了同一个构念。如果量表题项确实同一替代了某个构念，那么量表的内部信度就高。否则，量表的内部信度就低。在态度和行为量表信度检验中，学者们多数都用 Cronbach（1962）开发的 a 系数（即 SPSS 软件中的 Cronbach's alpha 系数）来检验量表的内部信度。所谓 a 系数是指所有问卷题项的共源方差占问卷整体分数方差的比例（席仲恩和杜珏，2016），它的大小可以决定量表的信度。如果多题项量表的 a 系数大于 0.6 小于 0.75，这说明问卷题项间的内部信度是可以接受的，但未达到最优标准；如果多题项问卷的 a 系数大于 0.75 小于 1，这说明量表题项间的内部信度达到了最优标准。

本书利用收集上来的数据和 SPSS 软件执行了对量表的信度检验。检验结果如表 4-5 所示，反映量表题项内部信度的 a 值为 0.891，大于 0.75。这说明本书设计的反映消费者"品牌延伸中的品牌概念流畅性"的一维度六个题项的量表具有较高的内部信度。这说明，量表的六个题项确实是对同一构念的替代。

表4-5 量表题项内部信度检验的统计量

Cronbach's Alpha 值	以标准化项目为准的 Cronbach's Alpha 值	题项的个数
0.872	0.891	6

二、量表题项的效度检验

信度检验旨在衡量量表题项得分的确定性和稳健性，而效度检验则旨在衡量量表题项的得分能够测量到其想要测量的心理特质或行为特质的程度，即量表题项的得分对其所要测量变量的反映程度（Maloney，et al，1973）。根据前人的研究，效度检验可以分为效标关联效度检验、构念效度检验和内容效度检验。

① 效标关联效度检验。顾名思义，效标关联效度检验是要衡量量表题项所替代的构念与某个"效标"或"标准"之间在统计上的显著性关系（Maloney，et al，1973）。依据本研究的逻辑推理，本量表题项所替代的构念——品牌概念流畅性与消费者的延伸产品态度之间存在着显著的关联性，从而我们将本量表效标关联效度的"效标"定义为消费者的延伸产品评价。运用问卷调查收集的数据和 SPSS 统计分析软件，本书将反映受访者概念流畅性题项的复合分数（经过主成分分析）与反映受访者延伸产品评价题项的复合分数（经过均值处理）进行了回归分析。发现，二者存在显著的正相关关系（相关系数 a=1.43，t=8.67，$P<0.01$）。也就是说，本研究设计的品牌概念流畅性量表题项所反映出的复合分数，在统计上能够预测消费者的延伸产品评价。从而，问卷的效标关联效度得到检验。

另外，James 等（1974）建议多题项量表的效标关联效度检验还应包括量表题项本身的关联性检验。因为如果量表题项间不具备很高关联性的话，那么就很难说明量表题项测量的是同一构念下的变量水平（James et al，1974）。为此，本书利用 SPSS 统计分析软件，对量表题项间的关联性进行了检验和分析，发现本研究设计的一维六个题项量表在题项间存在着显著的关联性，所有两题项间的相关系数都大于（或等于）0.86，所有 P 值都小于 0.05。从而，本研究设计的量表题项通过了效标关联效度检验。

② 构念效度检验。构念效度检验衡量的是量表题项间是否存在统计上的显

著关联性（Clark 和 Watson，1995），亦即量表题项间在统计上存在的显著性关联程度。根据现有研究提倡的做法（Hinkin，1995；杨一瓮和孙国辉，2013），本书借助共同因数分析（common factor analysis，CFA）来对问卷的建构效度进行检验。具体来说，本书利用 SPSS 软件中的主成分分析来实现对量表的概念效度检验。如表 4-6 所示，本书给出了经过 SPSS 软件主成分分析后的变量成分矩阵。从该成分矩阵中可以看出，题项一、题项二、题项三、题项四、题项五和题项六的成分因子载荷分别是 0.769、0.807、0.803、0.872、0.733 以及 0.621，都大于 0.5，可以将这些因素纳入共同性因素。而且，KMO 值为 0.841。故本书设计关于"品牌延伸中的品牌概念流畅性"量表题项通过了构念效度检验。

表 4-6　基于六个题项主成分分析的成分矩阵

题项	因子载荷	题项	因子载荷
A_1	0.769	A_4	0.872
A_2	0.807	A_5	0.733
A_3	0.803	A_6	0.621

③ 内容效度检验。内容效度检验又称专家效度检验，是衡量量表题项的内容完整地反映概念整体内容的程度。从理论上说，如果量表题项的构成集合是构念全部内容的一个随机子集，那么该量表就有着完美的内容效度（席仲恩和杜珏，2016）。内容效度的检验实质上是对量表题项设计的全过程是否符合科学规范、科学程序和科学步骤的检验（Clark 和 Watson，1995）。首先，本书在量表题项设计之前，就一方面对构念所涉及的文献进行了深入阅读，夯实了本书量表设计的理论基础，另一方面对普通消费者进行了面对面的实地访谈，对构念的内涵和外延有了深入而全面的把握；其次，本书在量表题项设计和确认的过程之中，严格遵循 Hinkin（1998）建议，成立了量表题项开发和讨论小组，在小组讨论的基础上形成了初步的概念流畅性测量量表。

同时依据语义是否重复，以及题项内容是否完整地反映构念的内涵两个标准，本书对初步形成的概念流畅性量表进行了题项的合并、删除与补充。在此阶段，本书也让北京某 985 高校中文系的博士研究生对题项的语义进行了精炼和通俗化。为了保证问卷的专家效度，本书邀请北京某高校商学院的一名教授和两名博士生组成了专家团，并请求他们尽可能地删除无用的题项和补充有用的题项。然后，本书在量表题项的信度和效度检验阶段，利用问卷调查收集上来的数据和 SPSS 统计分析软件，并遵循现有研究的步骤，对量表的信度和效度进行了检验。基于以上论述，本研究认为量表具有专家效度。

第五章 预实验

根据现有品牌延伸的研究范式，本书进行预实验的目的有三个：首先，是为正式实验选择合适的实际品牌，并检验被试对它们的概念类型判断和认知结构特征，以为第六章正式实验确定符合实验情境的刺激物；其次，是为正式实验设计合适的虚拟品牌，并检验被试对它们的概念类型判断和认知结构特征，以为第六章正式实验确定符合实验情境的刺激物；最后是分别为所选实际品牌和所设计的虚拟品牌选择合适的虚拟延伸产品，并检验被试对它们与原品牌之间关系的判断，以为下文的正式实验确定符合实验情境的刺激物。

为了拓展研究结论的普适性，增加研究的外部效度，本书在正式实验中对被试的选择既有还未毕业的在校学生，也有公司普通职员。考虑到不同群体在回答问卷上的时间、精力和耐心等方面的差异，本书在正式实验阶段将以公司职员为群体组成的被试，放置在以实际品牌和虚拟延伸产品构成的实验情境中，而将以在校学生为群体组成的被试，放置在以虚拟品牌和虚拟延伸产品构成的实验情境中。为此在预测试中，实际品牌及其虚拟延伸产品的选择主要以公司员工为被试群体进行，而虚拟品牌设计及其虚拟延伸产品的选择主要以在校学生为被试群体进行。

第一节 预实验一：基于实际品牌

一、实际品牌的筛选

根据前人在品牌延伸领域的研究范式（Aaker 和 Keller，1990；Bhat 和 Reddy，2001；Mao 和 Krishnnan，2006；符国群和约翰·桑德斯，1995；郑春东，等，2015；朱至文，2016），在实验研究中作为实验刺激物的实际品牌，必须满足以下条件：第一，必须是有一定声誉的品牌；第二，必须是为被试群体所熟知和经常使用的品牌。

为满足这些条件，本实验的实际品牌选择经历了以下步骤：

首先，本实验设计了一张"品牌熟悉度调查表"，要求被试写出他（她）所熟悉的三个国内产品品牌和三个国外产品品牌。此次调查在北京某科技公司进行，利用职工们午休和吃饭的闲余时间完成。在这一阶段，本实验一共调查了57名被试的"品牌熟悉度"，其中女性34名，占比57.6%。被调查人员的年龄跨度为22岁至47岁，其中年龄在22岁至26岁区间的被调查人员为15名，占比26.3%。年龄在27～32岁区间的被调查人员为12名，占比21.1%。年龄在33岁至38岁的被调查人员为20名，占比35.1%。其余人的年龄在39～47岁。由于被试写出的品牌名称过多，本书在此无法一一展示。

然后，本实验将这30个品牌依次排开，要求被试根据他们对这个30个品牌的熟悉程度勾选出3个品牌。此次调查的地点是北京某互联网公司，也是利用职工们午休和吃午饭的闲余时间完成调查。在这一阶段，本实验一共调查了43名被试的"品牌熟悉度"。其中女性28名，占比65.1%；被调查人员的年龄跨度为24岁至45岁，其中年龄在24岁至30岁区间的被调查人员为14名，占比32.6%；年龄在31岁至36岁区间的被调查人员为17名，占比39.6%。其余人的年龄在37岁至45岁。按照被试对品牌的勾选频率、平衡上述品牌的品牌延伸历史和品牌知名度，并考虑实验情境对比的效果后，本实验最终选择了QC、QS、AD、PG、DL、LK、GLJ、DB以及DBT 9个品牌作为正式实验的刺激品牌。

二、所选实际品牌的概念类型检验

对品牌概念类型的检验，本实验参照Jin和Zou（2013）以及孙国辉等（2019）的做法，首先将功能型概念品牌和象征型概念品牌的定义以书面的形式告知被试：功能型概念品牌是指您购买该品牌的产品主要是为了获得产品的功能型使用价值，比如产品的具体用途；而象征型概念品牌是指您购买该品牌的产品主要是为了获得品牌本身的象征型价值，比如品牌的社会符号属性。然后用7级李克特量表让被试根据自身的消费经验和消费知识对特定品牌的概念类型进行判断：您认为，品牌X（如PG）对您来说是功能型概念还是象征型概念？7级李克特量表的题项特征是：①绝对功能型概念；②一般功能型概念；③功能型概念表征；④不是很清楚；⑤象征型概念；⑥一般象征型概念；⑦绝对象征型概念。

如果所有被试在该题项上选择数值的均值显著大于4，那么证明被试对该品牌概念类型的判断是象征型的；如果所有被试在该题项上选择数值的均值显著小于 4，那么证明被试对该品牌概念类型的判断是功能型的；如果所有被试在该题项上选择数值的均值既不显著大于 4，也不显著小于 4，那么被试可能对品牌有着多维度的概念类型判断，这时需要研究者再进行深入的分析；如果所有被试在该题项上选择数值的均值显著小于 2，那么被试可能仅仅对品牌形成了基于功能型概念判断的局部型品牌认知结构，这时需要研究者再进行深入的分析；而如果所有被试在该题项上选择数值的均值显著大于 6，那么被试可能仅仅对品牌形成了基于象征型概念判断的局部型品牌认知结构。这时也需要研究者再进行深入的分析（Jin 和 Zou，2013；孙国辉，等，2019）。

本实验用同样的方法对所选择的实验品牌进行了概念类型判断的检验。本实验让 42 名来自北京某科技公司的职工来对所选的品牌进行概念类型判断，这 42 名被试中有 27 名为女性，占比 64.3%。年龄跨度为 25 岁至 45 岁，年龄均值为 32.6。调查结果发现，AD 在品牌概念类型判断上的得分均值为 5.83（显著大于 4，t=4.22，P < 0.01），因此被试对 AD 的概念判断属于象征型；PG 在品牌概念类型判断上的得分均值为 5.91（显著大于 4，t=3.52，P < 0.01），因此被试对 PG 的概念判断属于象征型；DL 在品牌概念类型判断上的得分均值为 2.92（显著小于 4，t=2.21，P < 0.05），因此被试对 DL 的概念判断属于功能型；LK 在品牌概念类型判断上的得分均值为 3.05（显著小于 4，t=3.53，P < 0.01），因此被试对 LK 的概念判断上属于功能型；GLJ 在品牌概念类型判断上的得分均值为 2.82（显著小于 4，t=4.18，P < 0.01），因此被试对 GLJ 的概念判断上属于功能型。

DB 在品牌概念类型判断上的得分均值为 1.14（显著小于 2，t=2.01，P < 0.05），因此被试对 DB 在概念判断上属于功能型，而且可能在品牌认知结构上属于局部型；DBT 在品牌概念类型判断上得分均值为 1.05（显著小于 2，t=2.24，P < 0.05），因此被试对 DBT 在概念判断上属于功能型，且可能在品牌认知结构上属于局部型；QC 在品牌概念类型判断上的得分均值为 4.47（没有显著大于 4，t=1.27，P > 0.1），因此被试可能对 QC 存在多维度的概念类型判断；QS 在品牌概念类型判断上的得分均值为 4.26（没有显著大于 4，t=0.62，P > 0.1），因此被试可能对 QS 存在多维度的概念类型判断。

三、所选实际品牌的认知结构类型检验

因为 QC、QS、DB、DBT 等品牌在被试的概念类型检验上得分均值出现异常，所以本实验需要借助 John 等（2006）开发的品牌概念地图（brand concept map）来分析被试对这些品牌的品牌认知结构特征。品牌概念地图是测量品牌联想内容和品牌联想层次的有效方法。非但如此，它还可以测量出品牌的核心联想

内容和非核心联想内容，也能够对某方面品牌联想内容在消费者记忆中的重要程度和品牌联想内容在消费者记忆中的回想速度进行科学有效的衡量。

按照 Jon 等（2006）的研究，用品牌概念地图方法检验品牌认知结构的步骤包括：

第一，获取品牌联想的初步内容集合。即采取自由联想的方式，询问被调查者："看到这个品牌（如 DBT）时，您会联想到什么？请尽可能多地写下您能联想到的词汇。"在此基础上，需要选择被调查者提及率（相对于总人数的）超过50%的词汇，并将它们作为品牌既定的联想内容集合。

第二，被调查者绘制自己的品牌概念地图。首先需要询问被试："看到这个品牌（如 DBT）时，您会联想到什么？请您尽可能地从给定的品牌联想集中进行选择（如有其他词汇，也可以进行增补）。"然后，需要给出品牌概念地图绘制的模板（如图5-1所示），并详细就品牌概念地图绘制进行讲解："图5-1是研究者开发的品牌概念地图绘制方法。其中，实线圆框表示最能指代您对该品牌联想的词汇，实线方框的内容表示您需借助方框所示的内容才能将其与该品牌相连接的内容，而虚线圆框的内容则表示您需借助方框内容和实线圆形框的内容才能将其与该品牌相连接的内容。方框、实线圆框和虚线圆框之间的连线及其连线的条数代表了各自内容的联系强度。连线的条数越多，说明内容间的联系越密切。"现在请您将您所选中的品牌联想词汇按照图5-1的形式进行整理。以此，被调查者独立地画出来自己的品牌概念地图。

第三，整合被调查者的个人品牌概念地图为整体的品牌概念地图。即按照联想词汇提及的频率，词汇所处的层级（方框、实线原框与虚线原框）以及与其他词汇的连接强度（即与其他词汇连线的多寡）对词汇进行了编码、计算和汇总，最终形成整体的消费者品牌概念地图。

按照以上步骤，本实验从北京某互联网公司招募了33个人，分别测试他们对 DBT 品牌、DB 品牌、QC 品牌以及 QS 品牌的品牌认知结构。具体品牌概念地图由于文章排版问题，本实验没有放在正文中，请阅览附录：二、预实验一绘制的品牌概念地图。结果发现，从整体上看，被调查者会用"休闲食品、健康、方便、快捷以及营养"等多个不同概念维度的词汇来描绘他们对 QC 品牌的概念地图，这说明被试整体上对 QC 品牌的品牌认知结构呈现整体型特征；同样从整体上看，被调查者会用"关爱婴幼儿、关爱女性、卫生、科技、健康护理"等多个不同概念维度的词汇来描绘他们对 QS 品牌的品牌概念地图，这说明被试整体上对 QS 品牌的品牌认知结构也呈现出整体型特征；但从整体上看，被试却只用"护肤品"这一个维度的词汇来描绘他们对 DB 品牌的品牌概念地图，这说明被试整体上对 DB 品牌的品牌认知结构呈现出局部型特征；同样从整体上看，被试也只用"奶糖"这一个维度的词汇来描绘他们对 DBT 品牌的品牌概念地图，这说明被试整体上对 DBT 品牌的品牌认知结构也呈现出局部型特征。

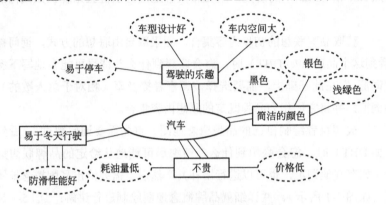

图 5-1　品牌概念地图的绘制模板

综上，本实验基于预试验一挖掘了能用于正式实验的实际品牌，并对他们的概念类型和认知结构特征进行了确定。具体结果，见表 5-1。

表 5-1　基于预实验一选择的实际品牌和品牌属性确定

品牌认知结构特征				品牌概念类型判断				
局部型		整体型		功能型			象征型	
DBT	DB	QS	QC	LK	DL	GLJ	AD	PG

第二节　预实验二：基于虚拟品牌

由于品牌概念类型以及品牌认知结构特征都与消费者的品牌知识结构有着千丝万缕的联系（Keller，2003；Robert 和 Woodruff，1972）。故不同的品牌概念类型和品牌认知结构都或多或少地暗示着品牌的不同知识结构。现有研究认为，品牌知识会对消费者的延伸产品态度产生重要的影响（Bei 和 Shen，2011）。因此，为了控制不同品牌的品牌知识可能会对消费者延伸产品态度的影响，需要在同一个品牌下设置不同的虚拟延伸产品。但在实际情况中，由于品牌延伸历史和品牌其他属性的影响，本实验很难在同一个品牌下找到为所有被试都能接受和认可的多个延伸类型。为此，本实验采用同一虚拟品牌来规避此问题。具体来说，就是在正式实验中为不同被试呈现同一虚拟品牌和不同的虚拟延伸产品。这也是现有研究经常采用的、规避品牌知识对消费者延伸产品态度影响的方法（Jin 和 Zou，2013；符国群，2001）。

根据研究内容，本实验需要为被试构建两组属性类型的品牌。一组是功能型概念品牌和象征型概念品牌，一组是局部型认知结构品牌和整体型认知结构品牌。

一、不同概念类型虚拟品牌的设计和效果检验

对不同概念类型虚拟品牌的设计，本实验参照 Chaabane 和 Pez（2017）及孙国辉等（2019）的研究，从品牌定位、品牌使用者形象以及产品属性三方面的描述差异来实现：对功能型概念品牌 Q，本实验将其描述为：品牌 Q 以做工考究、质量上乘的西装赢得了消费者的认可，目前品牌致力于为男士提供选料讲究、工艺精湛、质量上乘的高档西装。其品牌广告口号为："让每位男士的衣柜中都有我们的印记存在。"对于象征型概念品牌 P，本实验将其描述为：品牌 P 以设计时尚、穿着舒适的运动服装赢得了广大运动爱好者的好评，目前它致力于向人们宣传运动精神和理念，品牌广告口号为："动起来更健康、更自信、更美丽，更能收获美好人生。"

对所设计的不同概念类型虚拟品牌的效果检验，本实验遵循 Jin 和 Zou（2013）及孙国辉等（2019）的研究，通过问卷调查的形式的进行。本实验让北京某大学的在校生阅读以上文字描述，并如上文一样让他们基于自己的判断，对品牌的概念类型进行评分。本实验在此，一共邀请了 39 名在校大学生，其中男性 27 名，占比 69.2%（之所以男士占比大，是因为本实验设计的虚拟品牌 Q 为男士服装品牌），年龄都集中在 19 岁至 23 岁区间，年龄均值为 20.7。数据结果显示，虚拟品牌 Q 的在品牌概念类型判断上的得分均值为 2.93（显著小于 4，$t=5.29$，$P<0.01$），说明品牌 Q 是功能型概念品牌；虚拟品牌 P 在品牌概念类型判断上的得分均值为 5.71（显著大于 4，$t=4.17$，$P<0.01$），说明品牌 P 是象征型概念品牌。

二、不同认知结构类型虚拟品牌的设计和效果检验

对局部型认知结构的虚拟品牌和整体型认知结构的虚拟品牌的设计，本实验参照 Parker 等（2017）的研究，从品牌 Logo 设计、品牌内涵阐释以及品牌现有业务范围的差异来实现。

首先，从品牌 Logo 设计上来说，局部型认知结构品牌（品牌 Y）的 Logo 设计如图 5-2 所示，整体型认知结构品牌 Logo（品牌 Z）设计如图 5-3 所示；然后，本实验用"该品牌目前专注于向运动爱好者提供专业的运动装备，品牌旗下的运动服装深受广大运动爱好的喜爱"来描述品牌 Y。用"该品牌目前在运动服装领域取得了成功，但正如其品牌 Logo 所展示的那样，该品牌倡导人们应该从运动

中获得积极和乐观向上的心态、自律和健康的生活方式、勇于挑战自我的精神状态以及膳食营养均衡等让人获得积极向上力量的元素。该品牌目前不仅在运动服装领域获得了消费者的好评,而且在健康管理和健康咨询等领域也获得了用户的认可"来描述品牌 Z。

随后,本实验用 John 等(2006)开发的品牌概念地图绘制方法,检验了被试的品牌认知结构特征,具体步骤与上文一样。被试为来自北京某高校的 47 名大学在校生,其中男性 29 名,占比 61.7%,年龄都集中在 18 岁至 22 岁区间。数据结果显示,大多被试都只用一个名词或一组相似的名词来指代品牌 Y,如"运动"等,这说明被试对品牌 Y 的认知结构呈现局部型的特征;所有被试都用多个不同意义的名词来指代品牌 Z,如"运动,积极主动,健康,生活方式,竞技,奋斗"等,说明被试对品牌 Z 的认知结构呈现整体型的特征。具体品牌概念地图的绘制,见附录:三、预实验二绘制的品牌概念地图。

图5-2　品牌Y的Logo

图5-3　品牌Z的Logo

第三节　预实验三:实际品牌的虚拟延伸产品选择

虽然在品牌延伸的实验研究中,原品牌的选择可以是实际的、也可以是虚拟的,但是为了规避产品的熟悉效应和使用效应(Aaker 和 Keller,1990;符国群和约翰·桑德斯,1995),延伸产品的选择必须是虚拟的。

前文强调延伸产品与原品牌之间的关系，要么表现为高样例匹配度低原型性匹配度，要么表现为低样例匹配度高原型性匹配度。但二者也存在联系，从本质上来说二者的区别和联系都体现在品牌和产品之间的区别以及联系（孙国辉，等，2019）。品牌和产品之间的关系集中体现在二者的密不可分性，即产品是品牌塑造的基础，而品牌是消费者对产品认知的提炼和升华（Schmitt，2012）。这一关系的存在，导致样例性匹配度与原型性匹配度之间不仅存在相斥，即在同一品牌延伸战略中要么表现为高样例性匹配度低原型性匹配度，如 MT 品牌延伸到啤酒、要么表现为低样例性匹配度高原型性匹配度，如 AD 品牌延伸到清爽型沐浴露；也存在相融，即在同一品牌延伸中可以表现为低样例性匹配度低原型性匹配度，如 WHH 品牌延伸到西服、也可以表现为高样例性匹配度高原型性匹配度，如 PG 品牌延伸到智能手表（Spiggle，et al，2012；孙国辉，等，2019）。

从而，本实验需要为不同概念类型、不同认知结构特征的品牌设计出低样例性匹配度低原型性匹配度（为语言简化计，以下本书省略匹配二字，仅用低样例性低原型性来代替低样例性匹配度低原型性匹配度，下同）、高样例性低原型性、低样例性高原型性以及高样例性高原型性四种品牌延伸情境。

一、不同概念类型实际品牌的延伸产品选择及关系检验

对于不同概念类型实际品牌的虚拟延伸产品设计、选择以及延伸类型的判定，本实验采用 Mao 和 Krishnan（2006）开发的方法，遵循以下研究步骤：

首先，招募 20 名被试（全部来自北京某科技公司，年龄跨度在 23 岁至 30 岁，年龄均值为 27.1 岁），给他们简要介绍样例性匹配度和原型性匹配度的概念（"所谓样例性匹配就是指延伸产品与原品牌在产品类别和功能属性上的相似性；所谓原型性匹配就是指延伸产品与原品牌在品牌形象和品牌象征意义上的一致性"）。

然后，让他们在一张白纸上为每个所选的品牌写出至少一个符合高样例性匹配和高原型性匹配的、该品牌暂时还没有推出的产品，再对这些被试所写的虚拟延伸产品进行归类。考虑品牌延伸实际后，本实验选择了如表 5-2 所示的虚拟延

表5-2 基于不同概念类型的实际品牌确定的八个实验刺激

功能型概念品牌			象征型概念品牌		
品牌名称	延伸产品	延伸类型	品牌名称	延伸产品	延伸类型
DL	笔记本电脑	低样例性低原型性	AD	新能源汽车	低样例性低原型性
LK	电热水壶	高样例性低原型性	PG	老人手机	高样例性低原型性
DL	公文包	低样例性高原型性	AD	运动手环	低样例性高原型性
GLJ	口气清新剂	高样例性高原型性	PG	智能眼镜	高样例性高原型性

伸产品。为了让被试能更好地感知延伸产品与原品牌之间的关系，本实验参照 Spiggle 等（2012）和孙国辉等（2019）的研究，向被试展示了经过 Photoshop 软件处理过的产品宣传海报。详细请见附录"四、预实验三确定的虚拟延伸产品的宣传海报（一）"。

最后，为了验证所选择的虚拟延伸产品与原品牌的关系确实能够满足实验情境对实验材料的要求，本实验用问卷调查的方法测试了被试对虚拟延伸产品与原品牌关系的判断。问卷调查在某互联网公司的职工间进行。问卷的题项来源为 Mao 和 Krishnan（2006）开发的延伸产品与原品牌样例性匹配（Exemplar Fit, EF）和原型性匹配（Prototype Fit, PF）题项。此次，本实验一共调查了 24 名被试对表 5-4 所示的虚拟延伸产品和实际品牌的关系判断。其中，女性 14 人，占比 58.1%。被试的年龄跨度为 25 岁至 37 岁，年龄均值为 28.1。

数据结果显示：

DL 品牌的笔记本电脑在反映样例性匹配度题项上的得分均值为 2.21（显著小于 4，$t=2.58$，$P<0.01$）、在反映原型性匹配度题项上的得分均值为 1.87（显著小于 4，$t=3.29$，$P<0.01$），故 DL 品牌的笔记本为低样例性低原型性的品牌延伸类型；LK 品牌的电热水壶在反映样例性匹配度题项上的得分均值为 5.72（显著大于 4，$t=4.27$，$P<0.01$）、在反映原型性匹配度题项上的得分均值为 2.92（显著小于 4，$t=2.08$，$P<0.05$），故 LK 品牌的电热水壶为高样例性低原型性的品牌延伸类型；DL 品牌的公文包在反映样例性匹配度题项上的得分均值为 2.24（显著小于 4，$t=5.31$，$P<0.01$）、在反映原型性匹配度题项上的得分均值为 5.08（显著大于 4，$t=2.52$，$P<0.05$），故 DL 品牌的公文包为低样例性高原型性的品牌延伸类型；GLJ 品牌的口气清新剂在反映样例性匹配度题项上的得分均值为 5.58（显著大于 4，$t=2.54$，$P<0.05$）、在反映原型性匹配度题项上的得分均值为 6.23（显著大于 4，$t=3.36$，$P<0.01$），故 GLJ 品牌的口气清新剂为高样例性高原型性的延伸类型。

AD 品牌的新能源汽车在反映样例性匹配度题项上的得分均值为 1.82（显著小于 4，$t=10.35$，$P<0.01$）、在反映原型性匹配度题项上的得分均值为 2.08（显著小于 4，$t=11.39$，$P<0.01$），故 AD 品牌的新能源汽车为低样例性低原型性的品牌延伸类型；PG 品牌的老人手机在反映样例性匹配度题项上的得分均值为 5.92（显著大于 4，$t=3.94$，$P<0.01$）、在反映原型性匹配度题项上的得分均值为 2.03（显著小于 4，$t=4.52$，$P<0.01$），故 PG 品牌的老人手机为高样例性低原型性的品牌延伸类型；AD 的运动手环在反映样例性匹配度题项上的得分均值为 2.52（显著小于 4，$t=5.62$，$P<0.01$）、在反映原型性匹配度题项上的得分均

值为 5.18（显著大于 4，t=6.02，$P < 0.01$），故 AD 品牌的运动手环为低样例性高原型性的品牌延伸类型；PG 品牌的智能眼镜在反映样例性匹配度题项上的得分均值为 5.32（显著大于 4，t=4.14，$P < 0.01$）、在反映原型性匹配度题项上的得分均值为 5.61（显著大于 4，t=5.02，$P < 0.01$），故 PG 品牌的智能眼镜为高样例性高原型性的品牌延伸类型。

综上，通过预实验三，本实验获得了能够满足正式实验情境要求的、如表 5-2 所示的八个实验刺激。

二、不同认知结构类型实际品牌的延伸产品选择及关系检验

对不同认知结构特征实际品牌的虚拟延伸产品设计、选择以及延伸类型的判定，本实验在此也采用 Mao 和 Krishnan（2006）开发的方法，遵循以下研究步骤：

首先，招募 25 个被试（全部来自北京某互联网公司），给他们简要介绍样例性匹配度和原型性匹配度的概念（"所谓样例性匹配就是指延伸产品与原品牌在产品类别和功能属性上的相似性，而所谓原型性匹配就是指延伸产品与原品牌在品牌形象和品牌象征意义上的一致性"）；

然后，让他们在一张白纸上为每个所选的品牌至少写出一个符合高样例性匹配和高原型性匹配的、该品牌暂时还没有推出的新产品。在对这些被试所写的虚拟延伸产品进行归类，并考虑品牌延伸实际后，本书选择了如表 5-3 所示的虚拟延伸产品。与上文一样，本书在此也向被试展示了经过 Photoshop 软件处理过的产品宣传海报。详细请见本书的附录"五、预实验三确定的虚拟延伸产品的宣传海报（二）"。

最后，为了验证所选择的虚拟延伸产品与原品牌的关系确实能够满足实验情境对实验材料的要求，本实验同样用问卷调查的方法测试了人们对虚拟延伸产品与原品牌关系的判断。问卷调查依旧在北京某互联网公司的职工间进行。问卷在来源和内容上与上文所述的一样。此次一共调查了 31 名被试对表 5-3 所示的虚

表5-3 基于不同认知结构特征的实际品牌确定的八个实验刺激

局部型认知结构品牌			整体型认知结构品牌		
品牌名称	延伸产品	延伸类型	品牌名称	延伸产品	延伸类型
DB	蛋白质粉	低样例性低原型性	QS	衣物柔顺剂	低样例性低原型性
DB	婴儿润肤乳	高样例性低原型性	QC	薯片	高样例性低原型性
DBT	纯牛奶	低样例性高原型性	QC	螺旋藻片	低样例性高原型性
DBT	奶油蛋糕	高样例性高原型性	QS	爽肤水	高样例性高原型性

拟延伸产品和实际品牌关系的判断。其中，女性 11 人，占比 35.5%。被试的年龄跨度为 22 岁至 31 岁。

数据结果显示：

DB 品牌的蛋白质粉在反映样例性匹配度题项上的得分均值为 1.29（显著小于 4，t=3.62，$P < 0.01$）、在反映原型性匹配度题项上的得分均值为 2.25（显著小于 4，t=3.34，$P < 0.01$），故 DB 品牌的蛋白质分为低样例性低原型性的品牌延伸类型；DB 品牌的婴儿润肤乳在反映样例性匹配度题项上的得分均值为 4.92（显著大于 4，t=3.81，$P < 0.01$）、在反映原型性匹配度题项上的得分均值为 2.19（显著小于 4，t=3.22，$P < 0.01$），故 DB 品牌的婴儿润肤乳为高样例性低原型性的品牌延伸类型；DBT 品牌的纯牛奶在反映样例性匹配度题项上的得分均值为 2.49（显著小于 4，t=2.13，$P < 0.05$）、在反映原型性匹配度题项上的得分均值为 5.11（显著大于 4，t=5.71，$P < 0.01$），故 DBT 品牌的纯牛奶为低样例性高原型性的品牌延伸类型；DBT 品牌的奶油蛋糕在反映样例性匹配度题项上的得分均值为 5.12（显著大于 4，t=3.30，$P < 0.01$）、在反映原型性匹配度题项上的得分均值为 5.31（显著大于 4，t=2.31，$P < 0.05$），故 DBT 品牌的奶油蛋糕为高样例性高原型性的品牌延伸类型。

QS 品牌的衣物柔顺剂在反映样例性匹配度题项上的得分均值为 2.98（显著小于 4，t=2.12，$P < 0.05$）、在反映原型性匹配度题项上的得分均值为 3.07（显著小于 4，t=2.39，$P < 0.05$），故 QS 品牌的衣物柔顺剂为低样例性低原型性的品牌延伸类型；QC 品牌的薯片在反映样例性匹配度题项上的得分均值为 6.01（显著大于 4，t=14.60，$P < 0.01$）、在反映原型性匹配度题项上的得分均值为 2.98（显著小于 4，t=2.38，$P < 0.05$），故 QC 品牌的薯片为高样例性低原型性的品牌延伸类型；QC 品牌的螺旋藻片在反映样例性匹配度题项上的得分均值为 2.31（显著小于 4，t=3.55，$P < 0.01$）、在反映原型性匹配度题项上的得分均值为 6.13（显著大于 4，t=16.02，$P < 0.01$），故 QC 品牌螺旋藻片为低样例性高原型性的品牌延伸类型；QS 品牌的爽肤水在反映样例性匹配度题项上的得分均值 6.16（显著大于 4，t=11.21，$P < 0.01$）、在反映原型性匹配度题项上的得分均值为 6.12（显著大于 4，t=8.13，$P < 0.01$），故 QS 品牌的爽肤水为高样例性高原型性的品牌延伸类型。

综上，通过预实验三，本实验获得了能够满足正式实验情境要求的、如表 5-3 所示的八个实验刺激。

第四节　预实验四：虚拟品牌的虚拟延伸产品选择

一、不同概念类型虚拟品牌的延伸产品选择及关系检验

对不同概念类型虚拟品牌的虚拟延伸产品设计、选择以及延伸类型的判定，本实验也采用 Mao 和 Krishnan（2006）开发的方法，遵循以下步骤：

首先，招募 17 名被试（全部来自北京某高校的大学本科生，年龄分布于 19 岁至 21 岁，平均年龄 20.3 岁），给他们简要介绍样例性匹配度和原型性匹配度的概念（"所谓样例性匹配就是指延伸产品与原品牌在产品类别和功能属性上的相似性；所谓原型性匹配就是指延伸产品与原品牌在品牌形象和品牌象征意义上的一致性"）。

然后，让被试在一张白纸上为每个所选的品牌至少写出一个符合高样例性匹配和高原型性匹配的延伸产品。在对这些被试所写的虚拟延伸产品进行归类，本实验选择了如表 5-4 所示的虚拟延伸产品。为了让被试能更好地感知延伸产品与原品牌之间的关系，本实验参照 Spiggle 等（2012）和孙国辉等（2019）的研究，向被试展示了经过 Photoshop 软件处理过的产品宣传海报。详细请见附录：六、预实验四确定的虚拟延伸产品宣传海报（一）。

表5-4　基于不同概念类型的虚拟品牌确定的八个实验刺激

品牌 Q（功能型概念品牌）		品牌 P（象征型概念品牌）	
延伸产品	延伸类型	延伸产品	延伸类型
巧克力	低样例性低原型性	巧克力	低样例性低原型性
T恤衫	高样例性低原型性	风衣外套	高样例性低原型性
高档男士手表	低样例性高原型性	运动手表	低样例性高原型性
风衣外套	高样例性高原型性	登山鞋	高样例性高原型性

最后，为了验证所选择的虚拟延伸产品与原品牌的关系确实能够满足实验情境对实验材料的要求，本实验同样用问卷调查的方法测试了人们对虚拟延伸产品与原品牌关系的判断。问卷调查在北京某高校的在校生间进行。问卷在来源和内容上与上文所述的一样。此次一共调查了 24 名被试，让他们对表 5-4 所示的虚拟延伸产品和虚拟品牌之间的关系进行判断。其中女性 8 人，占比 33.3%。被试的年龄跨度为 18 岁至 21 岁。

数据结果显示：品牌 Q 的巧克力在反映样例性匹配度题项上的得分均值为 2.51（显著小于 4，t=2.44，$P < 0.01$）、在反映原型性匹配度题项上的得分均值为 2.02（显著小于 4，t=2.84，$P < 0.01$），故品牌 Q 的巧克力为低样例性低原型性的品牌延伸类型；品牌 Q 的 T 恤衫在反映样例性匹配度题项上的得分均值为 5.34（显著大于 4，t=11.2，$P < 0.01$）、在反映原型性匹配度题项上的得分均值为 2.91（显著小于 4，t=2.31，$P < 0.05$），故品牌 Q 的 T 恤衫为高样例性低原型性的品牌延伸类型；品牌 Q 的高档男士手表在反映样例性匹配度题项上的得分均值为 1.35（显著小于 4，t=12.12，$P < 0.01$）、在反映原型性匹配度题项上的得分均值为 5.52（显著大于 4，t=3.31，$P < 0.01$），故品牌 Q 的高档男士手表为低样例性高原型性的品牌延伸类型；品牌 Q 的风衣外套在反映样例性匹配度题项上的得分均值为 5.42（显著大于 4，t=4.53，$P < 0.01$）、在反映原型性匹配度题项上的得分均值为 6.03（显著大于 4，t=11.02，$P < 0.01$），故品牌 Q 的风衣外套为高样例性高原型性的品牌延伸类型。

品牌 P 的巧克力在反映样例性匹配度题项上的得分均值为 1.29（显著小于 4，t=12.06，$P < 0.01$）、在反映原型性匹配度上的得分均值为 2.05（显著小于 4，t=9.52，$P < 0.01$），故品牌 P 的巧克力为低样例性低原型性的品牌延伸类型；品牌 P 的风衣外套在反映样例性匹配度题项上的得分均值为 5.57（显著大于 4，t=4.72，$P < 0.01$）、在反映原型性匹配度题项上的得分均值为 3.09（显著小于 4，t=2.61，$P < 0.01$），故品牌 P 的风衣外套为高样例性低原型性的品牌延伸类型；品牌 P 的运动手表在反映样例性匹配度题项上的得分均值为 2.36（显著小于 4，t=2.59，$P < 0.01$）、在反映原型性匹配度上的得分均值为 5.37（显著大于 4，t=6.17，$P < 0.01$），故品牌 P 的运动手表为低样例性高原型性的品牌延伸类型；品牌 P 的登山鞋在反映样例性匹配度题项上的得分均值为 6.19（显著大于 4，t=10.52，$P < 0.01$）、在反映原型性匹配度上的得分均值为 5.61（显著大于 4，t=5.05，$P < 0.01$），故品牌 P 的登山鞋为高样例性高原型性的品牌延伸类型。

综上，通过预实验四，本实验获得了能够满足正式实验情境要求的、如表 5-4 所示的八个实验刺激。

二、不同认知结构类型虚拟品牌的延伸产品选择及关系检验

对不同认知结构特征虚拟品牌的虚拟延伸产品设计、选择以及延伸类型的判定，本实验也采用 Mao 和 Krishnan（2006）开发的方法，遵循以下步骤。

首先，招募 15 名被试（全部来自北京某高校的大学本科生），给他们简要介绍样例性匹配度和原型性匹配度的概念（"所谓样例性匹配就是指延伸产品与原

品牌在产品类别和功能属性上的相似性；所谓原型性匹配就是指延伸产品与原品牌在品牌形象和品牌象征意义上的一致性"）。

然后，让他们在一张白纸上为每个所选的品牌至少写出一个符合高样例性匹配和高原型性匹配的延伸产品。在对这些被试所写的虚拟延伸产品进行归类，并考虑品牌延伸实际后，本实验选择了如表 5-5 所示的虚拟延伸产品。为了让被试能更好地感知延伸产品与原品牌之间的关系，本实验参照 Spiggle 等（2012）和孙国辉等（2019）的研究，向被试展示了经过 Photoshop 软件处理过的产品宣传海报。详细请见附录：七、预实验四确定的虚拟延伸产品的宣传海报（二）。

表5-5 基于不同认知结构类型的虚拟品牌确定的八个实验刺激

品牌Y（局部型认知结构品牌）		品牌Z（整体型认知结构品牌）	
延伸产品	延伸类型	延伸产品	延伸类型
马克杯	低样例性低原型性	马克杯	低样例性低原型性
皮夹克	高样例性低原型性	皮夹克	高样例性低原型性
运动手环	低样例性高原型性	谷物早餐	低样例性高原型性
运动鞋	高样例性高原型性	登山鞋	高样例性高原型性

最后，为了验证所选择的虚拟延伸产品与原品牌的关系确实能够满足实验情境对实验材料的要求，本实验同样用问卷调查的方法测试了人们对虚拟延伸产品与原品牌关系的判断。问卷调查依旧在北京某高校的在校生间进行。问卷在来源和内容上与上文所述的一样。此次一共调查了 25 名被试对表 5-5 所示的虚拟延伸产品和虚拟品牌关系的判断。其中女性 9 人，占比 36%。被试的年龄跨度为 19 岁至 21 岁，年龄均值为 20.6。

数据结果显示：品牌 Y 的马克杯在反映样例性匹配度题项上的得分均值为 2.97（显著小于 4，$t=2.14$，$P<0.05$）、在反映原型性匹配度题项上的得分均值为 2.03（显著小于 4，$t=4.21$，$P<0.01$），故品牌 Y 的马克杯为低样例性低原型性的品牌延伸类型；品牌 Y 的皮夹克在反映样例性匹配度题项上的得分均值为 5.71（显著大于 4，$t=2.31$，$P<0.05$）、在反映原型性匹配度题项上的得分均值为 3.01（显著小于 4，$t=2.22$，$P<0.05$），故品牌 Y 的皮夹克为高样例性低原型性的品牌延伸类型；品牌 Y 的运动手环在反映样例性匹配度题项上的得分均值为 2.77（显著小于 4，$t=3.18$，$P<0.01$）、在反映原型性匹配度题项上的得分均值为 5.53（显著大于 4，$t=5.16$，$P<0.01$），故品牌 Y 的运动运动手环为低样例性高原型性的品牌延伸类型；品牌 Y 的运动鞋在反映样例性匹配度题项上的得分均值为 5.21（显著大于 4，$t=5.11$，$P<0.01$）、在反映原型性匹配度题项上的

得分均值为 5.18（显著大于 4，t=6.52，$P<0.01$），故品牌 Y 的运动鞋为高样例性高原型性的品牌延伸类型。

品牌 Z 的马克杯在反映样例性匹配度题项上的得分均值为 2.11（显著小于 4，t=4.37，$P<0.01$）、在反映原型性匹配度题项上的得分均值为 2.90（显著小于 4，t=3.23，$P<0.01$），故品牌 Z 的马克杯为低样例性低原型性的品牌延伸类型；品牌 Z 的皮夹克在反映样例性匹配度题项上的得分均值为 5.57（显著大于 4，t=4.31，$P<0.01$）、在反映原型性匹配度题项上的得分均值为 2.56（显著小于 4，t=3.23，$P<0.01$），故品牌 Z 的皮夹克为高样例性低原型性的品牌延伸类型；品牌 Z 的谷物早餐在反映样例性匹配度题项上的得分均值为 1.31（显著小于 4，t=12.13，$P<0.01$）、在反映原型性匹配度题项上的得分均值为 5.52（显著大于 4，t=6.01，$P<0.01$），故品牌 Z 的谷物早餐为低样例性高原型性的品牌延伸类型；品牌 Z 的登山鞋在反映样例性匹配度上的得分均值为 6.10（显著大于 4，t=9.21，$P<0.01$）、在反映原型性匹配度上的得分均值为 5.44（显著大于 4，t=8.13，$P<0.01$），故品牌 Z 的登山鞋为高样例性高原型性的品牌延伸类型。

综上，通过预实验四，本实验获得了能够满足正式实验情境要求的、如表 5-5 所示的八个实验刺激。

第六章 正式检验

本章由四个实验组成，每个实验都以被试独立回答问卷的形式完成。

在实验一中，本书基于预实验三确定的八个实验刺激（如表5-2所示），测试了北京某科技公司228名职工在不同实验刺激下的品牌概念流畅性和延伸产品的态度，用实际品牌验证了品牌概念类型与匹配度类型的交互项对品牌概念流畅性的作用、对延伸产品态度的作用以及品牌概念流畅性在匹配度与延伸产品态度间的中介作用；

在实验二中，本书基于预实验四确定的八个实验刺激（如表5-4所示），测试了北京某高校241名在校生在不同实验刺激下的品牌流畅性和延伸产品态度，用同一虚拟品牌验证了品牌概念类型与匹配度类型的交互项对品牌概念流畅性的作用、对延伸产品态度的作用以及品牌概念流畅性在匹配度与延伸产品态度之间的中介作用，以规避品牌知识可能会对实验一所得结论的影响。

在实验三中，本书基于预实验三确定的八个实验刺激（如表5-3所示），测试了北京某互联网公司200名职工在不同实验中的品牌概念流畅性和延伸产品的态度，用实际品牌验证了认知结构特征与匹配度的交互项对品牌概念流畅性的作用、对延伸产品态度的作用以及品牌概念流畅性在匹配度与延伸产品态度之间的中介作用；

在实验四中，本书基于预实验四确定的八个实验刺激（如表5-5所示），测试了北京某高校220名在校生在不同实验刺激下的品牌概念流畅性和延伸产品态度，用同一虚拟品牌验证了认知结构特征与匹配度的交互作用对品牌概念流畅性的作用、对延伸产品态度的作用以及品牌概念流畅性在匹配度与延伸产品态度之间的中介作用，以规避品牌知识可能会对实验三所得结论的影响。

第一节　实验一：基于实际品牌

一、实验设计

228 名被试参加了这次 2（低 VS. 高样例性匹配度）×2（低 VS. 高原型性匹配度）×2（功能型 VS. 象征型概念品牌）的组间因素实验。这意味着本实验的情境包括：功能型概念品牌下的低样例低原型性延伸、功能型概念品牌下的高样例性低原型性延伸、功能型概念品牌下的低样例性高原型延伸以及功能型概念品牌下的高样例性高原型性延伸；象征型概念品牌下的低样例性低原型性延伸、象征型概念品牌下的高样例性低原型延伸、象征型概念品牌下的低样例性高原型性延伸以及象征型概念品牌下的高样例性高原型性延伸八类，而且每个被试只能参加其中一个实验情境。全部实验情境中的实验材料，来自于第 5 章预实验确定的实际品牌和虚拟延伸产品，具体见表 5-2。

本实验随机让 30 名被试在功能型概念品牌的低样例性低原型性延伸的实验情境下回答问题，让 30 名被试在象征型概念品牌的低样例性低原型性延伸的实验情境下回答问题。其余实验情境下，本实验随机而均匀地分配了 28 名被试。

二、被试招募与实验过程描述

实验的被试全部来自北京某科技公司的职工。为了使该公司的职工积极参与，在被试招募时，本实验承诺回答完问卷后会有微信红包相送。对有意愿回答问卷的职工，本实验首先对其关于预实验一所选择的实际品牌（见表 5-3 中的不同概念类型的品牌）的品牌知识和品牌了解情况进行了测试，如此，本实验一共淘汰了 12 名有意愿回答问卷的该公司员工。有 228 名该公司的员工通过了本实验的品牌知识和品牌了解程度测试，成为了本实验的被试。所有被试都具有大专以上的学历水平。其中，女性 102 人，占比 44.7%；年龄跨度为 23 岁至 37 岁，其中年龄在 23 岁至 28 岁区间的被试 84 名，占比 36.8%，年龄在 29 岁至 34 岁区间的被试为 105 名，占比 46.1%。被试被随机分配到如表 5-2 所示的八个实验材料中的一个。

本实验通过被试独立回答问卷的方式进行。在问卷的首页告知被试：这是一份商业性质的调查问卷，所以，第一：所有的问卷题项的回答没有答对答错之分，请您根据自己的意愿和想法回答问题；第二，不要将问卷中的题项和有关内容泄露给任何人。在问卷的第二页，本实验测量了被试对原品牌（如 DL）的态度、对原品牌的熟悉度和对原品牌的涉入度。在问卷的第三页，本实验测量了被试对原品牌概念类型的判断；在问卷的第四页，本实验告知被试：考虑到市场环境的变化和公司战略的调整，公司将推出新的产品（延伸产品，如笔记本电脑），并在新产品上沿用原品牌的名称（如 DL）。为了让被试更好地了解延伸产品与原品牌的关系，本实验向被试展示了经过 Photoshop 软件处理过的产品宣传海报，具体见附录"四、预实验三确定的虚拟延伸产品的宣传海报（一）"。

在问卷的第五页，本实验测量了被试关于延伸产品与原品牌匹配度的感知，在此，本实验既测了被试对延伸产品与原品牌之间的样例性匹配度感知，也测量了被试对延伸产品与原品牌之间的原型性匹配度感知。在问卷的第六页，本实验测量了被试的品牌概念流畅性程度。在问卷的第七页，本实验测量了被试对延伸产品的态度，包括对延伸产品的评价、对延伸产品的推荐意愿及对延伸产品的购买倾向。

在问卷的第八页，本实验收集了被试的人口统计方面的信息（如年龄、性别、受教育程度等）。每个被试为完整回答问卷所耗费的时间大致为 30 分钟至 35 分钟。在完成问卷后，每个被试都收到了 15 元的微信红包作为实验报酬。

三、变量的测量、信度检验与操控效果检验

① 变量的测量。对品牌态度的测量，本实验参照了 Kent 和 Allen（1994）开发品牌态度的量表；对品牌熟悉度的测量，本实验参照了 Putrevu 和 Lord（1994）开发的品牌熟悉度量表；对品牌涉入度的测量，本实验参照了 Beatty 和 Talpade（1996）开发的品牌涉入度量表；对品牌概念类型判断的测量，本实验参照了 Jin 和 Zou（2013）开发的品牌概念类型量表；对样例性匹配度的测量，本实验参照了 Mao 和 Krishnan（2006）开发的样例性匹配度量表；对原型性匹配度的测量，本实验也参照了 Mao 和 Krishnan（2006）开发的原型性匹配度量表；对品牌概念流畅性的测量，本实验直接用在第四章开发的品牌概念流畅性量表（见表 4-4 所示）；对延伸产品评价的测量，本实验参照了 Zhang 和 Sood（2002）开发的产品评价量表；对延伸产品推荐意愿的测量，本实验参照了 McCarthy 和 Health（2001）开发的产品推荐意愿量表；对延伸产品购买倾向的测量，本实验参照了 Bradu 等（2014）开发的产品购买倾向量表，具体量表请见附录"八、正式实验一使用的问卷"。

② 问卷的信度检验。对问卷题项信度分析的结果显示，品牌态度的 a 值为 0.852，且三个题项显著相关（所有题项的相关系数 $r \geqslant 0.86$，$P < 0.01$），故本实验对其进行了均值化处理；品牌熟悉度的 a 值为 0.871，且两个题项均显著相关（相关系数为 $r=0.91$，$P < 0.01$），故本实验也对其进行了均值化处理；品牌涉入度的 a 值为 0.795，且三个题项显著相关（所提题项的相关系数为 $r \geqslant 0.82$，

$P < 0.05$），故本实验也对其进行了均值化处理；因品牌概念类型判断的问卷题项有且只有一项，故无需对其进行信度分析。

样例性匹配度的 a 值为 0.815，且三个题项显著相关（所有题项的相关系数 $r \geq 0.88$，$P < 0.01$），故本实验对其进行了均值化处理；原型性匹配度的 a 值为 0.838，且三个题项显著相关（所有题项的相关系数 $r \geq 0.93$，$P < 0.01$），故本实验对其进行了均值化处理；品牌概念流畅性的 a 值为 0.881，由于题项较多，本实验用主成分分析法进行了降维和数据加权处理；延伸产品评价的 a 值为 0.801，且两个题项显著相关（相关系数为 $r=0.86$，$P < 0.01$）；因延伸产品推荐意愿的问卷题项只有一项，故无需对其进行信度分析；延伸产品购买的 a 值为 0.793，其两个题项显著相关（相关系数 $r=0.919$，$P < 0.01$），故本实验对其进行了均值化处理。问卷整体的 a 值为 0.829。

③ 实验操控效果检验。对反映品牌概念类型判断的数据进行分析后发现：

DL、LK 和 GLJ 的均值（$M=2.44$）要显著低于阿迪达斯和苹果的均值（$M=4.23$，$t=8.53$，$P < 0.01$），而且也显著低于自然均值 4（$t=6.38$，$P < 0.01$）。而 AD 和 PG 的均值要显著大于自然均值 4（$t=9.20$，$P < 0.01$）。在 DL、LK 和 GLJ 这三个品牌上的均值对比上，本实验没有发现它们之间的显著性区别（$M_{dl}=2.37$，$M_{lk}=2.49$，$M_{glj}=2.46$，$t=1.24$，$P > 0.1$），同样，本实验也没有发现 AD 和 PG 在均值对比上的差异（$M_{ad}=5.26$，$M_{pg}=6.18$，$t=0.63$，$P > 0.1$）。说明 DL、LK 和 GLJ 在统计上均显著为功能型概念品牌，AD 和 PG 在统计均显著为象征型概念品牌。

对反映样例性匹配度和原型性匹配度的数据进行分析后发现：

DL 品牌的笔记本电脑在样例性匹配度和原型性匹配度上的均值分别为 2.42 和 2.30，均显著低于自然均值 4（t 值分别 6.03 和 4.27，$P < 0.01$），故 DL 品牌的笔记本电脑属于低样例性低原型性的延伸类型；LK 品牌的电热水壶在样例性匹配度上的均值为 5.98，显著高于自然均值 4（$t=8.33$，$P < 0.01$），在原型性匹配度上的均值为 2.90，显著低于自然均值 4（$t=8.05$，$P < 0.01$），故 LK 品牌的电热水壶属于高样例性低原型性的延伸；DL 品牌的公文包在样例性匹配度上的均值为 2.94，显著低于自然均值 4（$t=8.26$，$P < 0.01$），在原型性匹配度上的均值为 4.98，显著高于自然均值 4（$t=2.10$，$P < 0.05$），故 DL 品牌的公文包属于低样例性高原型性的延伸类型；GLJ 品牌的口气清新剂在样例性匹配度和原型性匹配度上均值分别为 6.1 和 5.31，均显著高于自然均值 4（t 值分别为 10.23 和 8.75，$P < 0.01$），故 GLJ 品牌的口气清新剂属于高样例性高原型性的延伸类型。

AD 品牌的新能源汽车在样例性匹配度和原型性匹配度上的均值分别为 1.96

和 2.41，均显著低于自然均值 4（t 值分别为 8.20 和 7.58，$P<0.01$），故 AD 品牌的新能源汽车属于低样例性低原型性延伸类型；PG 品牌的老人手机在样例性匹配度上的均值为 6.12，显著高于自然均值 4（$t=15.58$，$P<0.01$），在原型性匹配度上的均值为 2.14，显著低于自然均值 4（$t=10.34$，$P<0.01$），故 PG 品牌的老人手机属于高样例性低原型性的延伸类型；AD 品牌的运动手环在样例性匹配度上的均值为 2.98，显著低于自然 4（$t=6.73$，$P<0.01$），在原型性匹配度上的均值为 5.57，显著高于自然均值 4（$t=8.76$，$P<0.01$），故 AD 品牌的运动手环属于低样例性高原型性的延伸类型。PG 品牌的智能眼镜在样例性匹配度和原型性匹配度上的均值分别为 5.33 和 5.92，均显著高于自然均值 4（t 值分别为 7.06 和 13.97，$P<0.01$），因此 PG 品牌的智能眼镜属于高样例性高原型性的延伸类型。

四、品牌概念类型与匹配度类型对品牌概念流畅性交互作用的假设检验

本实验以品牌概念流畅性为因变量、以品牌概念类型与匹配度类型的交互项为自变量、以品牌熟悉度、品牌态度和品牌涉入度为控制变量对数据进行了协方差分析。数据分析结果如表 6-1 所示，被试的品牌概念流畅性差异在各个实验情境中存在着显著差异 [$F(1,220)=12.57$，$P<0.01$]。但各自变量对因变量的主效应却都没有在统计上显著（所有 $P \geqslant 0.1$）。

表6-1　实验一中品牌概念流畅性在各实验情境中的均值和标准差

类型	功能型概念品牌		象征型概念品牌	
	低样例性	高样例性	低样例性	高样例性
低原型性	2.383(1.921)	5.543(1.342)	2.937(1.747)	2.114(2.328)
高原型性	2.682(2.202)	6.031(1.746)	5.882(1.993)	6.119(2.013)

注：括号外（内）为均值（标准差）。

如图 6-1 中的左图所示，品牌概念类型与样例性匹配度的交互项对被试的品牌概念流畅性存在显著影响 [$F(1,220)=11.83$，$P<0.01$]。进一步简单效应分析显示：对于象征型概念品牌来说，被试在低样例性匹配度和高样例性匹配度之间的品牌概念流畅的均值并不存在显著性差异（$M_{低样例}=4.34$，$M_{高样例}=4.13$，$t=0.61$，$P>0.5$）；但是对于功能型概念品牌来说，被试在低样例性匹配度和高样例性匹配度之间的品牌概念流畅性均值却存在显著性差异（$M_{低样例}=2.47$，$M_{高样例}=5.77$，$t=14.51$，$P<0.01$）。这说明，对于象征型概念品牌来说，样例性匹配度并不能影响被试在延伸产品与原品牌之间的品牌概念流畅性。但对于功能型概念品牌来说，样例性匹配度却很能影响被试在延伸产品与原品牌之间的品牌概念流畅性。

从而假设 H_2 得到了验证；

如图 6-1 中的右图所示，品牌概念类型与原型性匹配度的交互项对被试的品牌概念流畅性存在显著影响 [$F(1,220)=6.924$，$P < 0.01$]。进一步简单效应分析显示：对于功能型概念品牌来说，被试在低原型性匹配度和高原型性匹配度之间的品牌概念流畅性的均值并存在显著性差异（$M_{低原型}$=4.04，$M_{高原型}$=4.27，t=1.02，$P > 0.1$）；但是对于象征性概念品牌来说，被试在低原型性匹配度和高原型性匹配度之间的品牌概念流畅性的均值却存在显著差异（$M_{低原型}$=2.53，$M_{高原型}$= 5.98，t=11.81，$P < 0.01$）。这说明，对功能型概念品牌来说，原型性匹配度并不能影响被试在延伸产品与原品牌之间的品牌概念流畅性；但对于象征型概念品牌来说，原型性匹配度却很能影响被试在延伸产品与原品牌之间的品牌概念流畅性。从而，假设 H_3 得到了验证。

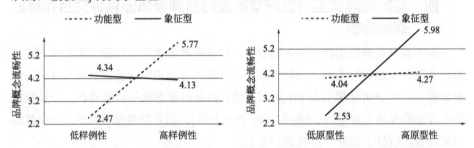

图6-1 实验一中品牌概念类型与匹配度类型对品牌概念流畅性的交互作用

五、品牌概念类型与匹配度类型对延伸产品态度交互作用的假设检验

本实验分别以延伸产品评价、购买倾向和推荐意愿为因变量，以样例性匹配度、原型性匹配度及品牌概念类型的交互项为自变量，以品牌熟悉度、品牌态度和品牌涉入度为控制变量对数据进行了系列的协方差分析。如表 6-2 所示，被试的延伸产品评价在各实验情境设计中存在着显著差异 [$F(1,220)=11.63$，$P < 0.01$]；被试的延伸产品购买倾向在各实验情境设计中存在显著差异 [$F(1,220)=16.71$，$P < 0.01$]；延伸产品推荐意愿在各实验情境设计中也存在显著差异 [$F(1,220)= 14.92$，$P < 0.01$]。但各自变量对因变量的主效应却都没有在统计上显著（$P > 0.20$）。

如图 6-2 中的左图所示，品牌概念类型与样例性匹配度的交互项对被试的延伸产品评价存在显著影响 [$F(1,220)=7.842$，$P < 0.01$]。进一步的简单效应分析显示，对于象征型概念品牌，被试在低样例性匹配度和高样例性匹配度之间的延伸产品评价并不存在显著的差异（$M_{低样例性}$=4.33，$M_{高样例性}$=3.89，t=1.13，$P > 0.1$）；

但是对于功能型概念品牌，被试在低样例性匹配度和高样例匹配度之间的延伸产品评价却存在着显著的差异（$M_{低样例性}$=2.71，$M_{高样例性}$=5.84，t=6.19，P＜0.01）。这说明对于象征型概念品牌来说，样例性匹配度并不能影响被试的延伸产品评价；但对于功能型概念品牌来说，样例性匹配度却很能影响被试的延伸产品评价。从而，假设 H_{4a} 得到了验证。

表6-2 实验一中延伸产品态度在各实验情境中的均值和标准差

类型	功能型概念品牌		象征型概念品牌	
	低样例性	高样例性	低样例性	高样例性
低原型性	2.75(1.8497)①	5.44(1.9427)	3.15(1.8571)	2.85(1.9926)
	2.69(1.8042)②	5.32(1.8946)	3.22(1.8926)	2.78(1.9127)
	2.73(1.8680)③	5.42(1.9153)	2.77(1.9296)	2.08(2.0512)
高原型性	2.63(1.8936)	6.15(1.8273)	6.24(1.9736)	5.93(1.7496)
	2.50(1.8307)	6.23(2.0715)	5.98(2.0984)	5.19(1.8623)
	2.43(1.8141)	6.01(2.0754)	5.47(1.8486)	5.97(1.9573)

注：括号外（内）为均值（标准差）。
①代表延伸产品评价；②代表购买倾向；③代表推荐意愿。其他情境中变量列出顺序与此一致。

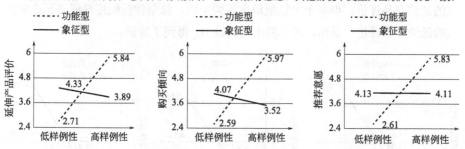

图6-2 实验一中品牌概念类型与样例性匹配度对延伸产品态度的交互作用

如图 6-2 中的中图所示，品牌概念类型与样例性匹配度的交互项对被试延伸产品购买倾向存在显著影响 [$F(1,220)$=10.973，P＜0.01]。进一步简单效应分析显示，对于象征型概念品牌，被试在低样例性匹配度和高样例性匹配度之间的延伸产品购买倾向均值并不存在差异（$M_{低样例性}$=4.07，$M_{高样例性}$=3.52，t=1.32，P＞0.1）；但对于功能型概念品牌，被试在低样例性匹配度和高样例匹配度之间的延伸产品购买倾向均值却存在着显著的差异（$M_{低样例性}$=2.59，$M_{高样例性}$=5.97，t=8.92，P＜0.01）。这说明对于象征性概念品牌来说，样例性匹配度并不能影响被试的购买倾向；但对于功能型概念品牌来说，样例性匹配度却很能影响被试的购买倾向。从而假设 H_{4b} 得到了检验。

如图 6-2 中的右图所示，品牌类型与样例性匹配度的交互项对被试的延伸产品推荐意愿也存在显著影响 [$F(1,220)=6.63$，$P<0.05$]。进一步的简单效应分析显示，对于象征型概念品牌，被试在低样例性匹配度和高样例匹配度之间的延伸产品推荐意愿并不存在显著差异（$M_{低样例性}=4.13$，$M_{高样例性}=4.11$，$t=0.32$，$P>0.5$）；但对于功能型概念品牌，被试在低样例性匹配度和高样例性匹配度之间的延伸产品推荐却存在显著的差异（$M_{低样例性}=2.61$，$M_{高样例性}=5.83$，$t=14.71$，$P<0.01$）。这说明对于象征型概念品牌来说，样例性匹配度并不能影响被试的延伸产品推荐意愿；但对于功能型概念品牌来说，样例性匹配度却很能影响被试的延伸产品推荐意愿。从而，假设 H_{4c} 得到了检验。

如图 6-3 中的左图所示，品牌概念类型与原型性匹配度的交互项对被试的延伸产品评价存在显著影响 [$F(1,220)=8.553$，$P<0.01$]。进一步的简单效应分析显示，对于功能型概念品牌，被试在低原型性匹配度和高原型性匹配度之间的延伸产品评价并不存在显著的差异（$M_{低原型性}=3.58$，$M_{高原型性}=3.47$，$t=1.31$，$P>0.1$）；但是对于象征型概念品牌，被试在低原型性匹配度和高原型性匹配度之间的延伸产品评价却存在着显著的差异（$M_{低原型性}=2.95$，$M_{高原型性}=6.17$，$t=8.25$，$P<0.01$）。这说明对于功能型概念品牌来说，原型性匹配度并不能真正影响被试的延伸产品评价；但对于象征型概念品牌来说，原型性匹配度却能真正影响被试的延伸产品评价。从而，本书提出的假设 H_{5a} 得到了验证。

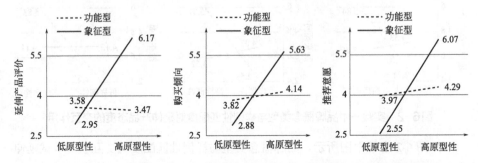

图 6-3 实验一中品牌概念类型与原型性匹配度对延伸产品态度的交互作用

如图 6-3 中的中图所示，品牌概念类型与原型性匹配度的交互项对被的延伸产品购买倾向存在显著影响 [$F(1,220)=9.381$，$P<0.01$]。进一步简单效应分析显示，对于功能型概念品牌，被试在低原型性匹配度和高原型性匹配度之间的延伸产品购买倾向均值并不存在差异（$M_{低原型性}=3.82$，$M_{高原型性}=4.14$，$t=0.81$，$P>0.1$）；但对于象征型概念品牌，被试在低原型性匹配度和高原型性匹配度之间的延伸产品购买倾向均值却存在着显著的差异（$M_{低原型性}=2.88$，$M_{高原型性}=5.63$，

$t=6.94$，$P<0.01$）。这说明对于功能型概念品牌来说，原型性匹配度并不能真影响右被试的购买倾向；但对于象征型概念品牌来说，样原型性匹配度却能真正影响被试的购买倾向。从而，本书提出的假设 H_{5b} 得到了检验。

如图 6-3 中的右图所示，品牌概念类型与原型性匹配度的交互项对被试的延伸产品推荐意愿也存在显著影响 $[F(1,220)=11.58$，$P<0.01]$。进一步的简单效应分析显示，对于功能型概念品牌，被试在低原型性匹配度和高原型性匹配度之间的延伸产品推荐意愿并不存在显著差异（$M_{低原型性}=3.97$，$M_{高原型性}=4.29$，$t=1.14$，$P>0.5$）；但对于象征型概念品牌，被试在低原型性匹配度和高原型性匹配度之间的延伸产品推荐却存在显著的差异（$M_{低原型性}=2.55$，$M_{高原型性}=6.07$，$t=16.85$，$P<0.01$）。这说明对于功能型概念品牌来说，原型性匹配度并不能真正影响被试的延伸产品推荐意愿；但对于象征型概念品牌来说，原型性匹配度却能真正影响被试的延伸产品推荐意愿。从而，本书提出假设 H_{5c} 得到了检验。

六、品牌概念流畅性的中介效应检验

根据本书在第三章的逻辑推演，品牌概念流畅性的中介效应存在于两个方面：第一方面，品牌概念流畅在品牌概念类型与样例性匹配度的交互项对延伸产品态度的影响中起中介作用；第二方面，品牌概念流畅性在品牌概念类型与原型性匹配度的交互项对延伸产品态度的影响中起中介作用。以下，本实验分别验证。

基于以下原因，本实验对中介效应的检验依照 Baron 和 Kenny（1986）开发的分步回归方法，而不是用 SPSS 软件自带的 Bootstrap 方法：第一，本实验的数据收集方法为实验研究，样本量不大；第二，本实验的自变量品牌概念类型不是连续性变量，而是一个离散性（0-1）变量；第三，大量心理学和营销学的文献都运用分步回归放检验变量间的中介关系（Gao，et al，2009；Howell 和 Shepperd，2017；Rucker and Galinsky，2008；王紫薇和涂平，2015），证明了分步回归法能够有效地检验变量间的中介关系。

① 品牌概念流畅性在品牌概念类型与样例性匹配度的交互项对延伸产品态度影响中的中介作用检验。为了使数据回归能顺利进行，本实验对反映品牌概念类型的数据进行了离散性处理，将功能型概念品牌用 0 来指代，将象征型概念品牌用 1 来指代。

首先，本实验以指代品牌概念类型的 0-1 变量与反映样例性匹配度的连续变量的交互项（为简化起见，以下用交互项来指代）为自变量，以延伸产品评价为因变量，以品牌态度、品牌熟悉度和品牌涉入度为控制变量，对数据进行了回归分析。结果发现，在控制品牌态度、品牌熟悉度和品牌涉入度后，交互项对延伸产品评价有着显著影响（$t=-3.58$，$P<0.01$），这说明交互项确实能影响消费者的延伸产品评价；如此，本实验也发现了交互项对购买倾向的显著影响（$t=-5.24$，$P<0.01$）以及对推荐意愿的显著影响（$t=-4.53$，$P<0.01$）。

然后，本实验以交互项为自变量、以品牌概念流畅性为因变量，以品牌态度、品牌熟悉度和品牌涉入度为控制变量，对数据进行了回归分析。结果发现，在控制品牌态度、品牌熟悉度和品牌涉入度后，交互项对品牌概念流畅性有着显著影响（$t=-6.55$，$P<0.01$），这说明交互项确实能影响消费者的品牌概念流畅性。

接着，本实验以品牌概念流畅性为自变量、以延伸产品评价为因变量，以品牌态度、品牌熟悉度和品牌涉入度为控制变量，对数据进行了回归分析。发现，在控制品牌态度、品牌熟悉度和品牌涉入度后，品牌概念流畅性对延伸产品评价有显著影响（$t=12.41$，$P<0.01$），这说明品牌概念流畅性确实能影响消费者的延伸产品评价。从而本书提出的假设 H_{1a} 得到了验证。如此，本实验也发现了品牌概念流畅性对购买倾向的显著影响（$t=18.62$，$P<0.01$）以及对推荐意愿的显著影响（$t=9.21$，$P<0.01$）。从而假设本书提出的假设 H_{1b} 和 H_{1c} 得到了验证。

最后，本实验以交互项和品牌概念流畅性为共同自变量，以延伸产品评价为因变量，以品牌态度、品牌熟悉度和品牌涉入度为控制变量，对数据进行了回归分析。结果发现，在将交互项与品牌概念流畅性共同作为自变量，并控制品牌态度、品牌熟悉度和品牌涉入度后，交互项对延伸产品评价的影响不再显著（$t=-1.53$，$P>0.1$），但是品牌概念流畅性的影响依然显著（$t=8.28$，$P<0.01$）。这说明，品牌概念流畅性完全中介了交互项对延伸产品评价的影响。从而，本书提出假设 H_{6a} 得到了验证。

依据同样的数理处理，本实验也发现了在将交互项和品牌概念流畅性共同作为自变量，将购买倾向作为因变量，将品牌态度、品牌熟悉度和品牌涉入度作为控制变量后，交互项的影响不再显著（$t=-1.68$，$P>0.1$），但是品牌概念流畅性的影响依然显著（$t=10.22$，$P<0.01$）。这说明，品牌概念流畅性完全中介了交互项对购买倾向的影响。从而，本书提出的假设 H_{6b} 得到了验证。

同时，本实验也发现了在将交互项与品牌概念流畅性共同作为自变量，将推荐意愿作为因变量，将品牌态度，品牌熟悉度和品牌涉入度作为控制变量后，交互项对推荐意愿的影响不再显著（$t=-1.35$，$P>0.1$），但是品牌概念流畅性对推荐意见的影响依然显著（$t=-6.11$，$P<0.01$）。这说明，品牌概念流畅性完全中介了交互项对推荐意愿的影响。从而，本书提出的假设 H_{6c} 得到了验证。

② 品牌概念流畅性在品牌概念类型与原型性匹配度的交互项对延伸产品态

度影响中的中介作用检验。为了使数据回归能顺利进行，本实验对反映品牌概念类型的数据进行了离散性处理，将功能型概念品牌用 0 来指代，将象征型概念品牌用 1 来指代。

首先，本实验以指代概品牌念类型的 0-1 变量与原型性匹配度的交互项（为简化起见，以下用交互项来指代）为自变量，以延伸产品评价为因变量，以品牌态度、品牌熟悉度和品牌涉入度为控制变量，对数据进行了回归分析。结果发现，在控制品牌态度、品牌熟悉度和品牌涉入度后，交互项对延伸产品评价有着显著影响（$t=4.01$, $P<0.01$），这说明交互项确实能影响消费者的延伸产品评价；依据同样的数据处理，本书也发现了交互项对购买倾向的显著影响（$t=3.27$, $P<0.01$）以及对推荐意愿的显著影响（$t=2.18$, $P<0.05$）。

然后，本实验以交互项为自变量、以品牌概念流畅性为因变量，以品牌态度、品牌熟悉度和品牌涉入度为控制变量，对数据进行了回归分析。结果发现，在控制品牌态度、品牌熟悉度和品牌涉入度后，交互项对品牌概念流畅性有着显著（$t=4.22$, $P<0.01$），这说明交互项确实能影响消费者的品牌概念流畅性。

接着，本实验以品牌概念流畅性为自变量、以延伸产品评价为因变量，以品牌态度、品牌熟悉度和品牌涉入度为控制变量，对数据进行了回归分析。发现，在控制品牌态度、品牌熟悉度和品牌涉入度后，品牌概念流畅性对延伸产品评价有显著影响（$t=18.90$, $P<0.01$），这说明品牌概念流畅性确实能影响消费者的延伸产品评价。从而本书提出的假设 H_{1a} 得到了验证。依据同样的数据处理，本实验也发现了品牌概念流畅性对购买倾向的显著影响（$t=14.31$, $P<0.01$）以及对推荐意愿的显著影响（$t=11.01$, $P<0.01$）。从而本书提出的假设 H_{1b} 和 H_{1c} 得到了验证。

最后，本实验以交互项和品牌概念流畅性共为自变量、以延伸产品评价为因变量、以品牌态度、品牌熟悉度和品牌涉入度为控制变量，对数据进行了回归分析。发现，在将交互项与品牌概念流畅性共同作为自变量，并控制品牌态度、品牌熟悉度和品牌涉入度后，交互项对延伸产品评价的影响不再显著（$t=1.33$, $P>0.1$），但是品牌概念流畅性的影响依然显著（$t=9.70$, $P<0.01$）。这说明，品牌概念流畅性完全中介了交互项对延伸产品评价的影响。从而，本书提出的假设 H_{7a} 得到了验证。

依据同样的数理处理，本实验也发现了在将交互项和品牌概念流畅性共同作为自变量，将购买倾向作为因变量，将品牌态度、品牌熟悉度和品牌涉入度作为控制变量后，交互项的影响不再显著（$t=1.49$, $P>0.1$），但是品牌概念流畅性的影响依然显著（$t=9.27$, $P<0.01$）。这说明，品牌概念流畅性完全中介了交

互项对购买倾向的影响。从而，假设 H_{7b} 得到了验证。

依据同样的数理处理，本实验也发现在将交互项与品牌概念流畅性共同作为自变量，将推荐意愿作为因变量，将品牌态度，品牌熟悉度和品牌涉入度作为控制变量后，交互项对推荐意愿的影响不再显著（$t=0.91$，$P > 0.1$），但是品牌概念流畅性对推荐意见的影响依然显著（$t=9.02$，$P < 0.01$）。这说明，品牌概念流畅性完全中介了交互项对推荐意愿的影响。从而，本书提出的 H_{7c} 得到了验证。

七、实验讨论

实验一以实际存在的品牌、虚拟延伸产品为实验材料验证了品牌概念类型与匹配度类型的交互项对被试品牌概念流畅性的影响、对被试延伸产品态度的影响以及概念流畅性的中介作用。根据实验数据分析本书发现：对于功能型概念品牌，样例性匹配度更能影响被试的品牌概念流畅性，也更能影响被试的延伸产品态度，而且品牌概念流畅性在品牌概念类型与样例性匹配度的交互项对被试延伸产品态度的影响中起完全中介作用。也就是说，样例性匹配度是通过影响被试对功能型概念品牌的概念流畅性，而促使他们对延伸产品产生一定的态度倾向；对于象征型概念品牌，原型性匹配度更能影响被试的品牌概念流畅性，也更能影响被试的延伸产品态度，而且品牌概念流畅性在品牌概念类型与原型性匹配度的交互项对被试延伸产品态度的影响中起完全中介作用。也就是说，原型性匹配度是通过影响被试对象征型概念品牌的品牌概念流畅性，而促使他们对延伸产品产生一定的态度倾向。从而，本书提出的假设 $H_1 \sim H_7$ 都得到了检验。

但是，囿于实际品牌延伸历史的局限，实验一没有在同一品牌下选择不同类型的品牌延伸，而是将不同类型的品牌延伸分布于不同品牌之下。这对实验结果的说服力是一种削弱，因为实验一无法清晰地阐释以下争论：是消费者对不同品牌的概念类型认知差异，还是被试对不同品牌的知识结构差异，导致了被试对延伸产品态度的差异？为此，本书将通过实验二来规避此问题，以使本书的研究结论更有说服力。

第二节 实验二：基于虚拟品牌

一、实验设计

241 名被试参加了这次 2（低 VS. 高样例性匹配度）×2（低 VS. 高原型性匹配度）×2（功能型 VS. 象征型概念表征品牌）的组间因素实验。这意味着本实验的情境包括：功能型概念表征品牌下的低样例低原型性延伸、功能型概念表征品牌下的高样例性低原型性延伸、功能型概念表征品牌下的低样例性高原型延伸以及功能型概念表征品牌下的高样例性高原型性延伸；象征型概念表征品牌下的低样例性低原型性延伸、象征型概念表征品牌下的高样例性低原型延伸、象征型概念表征品牌下的低样例性高原型性延伸，以及象征型概念表征品牌下的高样例性高原型性延伸八类，而且每个被试只能参加其中一个实验情境。实验情境来自于第5章的虚拟品牌和虚拟延伸产品，具体见表5-4。

本实验随机地让31名被试在象征型概念表征品牌的低样例性高原型性延伸的实验情境下回答问卷题项。其余被试被随机而均匀地分配在其他实验情境。

二、被试的招募与实验过程描述

本实验的241名被试全部来自北京某高校的在校学生，其中女性78名，占比32.4%（女性占比少，是因为本实验的虚拟品牌A是一个男士品牌）。被试的年龄跨度为18～22岁，平均年龄为20.8岁。为了使学生们积极参与，在招募时本实验承诺回答完问卷后会有微信红包相送。对于有意愿回答问卷的被试，在问卷的首页，本实验告知他们这是一项某品牌为其推出产品所做的前期市场调研。所以第一，所有问卷题项的回答没有答对或答错之分，请您根据自己的意愿和想法进行回答。第二，不要将问卷中的题项和有关内容泄露给任何人；在问卷的第二页，本实验随机地让一部分学生阅读预测试中关于品牌A的信息描述：品牌A以做工考究、质量上乘的西装赢得了消费者的认可，目前品牌致力于为男士提供选料讲究、工艺精湛、质量上乘的高档西装。其品牌广告口号为："让每位男士的衣柜中都有我的印记。"让另一部分学生阅读了预测试中关于品牌B的信息描述：品牌B以设计时尚、穿着舒适的专业运动服装赢得了广大运动爱好者的好评，目前品牌致力于向消费者宣传运动、健康的生活理念和生活方式，其品牌广告口号为："动起来更健康、更自信、更美丽。"

在问卷的第三页，本实验让学生们根据其阅读到的品牌描述，对该品牌的概念类型做出判断；在问卷的第四页，本实验告诉被试品牌A（或品牌B）要将其品牌名称运用了某一新产品（如巧克力），以开拓新的市场领域。为了让被试更好地了解延伸产品与原品牌的关系，本实验在此向被试展示了经过Photoshop软件处理过的产品宣传海报，详见附录"六、预实验四确定的虚拟延伸产品的宣传海报（一）"。在问卷的第五页，本实验既测了被试对延伸产品与原品牌之间的样例性匹配度感知，又测了被试对延伸产品与原品牌之间的原型性匹配度感知；在问卷的第六页，本实验测试了被试的品牌概念流畅。

在问卷的第七页，本实验测量了被试对延伸产品（如品牌A的巧克力）的态度，包括对延伸产品的评价、对延伸产品的推荐意愿及对延伸产品的购买倾向。在问卷的第八页，本实验收集了被试的人口统计特征方面的信息。每个被试为完整回答问卷的所耗费的时间大致为20分钟至30分钟。在完成问卷后，每个被试都收到了7元的微信红包。

三、变量的测量、信度检验与操控效果检验

① 变量的测量。因为实验二涉及的品牌并非实际中品牌，而是本书在预测试二中设计的虚拟品牌。故在变量测量中，本实验没有如实验一那样对被试品牌A或品牌B的品牌态度、熟悉度以及涉入度进行测量。其余变量的测量，实验二与实验一完全一致。具体问卷请见附录"九、正式实验二使用的问卷"。

② 问卷的信度检验。品牌概念类型判断的问卷题项有且只有一项，无需对其进行信度分析；样例性匹配度的 a 值为0.737，且三个题项显著相关（题项的相关系数 $r \geq 0.84$，$P < 0.01$），故本实验对其进行了均值化处理；原型性匹配度的 a 值为0.752，且三个题项显著相关（所有题项的相关系数 $r \geq 0.90$，$P < 0.01$），故本实验对其进行了均值化处理；品牌概念流畅性的 a 值为0.807，由于题项较多，本实验用主成分分析法进行了降维和数据加权处理；延伸产品评价的 a 值为0.813，且两个题项显著相关（相关系数为 $r=0.73$，$P < 0.01$）；延伸产品推荐意愿的问卷题项只有一项，故无需对其进行信度分析；延伸产品购买的 a 值为0.819，其两个题项显著相关（相关系数 $r=0.88$，$P < 0.01$），故本实验对其进行了均值化处理。问卷整体的 a 值为0.764。

③ 实验的操控效果检验。对反映品牌概念类型属性的数据进行分析后发现：

品牌Q的均值（$M=2.82$）要显著低于品牌P的均值（$M=5.65$，$t=7.75$，$P < 0.01$），而且也显著低于自然均值4（$t=3.81$，$P < 0.01$）；而品牌P的均值要显著大于自然均值4（$t=6.63$，$P < 0.01$）。说明品牌Q在统计上显著为功能型概念品牌，而品牌P统计均显著为象征型概念品牌。

对反映样例性匹配度和原型性匹配度的数据进行分析后发现：

品牌Q的巧克力在样例性匹配度和原型性匹配度上的均值分别为1.78和2.74，均显著低于自然均值4（t 值分别5.81和5.31，$P < 0.01$），故品牌Q的巧克力属于低样例性低原型性的延伸类型；品牌Q的T恤衫在样例性匹配度上的均值为6.03，显著高于自然均值4（$t=7.12$，$P < 0.01$），在原型性匹配度上的均值为2.90，显著低于自然均值4（$t=2.05$，$P < 0.05$），故品牌Q的T恤衫属于高样例性低原型性的延伸类型；品牌Q的高档男士手表在样例性匹配度上的均值

为 1.92，显著低于自然均值 4（t=11.24，P < 0.0），在原型性匹配度上的均值为 5.28，显著高于自然均值 4（t=5.25，P < 0.01），故品牌 Q 的高档男士手表属于低样例性高原型性的延伸类型；品牌 Q 的风衣外套在样例性匹配度和原型性匹配度上均值分别为 5.68 和 6.03，均显著高于自然均值 4（t 值分别为 5.32 和 5.79，P < 0.01），故品牌 A 的风衣外套属于高样例性高原型性的延伸类型；

品牌 P 的巧克力在样例性匹配度和原型性匹配度上的均值分别为 2.92 和 3.04，均显著低于自然均值 4（t 值分别为 7.72 和 6.37，P < 0.01），故品牌 P 的巧克力属于低样例性低原型性延伸类型；品牌 P 的风衣外套在样例性匹配度上的均值为 5.07，显著高于自然均值 4（t=7.82，P < 0.01），在原型性匹配度上的均值为 2.66，显著低于自然均值 4（t=6.17，P < 0.01），故品牌 P 的风衣外套属于高样例性低原型性的延伸类型；品牌 P 的运动手环在样例性匹配度上的均值为 1.83，显著低于自然 4（t=10.72，P < 0.01），在原型性匹配度上的均值为 5.41，显著高于自然均值 4（t=3.29，P < 0.01），故品牌 P 的运动手环属于低样例性高原型性的延伸类型。品牌 P 的登山鞋在样例性匹配度和原型性匹配度上的均值分别为 5.57 和 5.93，均显著高于自然均值 4（t 值分别为 12.62 和 9.27，P < 0.01），因此品牌 P 的登山鞋属于高样例性高原型性的延伸类型。

四、品牌概念类型与匹配度类型对品牌概念流畅性交互作用的假设检验

本实验以品牌概念流畅性为因变量、以品牌概念类型与匹配度类型的交互项为自变量，对数据进行了方差分析。数据分析结果如表 6-3 所示，被试的概念流畅性差异在各个实验情境中存在着显著差异 [$F(1,233)$=19.24，P < 0.01]。但各自变量对因变量的主效应却都没有在统计上显著（所有 $P \geq 0.1$）。

表6-3 实验二中品牌概念流畅性在各实验情境中的均值和标准差

类型	功能型概念品牌		象征型概念品牌	
	低样例性	高样例性	低样例性	高样例性
低原型性	2.67(0.8715)	5.89(1.1326)	3.16(1.2432)	3.09(0.9621)
高原型性	3.06(0.9732)	6.10(1.0351)	5.70(1.1158)	6.23(1.1328)

注：括号外（内）为均值（标准差）。

如图 6-4 中的左图所示，品牌概念类型与样例性匹配度的交互项对被试的品牌概念流畅性存在显著影响 [$F(1,233)$=11.83，P < 0.01]。进一步简单效应分析显示：对于象征型概念品牌来说，被试在低样例性匹配度和高样例性匹配度之间的品牌概念处理流畅的均值并不存在显著性差异（$M_{低样例}$=4.56，$M_{高样例}$=4.81，

$t=0.33$,$P>0.5$);但是,对于功能型概念品牌来说,被试在低样例性匹配度和高样例性匹配度之间的品牌概念处理流畅的均值却存在显著性差异($M_{低样例}$=2.89,$M_{高样例}$=6.01,$t=10.60$,$P<0.01$)。这说明,对于象征型概念品牌来说,样例性匹配度并不能影响被试在延伸产品与原品牌之间的品牌概念流畅性。但对于功能型概念品牌来说,样例性匹配度却很能影响被试在延伸产品与原品牌之间品牌的概念流畅性。从而,本书提出的假设 H_2 得再次到了验证。

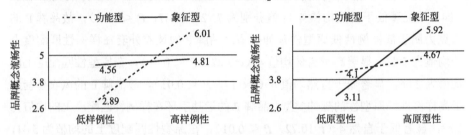

图6-4 实验二中品牌概念类型与匹配度类型对品牌概念流畅性的交互作用

如图 6-4 中的右图所示,品牌概念类型与原型性匹配度的交互项对被试的品牌概念流畅性存在显著影响 [$F(1,233)=10.37$,$P<0.01$]。进一步简单效应分析显示:对于功能性概念品牌来说,被试在低原型性匹配度和高原型性匹配度之间的品牌概念流畅性的均值并存在显著性差异 ($M_{低原型性}$=4.1,$M_{高原型性}$=4.67,$t=1.02$,$P>0.1$);但是,对于象征性概念品牌来说,被试在低原型性匹配度和高原型性匹配度之间的品牌概念流畅性的均值却存在显著差异($M_{低原型性}$=3.11,$M_{高原型性}$=5.92,$t=6.76$,$P<0.01$)。这说明,对功能型概念品牌来说,原型性匹配度并不能影响被试在延伸产品与原品牌之间的品牌概念流畅性;但对于象征型概念品牌来说,原型性匹配度却很能影响被试在延伸产品与原品牌之间的品牌概念流畅性。从而,本书提出的假设 H_3 再次得到了验证。

五、品牌概念类型与匹配度类型对延伸产品态度交互作用的假设检验

本实验分别以延伸产品评价、购买倾向和推荐意愿为因变量、以样例性匹配度、原型性匹配度及品牌概念类型的交互项为自变量对数据进行了系列的方差分析。如表6-4 所示,被试的延伸产品评价在各实验情境设计中存在着显著差异 [$F(1,233)=5.58$,$p<0.01$];延伸产品购买倾向在各实验情境设计中也存在显著差异 [$F(1,233)=6.83$,$p<0.01$];延伸产品推荐意愿在各实验情境设计中也存在显著差异 [$F(1,233)=5.92$],但是各自变量对因变量的主效应却都没有在统计上显著($P>0.30$)。

表6-4 实验二中延伸产品态度在各实验情境中的均值和标准差

类型	功能型概念品牌		象征型概念品牌	
	低样例性	高样例性	低样例性	高样例性
低原型性	2.19(1.3888)①	5.19(1.3726)	2.25(1.4840)	2.11(1.6781)
	2.80(1.3055)②	5.28(1.4115)	2.21(1.6423)	2.18(1.4894)
	2.78(1.428)③	5.16(1.761)	2.31(1.5232)	2.16(1.507)
高原型性	2.16(1.3059)	5.33(1.4599)	5.19(1.5525)	5.83(1.5941)
	2.09(1.5142)	5.27(1.5472)	5.03(1.4894)	5.78(1.4789)
	2.47(1.612)	5.15(1.786)	5.21(1.571)	6.02(1.492)

注：括号外（内）为均值（标准差）。
①代表延伸产品评价；②代表购买倾向；③代表推荐意愿。其他情境中变量列出顺序与此一致。

如图 6-5 中的左图所示，品牌概念类型与样例性匹配度的交互项对被试的延伸产品评价存在显著影响 $[F(1,233)=5.63，P<0.01]$。进一步的简单效应分析显示，对于象征型概念品牌，被试在低样例性匹配度和高样例性匹配度之间的延伸产品评价并不存在显著的差异（$M_{低样例性}=3.65$，$M_{高样例性}=3.93$，$t=1.29$，$P>0.1$）；但是对于功能型概念品牌，被试在低样例性匹配度和高样例匹配度之间的延伸产品评价却存在着显著的差异（$M_{低样例性}=2.17$，$M_{高样例性}=5.21$，$t=5.97$，$P<0.01$）。这说明对于象征型概念品牌来说，样例性匹配度并不能影响被试的延伸产品评价；但对于功能型概念品牌来说，样例性匹配度却很能影响被试的延伸产品评价。从而，本书提出的假设 H_{4a} 再次得到了验证。

如图 6-5 中的中图所示，品牌概念类型与样例性匹配度的交互项对被的延伸产品购买倾向存在显著影响 $[F(1,233)=9.31，P<0.01]$。进一步简单效应分析显示，对于象征型概念品牌，被试在低样例性匹配度和高样例性匹配度之间的延伸产品购买倾向均值并不存在差异（$M_{低样例性}=3.44$，$M_{高样例性}=4.01$，$t=1.12$，$P>0.1$）；但对于功能型概念品牌，被试在低样例性匹配度和高样例匹配度之间的延伸产品购买倾向均值却存在着显著的差异（$M_{低样例性}=2.32$，$M_{高样例性}=5.27$，$t=7.04$，$P<0.01$）。这说明对于象征型概念品牌来说，样例性匹配度并不能影响被试的购买倾向；但对于功能型概念品牌来说，样例性匹配度却很能影响被试的购买倾向。从而，本书提出的假设 H_{4b} 再次得到了检验。

如图 6-5 中的右图所示，品牌概念类型与样例性匹配度的交互项对被试的延伸产品推荐意愿也存在显著影响 $[F(1,233)=7.03，P<0.05]$。进一步的简单效应分析显示，对于象征型概念品牌，被试在低样例性匹配度和高样例匹配度之

间的延伸产品推荐意愿并不存在显著差异（$M_{低样例性匹配}$=3.78，$M_{高样例性匹配}$=4.09，t=1.49，$P>0.1$）；但对于功能型概念品牌，被试在低样例性匹配度和高样例性匹配度之间的延伸产品推荐却存在显著的差异（$M_{低样例性}$=2.82，$M_{高样例性}$=5.16，t=4.88，$P<0.01$）。这说明对于象征型概念品牌来说，样例性匹配度并不能影响被试的延伸产品推荐意愿；但对于功能型概念品牌来说，样例性匹配度却很能影响被试的延伸产品推荐意愿。从而，假设 H_{4c} 再次得到了检验。

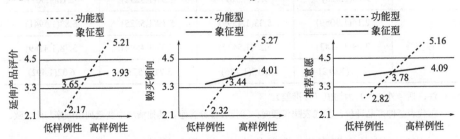

图6-5 实验二中品牌概念类型与样例性匹配度对延伸产品态度的交互作用

如图6-6中的左图所示，品牌概念类型与原型性匹配度的交互项对被试的延伸产品评价存在显著影响 [$F(1,233)$=7.351，$P<0.01$]。进一步的简单效应分析显示，对于功能型概念品牌，被试在低原型性匹配度和高原型性匹配度之间的延伸产品评价并不存在显著的差异（$M_{低原型性}$=3.29，$M_{高原型性}$=3.79，t=0.55，$P>0.1$）；但是对于象征型概念品牌，被试在低原型性匹配度和高原型性匹配度之间的延伸产品评价却存在着显著的差异（$M_{低原型性}$=2.17，$M_{高原型性}$=5.52，t=3.32，$P<0.01$）。这说明对于功能型概念品牌来说，原型性匹配度并不能影响被试的延伸产品评价；但对于象征型概念品牌来说，原型性匹配度却很能影响被试的延伸产品评价。从而，本书提出的假设 H_{5a} 再次得到了验证。

如图6-6中的中图所示，品牌概念类型与原型性匹配度的交互项对被的延伸产品购买倾向存在显著影响 [$F(1,233)$=5.531，$P<0.01$]。进一步简单效应分析显示，对于功能型概念品牌，被试在低原型性匹配度和高原型性匹配度之间的延伸产品购买倾向均值并不存在差异（$M_{低原型性}$=4.07，$M_{高原型性}$=3.62，t=1.27，$P>0.1$）；但对于象征型概念品牌，被试在低原型性匹配度和高原型性匹配度之间的延伸产品购买倾向均值却存在着显著的差异（$M_{低原型性}$=2.19，$M_{高原型性}$=5.45，t=3.86，$P<0.01$）。这说明对于功能型概念品牌来说，原型性匹配度并不能影响被试的购买倾向；但对于象征型概念品牌来说，样原型性匹配度却很能影响被试的购买倾向。从而，本书提出的假设 H_{5b} 再次得到了检验。

如图6-6中的右图所示，品牌概念类型与原型性匹配度的交互项对被试的延伸产品推荐意愿也存在显著影响 [$F(1,233)=6.32$, $P < 0.01$]。进一步的简单效应分析显示，对于功能型概念品牌，被试在低原型性匹配度和高原型性匹配度之间的延伸产品推荐意愿并不存在显著差异（$M_{低原型性}=3.71$，$M_{高原型性}=3.94$，$t=0.60$，$P > 0.5$）；但对于象征型概念品牌，被试在低原型性匹配度和高原型性匹配度之间的延伸产品推荐却存在显著的差异（$M_{低原型性}=2.21$，$M_{高原型性}=6.13$，$t=6.85$，$P < 0.01$）。这说明对于功能型概念品牌来说，原型性匹配度并不能影响被试的延伸产品推荐意愿；但对于象征型概念品牌来说，原型性匹配度却很能影响被试的延伸产品推荐意愿。从而，假设 H_{5c} 再次得到了检验。

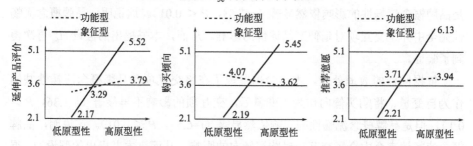

图6-6　实验二中品牌概念类型与原型性匹配度对延伸产品态度的交互作用

六、品牌概念流畅性中介作用的假设检验

与实验一相同，本研究在实验二中也需要检验概念流畅性的两方面中介作用。而且，基于与实验一相同的原因，本研究在实验二中也采用 Baron 和 Kenny（1986）开发的分步回归法来检验变量的中介效应。

① 品牌概念流畅性在品牌概念类型与样例性匹配度的交互项对延伸产品态度影响中的中介作用检验。为了使数据回归能顺利进行，本实验对反映品牌概念类型的数据进行了离散性处理，将功能型概念品牌用 0 来指代，将象征型概念品牌用 1 来指代。

首先，本实验以指代品牌概念类型的 0-1 变量与反映样例性匹配度的连续变量的交互项（为语言简化计，以下用交互项来指代）为自变量，以延伸产品评价为因变量，对数据进行了回归分析。结果发现交互项对延伸产品评价有着显著影响（$t=-4.16$，$P < 0.01$）。依据同样的数据处理，本实验也发现了交互项对购买倾向的显著影响（$t=-3.12$，$P < 0.01$）以及对推荐意愿的显著影响（$t=-3.06$，$P < 0.01$）。

接着，本实验以交互项为自变量、以品牌概念流畅性为因变量，对数据进行了回归分析。结果发现，交互项对概念流畅性有着显著影响（$t=3.58$，$P < 0.01$）。

然后，本实验以品牌概念流畅性为自变量、以延伸产品评价为因变量，对数据进行了回归分析。结果发现，品牌概念流畅性对延伸产品评价有显著影响（$t=11.31$，$P<0.01$），从而本书提出假设 H_{1a} 再次得到了验证。如此，本实验也发现了概念流畅性对购买倾向的显著影响（$t=13.21$，$P<0.01$）以及对推荐意愿的显著影响（$t=13.62$，$P<0.01$）。从而本书提出的假设 H_{1b} 和 H_{1c} 再次得到了验证。

最后，本实验以交互项和品牌概念流畅性为共同自变量、以延伸产品评价为因变量，对数据进行了回归分析。结果发现，在将交互项与品牌概念流畅性共同作为自变量后，交互项对延伸产品评价的影响不再显著（$t=0.64$，$P>0.1$），但是品牌概念流畅性的影响依然显著（$t=7.53$，$P<0.01$）。这说明，品牌概念流畅性完全中介了交互项对延伸产品评价的影响。从而，本书提出的假设 H_{6a} 再次得到了验证。

依据同样的数理处理，本实验也发现了在将交互项和品牌概念流畅性共同作为自变量、将购买倾向作为因变量后，交互项的影响不再显著（$t=1.36$，$P>0.1$），但是品牌概念流畅性的影响依然显著（$t=6.58$，$P<0.01$）。这说明，品牌概念流畅性完全中介了交互项对购买倾向的影响。从而，本书提出的假设 H_{6b} 得到了验证。

依据同样的数理处理，本实验也发现了在将交互项与品牌概念流畅性共同作为自变量、将推荐意愿作为因变量后，交互项对推荐意愿的影响不再显著（$t=0.96$，$P>0.1$），但是品牌概念流畅性对推荐意见的影响依然显著（$t=6.31$，$P<0.01$）。这说明，品牌概念流畅性完全中介了交互项对推荐意愿的影响。从而，本书提出的假设 H_{6c} 再次得到了验证。

② 品牌概念流畅性在品牌概念类型与原型性匹配度的交互项对延伸产品态度影响中的中介作用检验。为了使数据回归能顺利进行，本实验对反映品牌概念类型的数据进行了离散性处理，将功能型概念品牌用 0 来指代，将象征型概念品牌用 1 来指代。

首先，本实验以指代概品牌念类型的 0-1 变量与原型性匹配度的交互项（为简化起见，以下用交互项来指代）为自变量，以延伸产品评价为因变量，对数据进行了回归分析。结果发现，交互项对延伸产品评价有着显著影响（$t=2.39$，$P<0.01$），这说明交互项确实能影响消费者的延伸产品评价；依据同样的数据处理，本实验也发现了交互项对购买倾向的显著影响（$t=3.11$，$P<0.01$）以及对推荐意愿的显著影响（$t=3.19$，$P<0.01$）。

然后，本实验以交互项为自变量、以品牌概念流畅性为因变量，对数据进行了回归分析。结果发现，在控制品牌态度、品牌熟悉度和品牌涉入度后，交互项对品牌概念流畅性有着显著（$t=2.29$，$P<0.01$），这说明交互项确实能影响消费者的品牌概念流畅性。

接着，本实验以品牌概念流畅性为自变量、以延伸产品评价为因变量，对数据进行了回归分析。发现，品牌概念流畅性对延伸产品评价有显著影响（$t=19.16$，$P<0.01$），这说明品牌概念流畅性确实能影响消费者的延伸产品评价。从而，本书提出的假设 H_{1a} 得到了验证。依据同样的数据处理，本实验也发现了品牌概念流畅性对购买倾向的显著影响（$t=16.35$，$P<0.01$）以及对推荐意愿的显著影响（$t=21.53$，$P<0.01$）。从而，本书提出的假设 H_{1b} 和 H_{1c} 得到了验证。

最后，本实验以交互项和品牌概念流畅性共为自变量、以延伸产品评价为因变量，对数据进行了回归分析。发现，在将交互项与品牌概念流畅性共同作为自变量，交互项对延伸产品评价的影响不再显著（$t=1.03$，$P>0.1$），但是品牌概念流畅性的影响依然显著（$t=10.54$，$P<0.01$）。这说明，品牌概念流畅性完全中介了交互项对延伸产品评价的影响。从而，本书提出的假设 H_{7a} 得到了验证。

依据同样的数理处理，本实验也发现了在将交互项和品牌概念流畅性共同作为自变量，将购买倾向作为因变量，交互项的影响不再显著（$t=1.25$，$P>0.1$），但是品牌概念流畅性的影响依然显著（$t=11.51$，$P<0.01$）。这说明，品牌概念流畅性完全中介了交互项对购买倾向的影响。从而，本书提出的假设 H_{7b} 得到了验证。

依据同样的数理处理，本实验也发现在将交互项与品牌概念流畅性共同作为自变量，交互项对推荐意愿的影响不再显著（$t=1.14$，$P>0.1$），但是品牌概念流畅性对推荐意见的影响依然显著（$t=12.38$，$P<0.01$）。这说明，品牌概念流畅性完全中介了交互项对推荐意愿的影响。从而，本书提出的假设 H_{7c} 得到了验证。

七、实验讨论

实验二构建了一个虚拟的功能型概念品牌和虚拟的象征型概念品牌，并在各虚拟品牌下构建了四种不同类型的品牌延伸作为实验情境。测量了被试在不同情境中的品牌概念流畅性和延伸产品态度，取得的结果与实验一完全一致。实验二很好地规避了实验一中在试验设计上的问题，避免了被试对不同品牌的知识结构差异对试验结果可能造成的潜在影响。从而使得本书的研究结论具稳定性和可靠性。

第三节　实验三：基于实际品牌

一、实验设计

200名被试参加了这次2（低VS.高样例性匹配度）×2（低VS.高原型性匹配度）×2（局部型VS.整体型认知结构品牌）的组间因素实验。这意味着本实验的情境包括：局部型认知结构品牌下的低样例低原型性延伸、局部型认知结构品牌下的高样例性低原型性延伸、局部型认知结构品牌下的低样例性高原型延伸以及局部型认知结构品牌下的高样例性高原型性延伸；整体型认知结构品牌下的低样例性低原型性延伸、整体型认知结构品牌下的高样例性低原型延伸、整体型认知结构品牌下的低样例性高原型性延伸，以及整体型认知结构品牌下的高样例性高原型性延伸八类，而且每个被试只能参加其中一个实验情境。全部实验情境来自于第五章确定的实际品牌和虚拟延伸产品，见表5-3。本实验随机将每名被试均匀地分布于每个实验情境，每个实验情境中有25名被试。

二、被试招募与实验过程描述

本实验的被试全部来自北京某互联网公司。为了使该公司的员工积极参与，在招募时本实验承诺回答完问卷后会有微信红包相送。与实验一相同，对于有意愿回答问卷的员工，本实验首先对其关于预试验所选择的实际品牌（见表5-3中的不同认知结构类型的品牌）的品牌知识和品牌了解情况进行了测试。如此，本实验一共淘汰了4个有意愿回答问卷的该公司员工。有200名该公司的员工通过了本实验的品牌知识和品牌了解程度测试，成为了本实验的被试。其中，女性107人，占比53.5%；年龄跨度为23岁至40岁，其中年龄在23岁至28岁区间的被试33名，占比16.5%，年龄在29岁至34岁区间的被试为123名，占比61.5%，其余年龄在35岁至40岁区间。

实验以回答问卷题项的方式进行。在问卷的第一页，本实验告知被试：这是一项商业性质的调查，所以：第一，问卷回答本身没有对错之分，您只需根据自己的消费经验来回答问卷中的问题；第二，不可以将问卷题项的内容告知他人；在问卷的第二页，本实验对被试关于所选品牌的认知结构类型判断进行了测量；第三页，本实验测量了被试对所选品牌（如DB）的态度、熟悉度和涉入度。在问卷的第四页，本实验测量了被试对所选品牌的概念类型判断；在问卷的第五页，本实验告知被试：考虑到市场环境的变化和公司战略的调整，公司将推出新的产品（延伸产品，如婴儿润肤乳），并在新产品上沿用原品牌的名称（如，

DB）。为了让被试更好地了解延伸产品与原品牌的关系，本实验在此向被试展示了经过 Photoshop 软件处理的产品宣传海报，具体见附录"五、预实验三确定的虚拟延伸产品的宣传海报（二）"。

在问卷的第六页，本实验测量了被试关于延伸产品与原品牌匹配度的感知，在此本实验既测了被试对延伸产品与原品牌之间的样例性匹配度感知，也测量了被试对延伸产品与原品牌之间的原型性匹配度感知；在问卷的第七页，本实验测量了被试的品牌概念流畅性程度；在问卷的第八页，本实验测量了被试对延伸出产品（如 DB 品牌的婴儿润肤乳）的态度，包括对延伸产品的评价、对延伸产品的推荐意愿及对延伸产品的购买倾向。

在问卷的第八页，本实验收集了被试的人口统计特征方面的信息（如性别、年龄和受教育程度等）。由于需要被试描绘自己的品牌概念地图，每个被试为完整回答问卷的所耗费的时间大致在 30 分钟至 40 分钟之间。在完成问卷后，每个被试都收到了 20 元的微信红包作为回答问卷的报酬。

三、变量测量、信度检验以及操控效果检验

① 变量测量。实验三中所涉及变量的测量与实验一中的完全一样。另外，实验三还利用 John 等（2006）开发的品牌概念地图方法，测量了被试对实验刺激品牌的认知结构特征。具体步骤如下：第一，本实验将在第四章预测试中形成的对所选品牌的固定联想词汇集与该品牌一起呈现给了本实验中的被试，并询问他们"提起品牌（如 DB），您会用哪些以给定的词汇来形容该品牌？请您尽可能多地写出来。如果您认为您还有更确切的词汇来形容改品牌，也请您把它们写下来。"第二，本实验将第五章中图 5-1 展示给了本次实验的被试，并进行了与第五章一样的品牌概念地图绘制方法介绍，让被试根据样例图（图 5-1）来画出他对所选品牌的概念地图。具体问卷见附录"十、正式实验三使用的问卷及整体的品牌概念地图绘制中（一）"。

② 信度检验。对问卷题项信度分析的结果显示，品牌态度的 a 值为 0.88，且三个题项显著相关（所有题项的相关系数 $r \geqslant 0.92$，$P < 0.01$），故本实验对其进行了均值化处理；品牌熟悉度的 a 值为 0.811，且两个题项均显著相关（相关系数为 $r=0.82$，$P < 0.01$），故本实验也对其进行了均值化处理；品牌涉入度的 a 值为 0.79，且三个题项显著相关（所提题项的相关系数 $r \geqslant 0.74$，$P < 0.01$），故本实验也对其进行了均值化处理；品牌概念类型判断因为只有一个题项，故本实验未对其做信度检验。样例性匹配度的 a 值为 0.876，且三个题项显著相关（所有题项的相关系数 $r \geqslant 0.85$，$P < 0.01$），故本实验对其进行了均值化处

理；原型性匹配度的 a 值为 0.885，且三个题项显著相关（所有题项的相关系数 $r \geq 0.80$，$P < 0.05$），故本实验对其进行了均值化处理；品牌概念流畅性的 a 值为 0.872，由于题项较多，本实验用主成分分析法进行了降维和数据加权处理；延伸产品评价的 a 值为 0.772，且两个题项显著相关（相关系数为 $r=0.80$，$P < 0.01$）；因延伸产品推荐意愿的问卷题项只有一项，故无需对其进行信度分析；延伸产品购买的 a 值为 0.821，其两个题项显著相关（相关系数 $r=0.87$，$P < 0.01$），故本实验对其进行了均值化处理。问卷整体的 a 值为 0.852。

③ 实验操控效果检验。对反映品牌概念类型的数据进行分析后发现：

DB 品牌在品牌概念判断上的均值为 1.32，显著小于自然均值 4（$t=15.23$，$P < 0.01$），这说明 DB 品牌为功能型概念品牌；DBT 品牌在品牌概念判断上的均值为 1.87，显著小于自然均值 4（$t=8.24$，$P < 0.01$），这说明 DBT 品牌为功能型概念品牌；QS 品牌在品牌概念判断上的均值为 3.87，与自然均值 4 没有显著差异（$t=1.16$，$P > 0.1$），说明 QS 品牌既不是功能型概念品牌也不是象征型概念品牌；QC 品牌在品牌概念判断上的均值为 4.26，与自然均值 4 也没有显著差异（$t=0.83$，$P > 0.1$），说明 QC 品牌既不是功能型概念品牌也不是象征型概念品牌。

本实验根据 John 等（2006）开发的方法，将单个被试的品牌概念地图整合为被试整体的品牌概念地图，详细请见附录"十、正式实验三使用的问卷及整体的品牌概念地图绘制中（二）"。从图中可以看出：被试对 DB 品牌只用"护肤品"这一个维度的词汇来描述品牌概念地图，说明从整体上看，被试对 DB 品牌的认知结构呈现出局部型的特征；被试对 DBT 品牌只用"奶糖"这一个维度来描述品牌概念地图，说明从整体上看，被试对 DBT 品牌的认知结构呈现出局部型的特征；被试对 QC 品牌的品牌概念地图描述为"休闲食品、健康、方便以营养"等多维度词汇，说明从整体上看，被试对 QC 品牌的认知结构呈现出整体型的特征；被试对 QS 品牌的品牌概念地图描述为"关爱婴幼儿、关爱女性、卫生、科技"等多维度词汇，说明从整体上看，被试对 QC 品牌的认知结构呈现出整体型的特征。

对反映样例性匹配度和原型性匹配度的数据进行分析后发现：

DB 品牌的蛋白质粉在样例性匹配度和原型性匹配度上的均值分别为 1.67 和 1.82，均显著低于自然均值 4（t 值分别 8.01 和 6.72，$P < 0.01$），故 DB 品牌的蛋白质粉属于低样例性低原型性的延伸类型。DB 品牌的婴儿润肤乳在样例性匹配度上的均值为 6.01，显著高于自然均值 4（$t=10.36$，$P < 0.01$），在原型性匹配度上的均值为 2.38，显著低于自然均值 4（$t=6.17$，$P < 0.01$），故 DB 品牌的

婴儿润肤乳属于高契合度低真实的延伸；DBT 品牌的纯牛奶在样例性匹配度上的均值为 2.82，显著低于自然均值 4 (t=7.62, $P < 0.01$)，在原型性匹配度上的均值为 5.83，显著高于自然均值 4 (t=2.23, $P < 0.05$)，故 DBT 品牌的纯牛奶属于低样例性高原型性的延伸类型；DBT 品牌的奶油蛋糕在样例性匹配度和原型性匹配度上均值分别为 5.38 和 6.03，均显著高于自然均值 4 (t 值分别为 8.52 和 8.81, $P < 0.01$)，故 DBT 品牌的奶油蛋糕属于高样例性高原型性的延伸类型；

QS 品牌的衣物除菌液在样例性匹配度和原型性匹配度上的均值分别为 2.92 和 3.13，均显著低于自然均值 4 (t 值分别为 4.31 和 3.72, $P < 0.01$)，故 QS 品牌的衣物除菌液属于低样例性低原型性延伸类型。QC 品牌的薯片在样例性匹配度上的均值为 5.41，显著高于自然均值 4 (t=5.52, $P < 0.01$)，在原型性匹配度上的均值为 2.92，显著低于自然均值 4 (t=8.19, $P < 0.01$)，故 QC 品牌的薯片属于高样例性低原型性的延伸类型；

QC 品牌的螺旋藻片在样例性匹配度上的均值为 2.28，显著低于自然均值 4 (t=7.73, $P < 0.01$)，在原型性匹配度上的均值为 5.77，显著高于自然均值 4 (t=6.24, $P < 0.01$)，故 QC 品牌的螺旋藻片属于低样例性低原型性的延伸类型。QS 品牌的爽肤水在样例性匹配度和原型性匹配度上的均值分别为 5.71 和 6.03，均显著高于自然均值 4 (t 值分别为 6.86 和 7.34, $P < 0.01$)，因此 QS 品牌的爽肤水属于高样例性高原型性的延伸类型。

四、品牌认知结构类型与样例性匹配度对品牌概念流畅性交互作用的假设检验

本实验以品牌概念流畅性为因变量，以品牌认知结构类型与匹配度类型的交互项为自变量，以品牌熟悉度、品牌态度和品牌涉入度为控制变量对数据进行了协方差分析。数据分析结果如表 6-5 所示，品牌认知结构类型与样例性匹配度的交互项对品牌概念流畅性存在显著影响 [$F(1,192)$=9.10, $P < 0.01$]，各自变量对因变量的主效应却都不显著（所有 $P \geq 0.1$）。品牌认知结构类型与原型性匹配度的交互项对概念流畅性的影响不显著 [$F(1,192)$=1.23, $P > 0.1$]。本实验认为，之所以出现这种情况，是因为两个原因：第一，根据操作检验显示，本实验所选择刺激品牌要么为功能型概念品牌（DB、DBT），要么为概念类型判断不清晰的品牌（QS、QC）；第二，根据实验一和实验二的结果，原型性匹配度只会对象征型概念品牌的品牌概念流畅性产生影响。所以本实验认为，这种不显著是由品牌概念类型差异导致的，而非品牌认知结构类型差异导致的。

表6-5 实验三中品牌概念流畅性在各实验情境中的均值和标准差

类型	局部型认知结构品牌		整体型认知结构品牌	
	低样例性	高样例性	低样例性	高样例性
低原型性	2.54（.9525）	5.93（1.2326）	5.12（1.3431）	5.81（1.4921）
高原型性	2.97（0.9763）	4.03（1.0351）	5.38（1.2118）	5.92（1.3383）

注：括号外（内）为均值（标准差）。

如图 6-7 所示，品牌认知结构类型与样例性匹配度的交互项对被试的品牌概念流畅性存在显著影响 $[F(1,192)=8.19，P<0.01]$。进一步简单效应分析显示：对于整体型认知结构的品牌来说，被试在低样例性匹配度和高样例性匹配度之间的概念处理流畅的均值并不存在显著性差异（$M_{低样例}=5.59$，$M_{高样例}=5.86$，$t=0.21$，$P>0.5$）；但是，对于局部型结构的品牌来说，被试在低样例性匹配度和高样例性匹配度之间的概念处理流畅的均值却存在显著性差异（$M_{低样例}=2.81$，$M_{高样例}=5.17$，$t=9.10$，$P<0.01$）。这说明，对于整体型认知结构的品牌来说，样例性匹配度并不能影响被试在延伸产品与原品牌之间的概念流畅性。但对于局部型认知结构的品牌来说，样例性匹配度却很能左右被试在延伸产品与原品牌之间的概念流畅性。从而，本书提出的假设 H_8 得到部分验证。

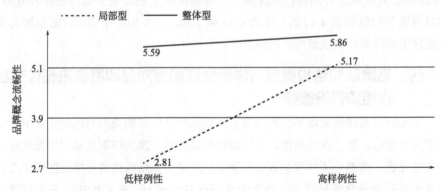

图6-7 实验三中品牌认知结构类型与样例性匹配度对品牌概念流畅性的交互作用

五、品牌认知结构类型与样例性匹配度对延伸产品态度交互作用的假设检验

本实验分别以延伸产品评价，购买倾向和推荐意愿为因变量，以品牌认知结构类型和样例性匹配度的交互项为自变量，以品牌熟悉度，品牌态度和品牌涉入度为控制变量对数据进行了系列的协方差分析。分析结果如表 6-6 所示，品牌认知结构类型与样例性匹配度的交互项对延伸产品评价存在显著影响

$[F(1,192)=4.66，P＜0.01]$，这种显著影响也存在于购买倾向 $[F(1,192)=3.98，P＜0.05]$，还存在于推荐意愿 $[F(1,192)=4.27，P＜0.01]$ 之中；但是，同样的数据分析方法，本实验却没有发现品牌认知结构类型与原型性匹配度的交互项对被试的延伸产品评价 $[F(1,192)=1.92，P＞0.1]$、对被试的延伸产品购买倾向 $[F(1,192)=1.8，P＞0.1]$ 和被试的延伸产品推荐意愿 $[F(1,192)=1.29，P＞0.1]$ 有显著影响。与上文关于原型性品牌认知结构类型与原型性匹配度的交互项对被试的概念流畅性没有显著影响一样，本实验在此也认为这种不显著是由品牌概念类型差异导致的，而非品牌认知结构类型差异导致的。

表6-6　实验三中延伸产品态度在各实验情境中的均值和标准差

类型	局部型认知结构品牌		整体型认知结构品牌	
	低样例性	高样例性	低样例性	高样例性
低原型性	1.24（0.7765）①	5.88（1.3117）	5.12（1.132）	5.58（1.401）
	1.38（0.7132）②	5.62（1.3225）	5.26（1.273）	5.73（1.322）
	1.27（0.8051）③	5.61（1.1301）	5.08（1.194）	5.61（1.283）
高原型性	2.42（0.8817）	4.14（0.8018）	5.27（0.933）	5.91（1.289）
	2.50（0.9004）	3.91（0.7665）	5.04（1.109）	6.10（1.017）
	2.63（0.7931）	4.27（0.7336）	5.38（1.027）	6.21（1.199）

注：括号外（内）外为均值（标准差）。
①代表延伸产品评价；②代表购买倾向；③代表推荐意愿；其他情境中变量列出顺序与此一致。

如图 6-8 中的左图所示，品牌认知结构类型与样例性匹配度的交互项对被试的延伸产品评价存在显著影响 $[F(1,192)=3.28，P＜0.01]$。进一步简单效应分析显示：对于整体型认知结构的品牌来说，被试在低样例性匹配度和高样例性匹配度之间的延伸产品评价的均值并不存在显著性差异（$M_{低样例}=5.17$，$M_{高样例}=5.81$，$t=0.62，P＞0.5$）；但是，对于局部型结构的品牌来说，被试在低样例性匹配度和高样例性匹配度之间的延伸产品评价的均值却存在显著性差异（$M_{低样例}=1.91$，$M_{高样例}=5.26$，$t=5.11，P＜0.01$）。这说明，对于整体型认知结构的品牌来说，样例性匹配度并不能影响被试在延伸产品与原品牌之间的延伸产品评价。但对于局部型认知结构的品牌来说，样例性匹配度却很能影响被试在延伸产品与原品牌之间的延伸产品评价。从而，本书提出的假设 H_{9a} 得到了部分验证。

如图 6-8 中的中图所示，品牌认知结构类型与样例性匹配度的交互项对被试的购买倾向存在显著影响 $[F(1,192)=4.13，P＜0.01]$。进一步简单效应分析显示：

对于整体型认知结构的品牌来说，被试在低样例性匹配度和高样例性匹配度之间的购买倾向上的均值并不存在显著性差异（$M_{低样例}$=5.24，$M_{高样例}$=5.89，t=0.58，$P>0.5$）；但是，对于局部型结构的品牌来说，被试在低样例性匹配度和高样例性匹配度之间的购买倾向上的均值却存在显著性差异（$M_{低样例}$=2.07，$M_{高样例}$=5.01，t=2.05，$P<0.01$）。这说明，对于整体型认知结构的品牌来说，样例性匹配度并不能影响被试对延伸产品的购买倾向。但对于局部型认知结构的品牌来说，样例性匹配度却很能影响被试对延伸产品的购买倾向。从而，本书提出的假设 H_{9b} 得到了部分验证。

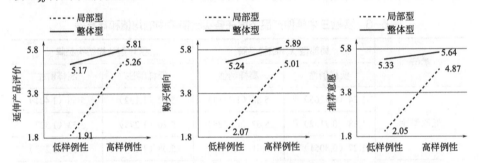

图6-8　实验三中品牌认知结构类型与样例性匹配度对延伸产品态度的交互作用

如图 6-8 中的右图所示，品牌认知结构类型与样例性匹配度的交互项对被试的推荐意愿存在显著影响 [$F(1,192)$=3.76，$P<0.01$]。进一步简单效应分析显示：对于整体型认知结构的品牌来说，被试在低样例性匹配度和高样例性匹配度之间的推荐意愿上的均值并不存在显著性差异（$M_{低样例}$=5.33，$M_{高样例}$=5.64，t=0.1，$P>0.5$）；但是，对于局部型认知结构的品牌来说，被试在低样例性匹配度和高样例性匹配度之间的推荐意愿上的均值却存在显著性差异（$M_{低样例}$=2.05，$M_{高样例}$=4.87，t=3.17，$P<0.01$）。这说明，对于整体型认知结构的品牌来说，样例性匹配度并不能影响被试对延伸产品的推荐意愿。但对于局部型认知结构的品牌来说，样例性匹配度却很能影响被试对延伸产品的推荐意愿。从而，本书提出的假设 H_{9c} 得到了部分验证。

六、品牌概念流畅性中介作用的假设检验

因为本实验所选择的刺激品牌是功能性概念，而非象征型概念，而根据实验一、实验二的研究结论，原型性匹配度只能对象征型概念品牌的概念流畅性和延伸产品态度产生影响。这也为本实验前面的数据分析所证实，所以本书在此只是检验概念流畅性在品牌认知结构类型与样例性匹配度的交互项（为语言简化计，后文用交互项代替）对延伸产品态度影响中的中介作用。

中介作用的检验方法依然是 Baron 和 Kenny（1986）开发的分步回归法而不是 SPSS 软件自带的 Boostrap 方法。为了使分步回归顺利进行，本实验对反映品牌认知结构类型的变量进行了 0-1 处理，将局部型认知结构的品牌用 1 来指代，将整体型认知结构的品牌用 0 来指代。具体回归过程如下：

首先，本实验以交互项为自变量，以延伸产品评价为因变量，以品牌态度、品牌熟悉度以及品牌摄入度为控制变量，对数据进行了回归分析。结果发现，在控制品牌态度、品牌熟悉度和品牌涉入度后，交互项对延伸产品评价有着显著影响（$t=4.18$，$P<0.01$），这说明交互项确实能影响消费者的延伸产品评价；依据同样的数据处理，本实验也发现了交互项对购买倾向的显著影响（$t=3.13$，$P<0.01$）以及对推荐意愿的显著影响（$t=3.09$，$P<0.01$）。

接着，本实验以交互项为自变量，以品牌概念流畅性为因变量，以品牌态度，品牌熟悉度，品牌涉入度为控制变量，对数据进行了回归分析。结果发现，在控制品牌态度，品牌熟悉度和品牌涉入度后，交互项对品牌概念流畅性有显著影响（$t=3.28$，$P<0.01$），这说明交互项确实能影响消费者的概念流畅性。

然后，本实验以概念流畅性为自变量，以延伸产品评价为因变量，以品牌态度、品牌熟悉度、品牌涉入度为控制变量，对数据进行了回归分析。结果发现，在控制品牌态度、品牌熟悉度和品牌涉入度后，品牌概念流畅性对延伸产品评价存在显著影响（$t=18.41$，$P<0.01$），这再次说明品牌概念流畅性确实能影响消费者的延伸产品评价，从而本书提出的假设 H_{1a} 再次得到了验证。依据同样的数据处理，本实验也发现了概念流畅性对购买倾向的显著影响（$t=12.51$，$P<0.01$）以及概念流畅性对推荐意愿的显著影响（$t=19.87$，$P<0.01$），这也再次说明概念流畅性确实能影响消费者的购买倾向和推荐意愿，故本书提出的假设 H_{1b} 和 H_{1c} 再次得到验证。

最后，本实验以交互项和概念处理流畅性为共同自变量，以延伸产品评价为因变量，以品牌态度，品牌熟悉度和品牌涉入度为控制变量，对数据进行了回归分析。发现，在将交互项与品牌概念流畅性作为共同因变量，并控制品牌态度、品牌熟悉度和品牌涉入度后，交互项对延伸产品评价的影响不再显著（$t=0.92$，$P>0.1$），但是品牌概念流畅性的影响依然显著（$t=6.19$，$P<0.01$）。这说明，品牌概念流畅性完全中介了交互项对延伸产品评价的影响，从而本书提出的假设 H_{10a} 得到了部分验证。

依据同样的数据处理，本实验也发现了在将交互项与品牌概念流畅性作为共同自变量，将购买倾向作为因变量，将品牌态度、品牌熟悉度和品牌涉入度作为控制变量后，交互项的影响不再显著（$t=0.72$，$P>0.1$），但是品牌概念流畅性的影响依然显著（t=4.72，$P<0.01$）。这说明，品牌概念流畅性完全中介了交互项对购买倾向的影响，从而本书提出的假设 H_{10b} 得到了部分验证。

依据同样的数据处理，本实验也发现了再将交互项与概念流畅性作为共同自变量，将推荐意愿作为因变量，将品牌态度、品牌熟悉度和品牌涉入度作为控制变量后，交互项的影响不再显著（t=0.86，$P>0.1$），但品牌概念流畅性的影响却显著（t=11.21，$P<0.01$）。这说明，品牌概念流畅性完全中介了交互项对推荐意愿的影响。故本书提出的假设 H_{10c} 得到了部分验证。

七、实验讨论

实验三以实际存在的品牌、虚拟延伸产品为实验材料验证了品牌认知结构类型与匹配度类型的交互项对被试品牌概念流畅性的影响、对被试延伸产品态度的影响以及品牌概念流畅性的中介作用。根据对实验数据分析，本实验发现：对于局部型认知结构品牌，匹配度确实能左右被试的品牌概念流畅性，也能左右被试的延伸产品态度，而且品牌概念流畅性在品牌认知结构类型与匹配度的交互项对被试延伸产品态度的影响中起完全中介作用。也就是说，匹配度是通过影响被试对局部型认知结构品牌的品牌概念流畅性，而影响了他们的延伸产品态度；对于整体型认知结构品牌，匹配度并不能左右被试的概念流畅性，也不能左右被试的延伸产品态度。从而，本书提出的假设 $H_8 \sim H_{10}$ 都得到了部分检验。

但是，囿于实际品牌延伸历史的局限，实验一没有在同一品牌下选择不同类型的品牌延伸，而是将不同类型的品牌延伸分布于不同品牌之下。这对实验结果的说服力是一种削弱，因为实验一无法解释：是消费者对不同品牌的认知结构差异，还是被试对不同品牌的知识结构差异，导致了被试对延伸产品态度的差异？而且，由于实验三所选择的四个品牌中，DB 和 DBT 是功能型概念的，而 QC 和 QS 则没有固定的概念类型所属。因此，实验三并未检验品牌认知结构类型与原型性匹配度交互项的作用。为此，本书将通过实验四来规避实验三的不足。

第四节　实验四：基于虚拟品牌

一、实验设计

220 名被试参加了此次 2（低 VS. 高样例性匹配度）×2（低 VS. 高原型性匹配度）×2（局部型 VS. 整体型认知结构品牌）的组间因素实验。这意味着本实验的情境包括：局部型认知结构品牌下的低样例低原型性延伸、局部型认知结构品牌下的高样例性低原型性延伸、局部型认知结构品牌下的低样例性高原型延伸以及局部型认知结构品牌下的高样例性高原型性延伸；整体型认知结构品牌下的低样例性低原型性延伸、整体型认知结构品牌下的高样例性低原型延伸、整体型认知结构品牌下的低样例性高原型性延伸以及整体型认知结构品牌下的高样例性高原型性延伸八类，而且每个被试只能参加其中一个实验情境。全部实验情境来自于第五章确定的虚拟品牌和虚拟延伸产品，具体见表5-5。

本实验随机地将28名被试置于局部型认知结构品牌的低样例性低原型性延伸的实验情境，将28名被试置于局部型认知结构品牌的高样例性高原型性的实验情境，将28名被试置于整体型认知结构品牌的低样例性低原型性延伸的实验情境，将28名被试置于整体型认知结构品牌的高样例性高原型性延伸的实验情境。其余均匀地分配到剩下的试验情境中。

二、被试招募与实验过程描述

本实验的220名被试全部来自北京某高校的在校学生，其中女性106名，占比48.2%。被试的年龄跨度为20岁至24岁，年龄均值为21.3岁。为了使学生们积极参与，在招募时本实验承诺回答完问卷后会有微信红包相送。

对于有意愿回答问卷的被试，本实验在首页告知他们这是一项某品牌为其推出产品所做的前期市场调研，所以：第一，所有问卷题项的回答没有答对或答错之分，请您根据自己的意愿和想法进行回答。第二，不要将问卷中的题项和有关内容泄露给任何人；在问卷的第二页，本实验随机地让一部分学生看了预实验二中设计的品牌Y的Logo（如图5-2所示），并将品牌信息描述如下：品牌Y目前专注于向运动爱好者提供专业的运动装备，品牌旗下的运动服装深受广大运动爱好的喜欢，成为了他们运动时的必备品牌选择。让另一部分学生看到了预实验中设计的品牌Z的Logo（如图5-3所示）和品牌D的信息描述：品牌Z目前在运动服装领域取得了成功，但正如品牌Logo所展示的那样，该品牌倡导人们应从运动中获得积极和乐观向上的心态、自律和健康的生活方式、勇于挑战自我的精神状态以及膳食营养均衡等能让人获得向上力量的元素，该品牌目前不仅在运动服装领域获得了消费者的好评，而且在健康管理和健康咨询行业领域获得了用户的认可。

在问卷的第三页，本实验让被试根据其阅读到的品牌描述，对该品牌的概念类型做出判断；在问卷的第四页，本实验让被试根据其阅读到的材料，刻画出对品牌的概念地图；在问卷的第五页，本实验告诉被试品牌Y（或品牌Z）要将其品牌名称运用了某一新产品（如马克杯），以开拓新的市场领域。为了让被试更好的了解延伸产品与原品牌的关系,本实验在此向被试展示了经过 Photoshop 软件处理过的产品宣传海报,具体见附录"七、预实验四确定的虚拟延伸产品的宣传海报(二)"。

在问卷的第六页,本实验既测了被试对延伸产品与原品牌之间的样例性匹配度感知,也测了被试对延伸产品与原品牌之间的原型性匹配度感知;在问卷的第七页,本实验测试了被试的品牌概念流畅性;在问卷的第八页,本实验测量了被试对延伸产品(如品牌 Y 的巧克力)的态度,这包括对延伸产品的评价、对延伸产品的推荐意愿及对延伸产品的购买倾向。

在问卷的第八页,本实验收集了被试的人口统计特征方面的信息。每个被试为完整回答问卷的所耗费的时间大致为 30 分钟至 35 分钟。在完成问卷后,每个被试都收到了 8 元的微信红包。

三、变量的测量、信度检验与操控检验

① 变量的测量。实验四所有变量的测量均与实验三中的相同,本实验不再赘述。具体见附录"十一、正式实验四使用的问卷及整体的品牌概念地图绘制中(一)"。

② 信度检验。品牌概念类型判断只有一个题项,故本实验未对其做信度检验;样例性匹配度的 a 值为 0.884,且三个题项显著相关(所有题项的相关系数 $r \geqslant 0.91$,$P < 0.01$),故本实验对其进行了均值化处理;原型性匹配度的 a 值为 0.869,且三个题项显著相关($r \geqslant 0.90$,$P < 0.01$),故本实验对其进行了均值化处理;品牌概念流畅性的 a 值为 0.812,由于题项较多,本实验用主成分分析法进行了降维和数据加权处理;延伸产品评价的 a 值为 0.833,且两个题项显著相关($r=0.87$,$P < 0.01$);因延伸产品推荐意愿的问卷题项只有一项,故本实验对其进行信度分析;延伸产品购买的 a 值为 0.802,其两个题项显著相关($r=0.92$,$P < 0.01$),故本实验对其进行了均值化处理。问卷整体的 a 值为 0.817。这说明,问卷整体和各题项有着较高的信度。

③ 操控效果检验:对反映品牌概念类型的数据进行分析后发现:

品牌 Y 在概念判断上的均值为 6.15,显著大于自然均值 4($t=13.26$,$P < 0.01$),这说明品牌 Y 是象征型概念品牌,品牌 Z 在概念类型判断上的均值为 4.54,没有显著大于 4($t=0.89$,$P > 0.1$),这说明品牌 Z 既不是功能型概念品牌,也不是象征型概念品牌,这与预实验的结果一致。

本实验根据 John 等(2006)开发的方法,将单个被试的品牌概念地图整理为被试整体上的品牌概念地图,详细请见附录。从图中可以看出,被试对品牌 Y

的认知结构为局部型，对品牌 Z 的认知结构则为整体型。

对反映样例性匹配度和原型性匹配度的数据进行分析后发现：

品牌 Y 的马克杯在样例性匹配度和原型性匹配度上的均值分别为 2.31 和 2.18，均显著低于自然均值 4（t 值分别 7.13 和 7.25，$P < 0.01$），故品牌 Y 的马克杯属于低样例性低原型性的延伸类型。

品牌 Y 的皮夹克在样例性匹配度上的均值为 5.35，显著高于自然均值 4（$t=6.16$，$P < 0.01$），在原型性匹配度上的均值为 1.92，显著低于自然均值 4（$t=2.17$，$P < 0.01$），故品牌 Y 的皮夹克属于高契合度低真实的延伸；品牌 Y 的运动手环在样例性匹配度上的均值为 1.87，显著低于自然均值 4（$t=9.62$，$P < 0.01$），在原型性匹配度上的均值为 6.19，显著高于自然均值 4（$t=6.65$，$P < 0.05$），故品牌 Y 的运动手环属于低样例性高原型性的延伸类型；品牌 Y 的运动鞋在样例性匹配度和原型性匹配度上均值分别为 5.11 和 5.15，显著高于自然均值 4（t 值分别为 5.14 和 5.22，$P < 0.01$），故品牌 Y 的运动鞋属于高样例性高原型性的延伸类型。

品牌 Z 的马克杯在样例性匹配度和原型性匹配度上的均值分别为 2.36 和 2.98，均显著低于自然均值 4（t 值分别为 6.17 和 5.28，$P < 0.01$），故品牌 Z 的马克杯属于低样例性低原型性延伸类型。品牌 D 的皮夹克在样例性匹配度上的均值为 5.16，显著高于自然均值 4（$t=3.59$，$P < 0.01$），在原型性匹配度上的均值为 3.01，显著低于自然均值 4（$t=2.12$，$P < 0.05$），故品牌 Z 的皮夹克属于高样例性低原型性的延伸类型；品牌 Z 的谷物早餐在样例性匹配度上的均值为 1.76，显著低于自然均值 4（$t=6.25$，$P < 0.01$），在原型性匹配度上的均值为 6.01，显著高于自然均值 4（$t=5.82$，$P < 0.01$），故品牌 Z 的谷物早餐属于低样例性低原型性的延伸类型。品牌 Z 的登山鞋在样例性匹配度和原型性匹配度上的均值分别为 5.87 和 5.91，均显著高于自然均值 4（t 值分别为 5.18 和 6.13，$P < 0.01$），因此品牌 Z 的登山鞋属于高样例性高原型性的延伸类型。

四、品牌认知结构类型与原型性匹配度对品牌概念流畅性的交互作用检验

本实验以品牌概念流畅性为因变量、以品牌认知结构类型与匹配度类型的交互项为自变量对数据进行了协方差分析。数据分析结果如表 6-7 所示，品牌认知结构类型与原型性匹配度的交互项对概念流畅性存在显著影响 $[F(1,212)=11.67$，$P < 0.01]$，各自变量对因变量的主效应却都没有在统计上显著（所有 $P \geq 0.1$）。但是品牌认知结构与样例性匹配度的交互项对概念流畅性的影响却不显著

[$F(1,212)=1.87$, $P > 0.1$]。本实验认为，与实验三一样，这种不显著是由品牌概念类型差异导致的，而非品牌认知结构类型差异导致的。

表6-7 实验四中品牌概念流畅性在各实验情境中的均值和标准差

类型	局部型认知结构品牌		整体型认知结构品牌	
	低样例性	高样例性	低样例性	高样例性
低原型性	2.26（0.9229）	2.49（1.0362）	4.98（0.6732）	5.19（0.8217）
高原型性	6.19（1.0781）	3.67（0.9375）	5.29（0.9832）	6.10（0.9382）

注：括号外（内）为均值（标准差）。

如图6-9所示，品牌认知结构类型与原型性匹配度的交互项对被试的概念流畅性存在显著影响 [$F(1,212)=10.24$, $P < 0.01$]。进一步简单效应分析显示：对于整体型认知结构的品牌，被试在低原型性匹配度和高原型性匹配度之间的概念处理流畅的均值并不存在显著性差异（$M_{低原型}=5.23$, $M_{高原型}=5.81$, $t=0.67$, $P > 0.5$）；对于局部型结构的品牌来说，被试在低原型性匹配度和高原型性匹配度之间的概念处理流畅的均值却存在显著性差异（$M_{低原型}=2.43$, $M_{高原型}=5.19$, $t=7.21$, $P < 0.01$）。这说明，对于整体型认知结构的品牌来说，原型性匹配度并不能左右被试在延伸产品与原品牌之间的概念流畅性。但对于局部型认知结构的品牌来说，原型性匹配度能左右被试在延伸产品与原品牌之间的概念流畅性。故本书提出的假设 H_8 得到了完全验证。

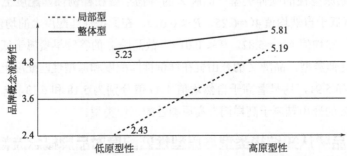

图6-9 实验四中品牌认知结构类型与原型性匹配度对品牌概念流畅性的交互作用

五、品牌认知结构类型与原型性匹配度对延伸产品态度交互作用的假设检验

本实验分别以延伸产品评价，购买倾向和推荐意愿为因变量，以品牌认知结构类型和匹配度类型的交互项为自变量对数据进行了系列的协方差分析。分

析结果如表6-8所示，品牌认知结构类型与原型性匹配度的交互项对延伸产品评价存在显著影响 $[F(1,212)=3.28，P < 0.01]$、这种显著影响也存在于购买倾向 $[F(1,212)=4.07，P < 0.05]$ 中，还存在于推荐意愿；$[F(1,212)=5.21，P < 0.05]$ 之中；但是，基于同样的数据分析方法，本实验却没有发现品牌认知结构类型与样例性匹配度的交互项对被试的延伸产品评价 $[F(1,212)=0.97，P > 0.1]$、对被试的延伸产品购买倾向 $[F(1,212)=1.18，P > 0.1]$ 和被试的延伸产品推荐意愿 $[F(1,212)=0.67，P > 0.1]$ 有显著影响。与实验三关于原型性匹配度与品牌认知结构的交互项对被试的延伸产品态度没有显著影响一样，本实验在此也认为这种不显著是由品牌概念类型差异导致的，而非品牌认知结构类型差异导致的。

表6-8 实验四中延伸产品态度在各实验情境中的均值和标准差

类型	局部型认知结构品牌		整体型认知结构品牌	
	低样例性	高样例性	低样例性	高样例性
低原型性	2.33（1.0182）①	3.37（0.9327）	4.96（0.8452）	5.12（0.9153）
	2.47（1.1887）②	2.92（0.8574）	5.11（0.8227）	5.29（1.0142）
	2.44（1.0068）③	2.82（0.8143）	5.08（0.9378）	5.17（1.1211）
高原型性	5.92（1.2057）	3.91（0.8396）	5.31（1.1327）	5.39（0.9119）
	5.64（1.1351）	4.18（0.9017）	5.26（1.0026）	5.20（0.8019）
	5.64（0.9239）	4.16（0.9627）	5.18（1.1263）	5.34（0.8187）

注：括号外（内）外为均值（标准差）。
①代表延伸产品评价，②代表购买倾向，③代表推荐意愿；其他情境中变量顺序与此一致。

如图 6-10 中的左图所示，原型性匹配度与品牌认知结构类型的交互项对被试的延伸产品评价存在显著影响 $[F(1,212)=4.77，P < 0.01]$。进一步简单效应分析显示：对于整体型认知结构的品牌来说，被试在低原型性匹配度和高原型性匹配度之间的延伸产品评价的均值并不存在显著性差异（$M_{低原型}$=5.05，$M_{高原型}$=5.47，t=0.55，$P > 0.5$）；但是，对于局部型结构的品牌来说，被试在低原型性匹配度和高原型性匹配度之间的延伸产品评价的均值却存在显著性差异（$M_{低原型}$=2.93，$M_{高样例}$=5.14，t=7.27，$P < 0.01$）。这说明，对于整体型认知结构的品牌来说，原型性匹配度并不能左右被试在延伸产品与原品牌之间的延伸产品评价。但对于局部型认知结构的品牌来说，原型性匹配度却很能左右被试在延伸产品与原品牌之间的延伸产品评价。从而，本书提出的假设 H_{9a} 得到了完全验证。

如图 6-10 中的中图所示，品牌认知结构类型与原型性匹配度的交互项对被试的购买倾向存在显著影响 [$F(1,212)=6.52$, $P<0.01$]。进一步简单效应分析显示：对于整体型认知结构的品牌来说，被试在低原型性匹配度和高原型性匹配度之间的购买倾向上的均值并不存在显著性差异（$M_{低原型}=5.36$, $M_{高原型}=5.29$, $t=0.31$, $P>0.5$）；但是，对于局部型结构的品牌来说，被试在低原型性匹配度和高原型性匹配度之间的购买倾向上的均值却存在显著性差异（$M_{低原型}=2.78$, $M_{高原型}=5.1$, $t=4.91$, $P<0.01$）。这说明，对于整体型认知结构的品牌来说，原型性匹配度并不能左右被试对延伸产品的购买倾向。但对于局部型认知结构的品牌来说，原型性匹配度却很能左右被试对延伸产品的购买倾向。从而，本书提出的假设 H_{9b} 得到了完全验证。

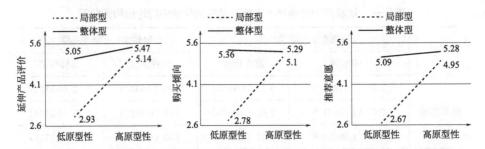

图6-10　实验四中品牌认知结构类型与原型性匹配度对延伸产品态度的交互作用

如图6-10中的右图所示，原型性匹配度与品牌认知结构类型的交互项对被试的推荐意愿存在显著影响 [$F(1,212)=5.28$, $P<0.01$]。进一步简单效应分析显示：对于整体型认知结构的品牌来说，被试在低样例性匹配度和高样例性匹配度之间的推荐意愿上的均值并不存在显著性差异（$M_{低原型}=5.09$, $M_{高原型}=5.64$, $t=1.2$, $P>0.5$）；但是，对于局部型结构的品牌来说，被试在低原型性匹配度和高原型性匹配度之间的推荐意愿上的均值却存在显著性差异（$M_{低样例}=2.67$, $M_{高样例}=4.95$, $t=7.38$, $P<0.01$）。这说明，对于整体型认知结构的品牌来说，原型性匹配度并不能左右被试对延伸产品的推荐意愿。但对于局部型认知结构的品牌来说，原型性匹配度却很能左右被试对延伸产品的推荐意愿。从而，本书提出的假设 H_{9c} 再次得到验证。

六、品牌概念流畅性的中介效应检验

因为本实验所选择的刺激品牌是象征型概念品牌，而非功能型概念品牌，而根据实验一、实验二的研究结论，样例性匹配度只能对功能型概念品牌的概念流畅性和延伸产品态度产生影响。这也为本实验前面的数据分析所证实，所以本实验在此只是检验品牌概念流畅性在品牌认知结构类型与原型性匹配度的交互项

（为语言简化计，后文用交互项代替）对延伸产品态度影响中的中介作用。中介检验方法与实验三的结果一致。为了使分步回归顺利进行，本实验对反映品牌认知结构类型的变量进行了 0-1 处理，将局部型认知结构的品牌用 1 来指代，将整体型认知结构的品牌用 0 来指代。具体回归过程如下：

首先，本实验以交互项为自变量，以延伸产品评价为因变量，对数据进行了回归分析。结果发现，交互项对延伸产品评价有着显著影响（$t=2.85$，$P<0.01$），这说明交互项确实能影响消费者的延伸产品评价；如此，本实验也发现了交互项对购买倾向的显著影响（$t=3.89$，$P<0.01$）以及对推荐意愿的显著影响（$t=4.21$，$P<0.01$）。

接着，本实验以交互项为自变量，以品牌概念流畅性为因变量，对数据进行了回归分析。结果发现，交互项对概念流畅性有显著影响（$t=11.59$，$P<0.01$），这说明交互项确实能影响消费者的概念流畅性；

然后，本实验以品牌概念流畅性为自变量，以延伸产品评价为因变量，对数据进行了回归分析。结果发现，品牌概念流畅性对延伸产品评价存在显著影响（$t=15.57$，$P<0.01$），这再次说明品牌概念流畅性确实能影响消费者的延伸产品评价，从而本书提出的假设 H_{1a} 再次得到了验证。依据同样的数据处理，本实验也发现了品牌概念流畅性对购买倾向的显著影响（$t=20.31$，$P<0.01$）以及品牌概念流畅性对推荐意愿的显著影响（$t=16.25$，$P<0.01$），这也再次说明品牌概念流畅性确实能影响消费者的购买倾向和推荐意愿，从而本书提出的假设 H_{1b} 和 H_{1c} 得到了验证。

最后，本实验以交互项和品牌概念处理流畅为共同自变量，以延伸产品评价为因变量，对数据进行了回归分析。结果发现，在将交互项与品牌概念流畅性作为共同自变量后，交互项对延伸产品评价的影响不再显著（$t=0.93$，$P>0.1$），但是品牌概念流畅性的影响依然显著（$t=9.26$，$P<0.01$）。这说明，品牌概念流畅性完全中介了交互项对延伸产品评价的影响，从而本书提出的假设 H_{10a} 得到了完全验证；

依据同样的数据处理，本实验也发现了在将交互项与品牌概念流畅性作为共同自变量，将购买倾向作为因变量，交互项的影响也不再显著（$t=0.57$，$P>0.1$），但是品牌概念流畅性的影响依然显著（$t=3.29$，$P<0.01$），从而本书提出的假设 H_{10b} 得到了完全检验。

依据同样的数据处理，本实验也发现了在将交互项与品牌概念流畅性作为共同自变量，将推荐意愿作为因变量后，交互项的影响也不再显著（$t=0.76$，$P>0.1$），但品牌概念流畅性的影响却依然显著（$t=9.27$，$P<0.01$）。这说明，品牌

概念流畅性完全中介了交互项对推荐意愿的影响，从而本书提出假设 H_{10c} 得到了完全验证。

七、实验讨论

实验四构建了一个虚拟的局部型认知结构品牌和一个虚拟的整体型认知结构品牌，并分别为它们构建了四种不同类型的品牌延伸作为实验情境，测试了被试在不同情境中的品牌概念流畅性和延伸产品态度，也检验了品牌概念流畅性的中介作用。在实验四中，本实验发现了品牌认知结构类型和原型性匹配度的交互项对被试的品牌概念流畅性和延伸产品态度存在显著性的影响。即对于局部型认知结构品牌，原型性匹配度确实能够被试的概念处理流畅性和延伸产品评价。而且，概念流畅性也能中介品牌认知结构类型与原型性匹配度的交互项对被试延伸产品态度的作用。但是，对于整体型认知结构品牌，原型性匹配度却不能影响被试的概念流畅性和延伸产品态度。实验四很好地弥补了实验三在实验设计上的不足，同时也证实了实验三尚未证实的研究结论，是对实验三很好的补充。

第七章 结论与启示

第一节 研究结论

基于理论关系梳理和实验研究，本书发现，第一、匹配度并不能对延伸产品态度产生直接性的影响。在一定条件下，因匹配度诱发的品牌概念流畅性才能对延伸产品态度产生直接性影响；第二、无论是样例性匹配度还是原型性匹配度，二者对延伸产品态度的影响都是有边界的，这个边界就是消费者对原品牌的概念类型判断，而且品牌概念流畅性在其中扮演着非常重要的角色；第三、匹配度本身对延伸产品态度的影响是有边界的，这个边界就是消费者对原品牌的认知结构特征，而且品牌概念流畅性在其中也扮演着非常重要的角色。具体来说，本书的结论包括以下五个方面：

第一，品牌概念流畅性在匹配度对延伸产品态度的影响中起中介作用。基于概念流畅性理论研究和调查访谈，本书发现在延伸产品态度形成中，品牌概念流畅性——反映消费者用同一符号表征原品牌与延伸产品容易程度的心理变量——确实能影响消费者对延伸产品的态度。为此，本书遵照科学和严格的量表设计程序，开发了既有信度又有效度的"品牌延伸中的概念流畅性"量表，它是一个一维度、六个题项的李克特式量表，包括：题项一：推出产品X，我很清楚品牌A是什么；题项二：产品X，很好地定义了我对品牌A的理解；题项三：推出产品X，我很清楚品牌A接下来要做什么；题项四：推出产品X，让我对品牌A的理解变得困难；题项五：推出产品X，让我很难回答品牌A代表着什么；题项六：推出产品X，我很清楚品牌A背后的战略目标是什么。并用两个基于实际品牌的试验和两个基于虚拟品牌的实验，重复性地验证了品牌概念流畅性对消费者延伸产品态度的影响，重复性地验证了品牌概念流畅性在原品牌概念类型与匹配度类型对延伸产品态度交互作用中的中介效应，也重复性地验证了品牌概念流畅性在原品牌认知结构特征与匹配度对延伸产品态度交互作用的中介效应。

第二，对于功能型概念品牌，样例性匹配度更能影响延伸产品态度。如果消费者将原品牌归类为功能型概念，那么此时消费者以产品样例为信息线索来建构对原品牌的信息记忆和信息存储，并依靠反映产品样例的信息，如产品功能、性能和质量等，来激活他们的原品牌信息联想。即消费者对品牌的信息联想呈现出以产品样例为主要内容，以代表产品样例性特征的信息为记忆节点的特征。因而，此时延伸产品应该与原品牌在产品样例性属性上保持较高的相似性，即保持与原品牌在产品样例上的高匹配度，才能使消费者在其品牌联想中顺利地找到延伸产品的信息，也才能使消费者较轻松地用同一符号来表征延伸产品与原品牌，并因此让消费者对延伸产品产生积极的态度；而且根据本书中实验一和实验二的数据，消费者的品牌概念流畅性在品牌概念类型与样例性匹配度对延伸产品态度的交互作用中扮演着完全中介的角色。亦即，高样例性匹配度之所以能影响功能型概念品牌的延伸产品产生态度，是因为当原品牌是功能型概念时，高样例性匹配度使消费者在延伸产品与原品牌之间获得了较高的品牌概念流畅性。

第三，对于象征型概念品牌，原型性匹配度更能影响延伸产品态度。如果消费者将原品牌归类为象征型概念，那么此时消费者以品牌符号属性和象征意义为信息线索来建构对原品牌的信息记忆和信息存储，并依靠反映品牌符号属性和象征意义的信息，如品牌的心理参照群体、品牌的社会属性等来激发原品牌的信息联想。即消费者对品牌的信息联想呈现出以品牌符号属性为主要内容，以代表品牌符号属性的信息为记忆节点的特征。因而，此时延伸产品应该与原品牌在符号属性上保持较高的继承性，即保持与原品牌较高的原型性匹配度，才能使消费者在原品牌信息联想中顺利地找到关于延伸产品的信息，也才能使消费者较轻松地用同一符号来表征延伸产品与原品牌，并因此让消费者对延伸产品产生积极的态度。而且，根据本书中实验一和实验二的数据，消费者的品牌概念流畅性在品牌概念类型与原型性匹配度对延伸产品态度的交互作用中扮演着完全中介的角色。亦即，高原型性匹配度之所以能影响象征型概念品牌的延伸产品态度，是因为当原品牌是象征型概念时，高原型性匹配度能使消费者在延伸产品与原品牌之间获得了较高的品牌概念流畅性。

第四，对于局部型认知结构特征的品牌，匹配度对延伸产品态度存在显著影响。如果消费者对原品牌的认知结构呈现出局部性特征，那么此时消费者仅仅以品牌某方面的信息（产品类别或品牌符号）为信息线索来建构对原品牌的信息记忆和信息存储，即消费者对品牌的信息联想在内容上仅仅聚焦于某一个方面。在这种情况下，除了该方面的信息外，其他新信息很难触发消费者对原品牌的联想。因而，此时延伸产品只有与原品牌在该方面的信息保持高度一致，才能使消费者在原品牌的联想中顺利地找到关于延伸产品的信息，也才能使消费者较容易地用同一符号表征延伸产品与原品牌，并因此让消费者对延伸产品产生积极的态度。也就是说，对于局部型认知结构的品牌，其延伸产品必须保持与原品牌在某方面属性信息（产品样例或品牌原型）的一致性，保持与原品牌较高的匹配度（样例性匹配度或原型性匹配度），才能使消费者对延伸产品产生较为积极的态度。而且，根据本书中实验三和实验四的数据，品牌概念流畅性完全中介了品牌认知结构特征与匹配度对消费者延伸产品态度的交互作用。亦即，匹配度之所以能够影响局部型认知结构特征匹配的延伸产品态度，是因为当原品牌的认知结构呈现局部型特征时，高匹配度才能使消费者在延伸产品与原品牌之间获得了较高的品牌概念流畅性。

第五，对于整体型认知结构特征的品牌，匹配度对延伸产品态度不存在显著影响。如果消费者对原品牌的认知结构呈现出整体型特征，那么此时消费者会以多方面的信息为信息线索来建构对原品牌的信息记忆和信息存储。即消费者对品牌的信息联想并不局限于某一方面，而是发散于许多方面。在这种情况下，多方面的信息都能使消费者较容易联想到原品牌。因而，此时延伸产品是否与原品牌在某方面的信息保持高度一致，对消费者能否在原品牌的信息联想中找到关于延伸产品的信息就没有显著性影响，从而也就对消费者能否较容易地用同一符号表征延伸产品与原品牌没有显著影响，进而也就对消费者延伸产品态度没有太多影响。也就是说，对于整体型认知结构品牌，延伸产品是否保持与原品牌之间较高的匹配度（样例性匹配度或原型性匹配度），对消费者能否产生积极的延伸产品态度没有显著性影响。进一步说，对于整体型认知结构品牌，匹配度并不会对延伸产品态度产生显著性影响。实验三和实验四的数据检验和分析也证明了这一点。但是实验三和实验四的数据也证明了，品牌概念流畅在延伸产品态度形成中的重要作用。即，虽然匹配度对整体型认知结构品牌的延伸产品态度没有显著性影响，但是品牌概念流畅性对整体型认知结构品牌的延伸产品态度依然存在影响。

第二节 理论贡献

综上，本书发现，无论是样例性匹配度还是原型性匹配度，抑或匹配度本身，它们所体现的延伸产品与原品牌之间的关系，必须能够顺利地对接和嵌入到消费者关于原品牌的信息联想中去，让消费者能在原品牌的信息联想中顺利地找到关于延伸产品的信息，产生品牌概念流畅体验，才能使延伸产品获得消费者的青睐。由此可见：

第一，尽管延伸产品与原品牌的样例性匹配度、原型性匹配度确实能对消费者的延伸产品态度的形成产生重要影响，但是这种影响是有情境适用性的。从概念表征理论上说，它们只是代表着延伸产品与原品牌之间的一种类别关联，这种关联能否为消费者顺利接收、能否让消费者产生品牌概念流畅性，进而能否形成积极的延伸产品态度，则主要取决于这种关联能否与消费者对原品牌的概念归类以及由此代表的品牌信息联想相一致。过往研究，要么单独探讨样例性匹配度和原型性匹配度对消费者延伸产品态度的影响（Aaker 和 Keller，1990；Bottomley 和 Holden，2001；Dawar，1996；Mao 和 Krishnnan，2006；Spiggle，et al，2012；王小毅和马庆国，2009；于春玲，等，2012），要么单独探讨样例性匹配度和原型性匹配度作用于消费者延伸产品态度的路径和机制（Broniarczyk 和 Alba，1994；Michel 和 Donthu，2014；Park 和 Milberg，1991；Torelli 和 Ahluwalia，2012；姚崎，等，2014，2017；郑春东等，2016），却忽视了对二者适用性的研究。从这一点来说，本研究的理论贡献体现在将概念表征理论引入对样例性匹配度和原型性匹配度的适用性研究，从而拓展了现有的延伸产品态度影响因素研究。

第二，尽管高匹配（样例性匹配和原型性匹配）度本身确实对消费者积极延伸产品态度的形成有重要影响，但是这种影响也有情境适用性。如果消费者对原品牌的认知结构特征为局部性的，由于此时消费者对品牌的信息联想聚焦于某一局部特征。只有延伸产品反映出该局部特征的信息，才能使消费者联想到原品牌。故此时高匹配度能对消费者的延伸产品态度产生决定性的影响。即只有延伸产品与原品牌满足高匹配度的要求，消费者才会对延伸产品产生积极的态度；而如果消费者对原品牌的认知结构特征为整体型的，由于此时消费者对品牌的信息联想并不聚焦于某一局部，而是发散于全域。此时，很多信息都能使消费者联想到原品牌。故此时高匹配度并不能对消费者的延伸产品态度产生决定性的影响。过往研究有从品牌本身的宽度探讨品牌远距离延伸中的延伸产品态度影响因素问题（Boush 和 Loken，1991），有从品牌本身的类别固着度探讨品牌远距离延伸中的延伸产品态度影响因素问题（雷莉，等，2005）。但是很少有学者从消费者对品牌的认知结构特征视角来探究这一问题。从这一点来说，本研究的理论贡献体现在将品牌认知结构理论引入对匹配度本身的适用性研究，从而拓展了现有的品牌延伸研究范围。

第三节 营销启示

根据研究结论，本书在此对第一章案例分析中提出的问题进行逐一解答：

问题一：为何消费者对品牌 A 推出的啫喱水、洗面奶等产品在态度上冷淡，对 QC 品牌推出的婴幼儿奶粉、速溶咖啡等产品在态度上趋之若鹜？

根据本书的实验和调查数据，虽然现阶段品牌 A 在中国化妆品市场上具有品牌效应，但消费者仍然对它以功能型概念对其进行概念类别上的划分。也就是说，现阶段消费者仍然将品牌 A 作为完成某项任务的工具。而且，消费者对品牌 A 的认知结构也是局部型的，即消费者仅仅将品牌 A 的信息联想聚焦于产品样例上。根据本书的研究结论，此时品牌 A 所推出的延伸产品应该与品牌本身的产品类别相接近，才能获得消费者的青睐。然而，虽然啫喱水、洗面奶以及品牌 A 的现有产品——润肤乳都属于化妆品的产品范畴。但是，严格意义上来讲润肤乳是属于护肤品，啫喱水和洗面奶则是属于洗漱用品，它们之间在产品类别、产品属性、产品功能上存在着较大的差异，并不符合样例性匹配度的要求。因此品牌 A 延伸到啫喱水和洗面奶，并不能使消费者在延伸产品与原品牌之间产生品牌概念流畅性，也不能让消费者对延伸产品产生积极态度。

消费者对 QC 品牌的认知结构特征则是整体型的，即消费者并不将其对 QC 品牌的信息联想局限于某一部分的信息，很多信息都能使消费者联想到 QC 品牌。因而，当 QC 品牌由休闲食品延伸到婴幼儿奶粉和咖啡时，即便婴幼儿奶粉、咖啡与休闲食品在产品类别上有着很大的差别，消费者依然可以凭借他们对 QC 品牌丰富的信息联想内容，在休闲食品、咖啡和婴幼儿奶粉上产生品牌概念流畅性，并对延伸产品产生积极态度。

问题二：为何消费者会对品牌 B 的高端车在态度和上冷淡，而对 MZD 品牌的高端车、FT 的高端车在态度上却趋之若鹜？

诚然，品牌 B 是国产汽车中的佼佼者，它对我国汽车制造行业市场的健康发展做出了巨大的贡献。但品牌 B 的汽车一直以低价格、产品性能不佳的形象示人。品牌 B 已经在国人的认知中形成了低价、低质的品牌刻板印象。毫无疑问，在中国市场上，大多消费者对品牌 B 都是功能型概念的。即大多数消费者购买品牌 B 汽车的目的都是获得汽车这一产品本身的使用价值，而非公司 B 的品牌效应。而高档车，特别是高档跑车，对于大多消费者来说都是一种社会地位和身份的象征，人们购买高档车的目的不仅仅获得产品本身的使用价值，更看重的是产品背后品牌的社会属性和象征意义。很明显，现阶段消费者对品牌 B 的低价、低质信心联想与他们对高档车的社会地位和身份炫耀的心理诉求还有着很大的鸿沟。即消费者很难在他们关于品牌 B 的信息联想中,顺利地发现高档车的信息,消费者也很难用同一符号对高档车与品牌 B 进行表征,这会造成消费者在概念表征上的不流畅,产生如前文所描述的"消费者觉得贴着品牌 B 标签的高档跑车是不伦不类的"的情景,这当然不能使消费者对品牌 B 的跑车产生积极态度。

而众所周知,MZD 品牌是日本著名的汽车制造品牌,其品牌也一直以大气、高端和高贵的品牌形象示人。虽然 MZD 品牌旗下也有低端车,但与品牌 B 不同,其品牌的高贵形象已经深入人心。从而,消费者能在 MZD 品牌的信息联想中发现高档车的信息,很容易能用同一符号对高档车与 MZD 品牌进行表征,这会让消费者产生品牌概念流畅性,也会让消费者对 MZD 品牌的高档车产生积极态度。

问题三:为何消费者会对品牌 C 的"造车梦"嗤之以鼻,而对 PG 品牌的"造车梦"大家赞赏?

诚然,品牌 C 是我国家电行业的著名品牌,在国际家电市场上也声名远播。不过,虽然品牌 C 宣称自己是"中国制造"的一张名片。但显而易见的是,现阶段对于大多数消费者来说品牌 C 依然只是空调或家用电器等具体产品的代名词,也就是说品牌 C 在消费者概念分类上属于功能型概念,在认知结构上属于局部型的。根据本书的研究结论,品牌 C 应该在其原有产品类别——空调或家用电器进行高样例性匹配度的延伸,才是使消费者获得品牌概念上的流畅性体验,进而才能使消费者产生积极的延伸产品态度。而新能源汽车所代表的产品类别却与品牌 C 的原有产品类别大相径庭,从而消费者很难在其关于品牌 C 信息联想中发现新能源汽车的信息,很难用同一符号来对新能源汽车和品牌 C 进行表征,从而很难产生品牌概念流畅性,也就不会对品牌 C 的新能源汽车产生积极的态度。

PG 品牌一直以设计一流、科技领先和品质卓越的符号属性和象征意义示人。对于大多数消费者来说,PG 品牌不仅是智能手机等具体产品的代名词,也是高科技、高品质以及高品位等抽象概念的代名词。也就是说 PG 品牌属于象征型概念品牌。而新能源汽车所代表的高科技元素能够很好地继承和发扬 PG 品牌的高科技、高品质以及高品位的符号属性和象征意义。也就是说,消费者在其关于 PG 品牌的信息联想中很容易发现新能源汽车的信息,也很容易用同一符号对新能源汽车和 PG 品牌进行表征,从而产生品牌概念流畅性体验,也就会对 PG 品牌的新能源汽车产生积极的态度。

本书的研究结论,对欲借势国家鼓励结构性供给侧结构改革和倡导创新驱动战略之机，利用品牌延伸寻求产品结构调整和产品结构升级的中国企业来说，有着如下几个方面的重要的意义：

第一，企业的品牌延伸战略选择要重视在选择既定的品牌延伸战略后，消费者能否在延伸产品与原品牌之间获得品牌概念流畅性体验。本书研究发现，无论是样例性匹配度还是原型性匹配度，二者所体现的延伸产品与原品牌的关系必须要能够顺利地对接和嵌入到消费者的原品牌信息联想，让消费者在原品牌联想模式中顺利地理解和处理延伸产品的信息，以让消费者在延伸产品与原品牌之间产生品牌概念流畅性体验，才能使延伸产品获得消费者的青睐。由此可见，尽管现有研究都强调延伸产品与原品牌在产品样例上的高匹配度、在品牌原型上的高匹配度对消费者延伸产品态度有着重要的影响，但实际上二者的影响是有桥梁的。即匹配度（无论是样例性匹配还是原型性匹配度）是在一定条件下让消费者在延伸产品与原品牌之间产生了品牌概念流畅性后，才最终影响了消费者的延伸产品态度。那么在品牌延伸实践中，企业就应该放弃以"延伸产品是否能在产品属性上或者品牌属性上原品牌匹配"作为品牌延伸战略选择标准的思维，代之以"消费者能用同一符号对延伸产品与原品牌进行表征的难易程度"或者"在延伸到某产品后，消费者在回答：'该品牌代表什么'问题时的难易程度"。

第二，如果现有品牌属于功能型概念，那么企业必须重视延伸产品与原品牌在产品样例上的高匹配度。这时，企业不要将品牌延伸到离原有产品类别较远的品类中去，而要将品牌延伸到与原品牌产品类别相近的品类中去，走以原品牌产品属性为参照的同心多元化之路，这样才能使消费者在原品牌的联想模式中顺利地提取和回忆到延伸产品的信息，也才能使消费者在原品牌的联想模式中顺利地理解和处理延伸产品的信息，并获得品牌概念流畅性体验，进而才能使延伸产品获得消费者的积极态度。LKLK 品牌的厨具系列产品、DL 品牌的办公系列产品等成功的品牌延伸案例以及 HR 品牌的电脑等失利的品牌延伸案例就足以说明，对于功能型概念的品牌来说，高样例性匹配度的品牌延伸战略选择才能为消费者接受。

第三，如果现有品牌是象征型概念的品牌，那么企业必须重视延伸产品与原品牌在品牌原型上高匹配度。这时，企业不要将新产品延伸到那些离原有品牌本来业务较近而又不能体现品牌符号属性和象征意义的产品品类中去，而是要将产品延伸到能真正体现原品牌核心内涵的产品类别中去，走以原品牌符号属性为参照的水平多元化之路。这样才能使消费者在原品牌的联想模式中顺利地提取和回忆到延伸产品的信息，才能使消费者获得在延伸产品与原品牌之间的品牌概念流畅性体验，从而才能使延伸产品获得消费者的积极态度。XM 品牌的智能家居系列产品、AD 品牌的运动元素系列产品等成功的品牌延伸案例，以及 MT 品牌的啤酒、葡萄酒等失利的品牌延伸案例就可以说明，对于象征型概念的品牌来说，高原型性匹配度的品牌延伸战略选择才能为消费者接受。

第四，中国企业要重视面向消费者的抽象符号属性和品牌象征意义塑造，以助力企业的产品结构升级和国家的供给侧结构改革。中国企业要力求使品牌在消费者认知中由具体化的产品类别向抽象化的符号属性和象征性意义转换，在此基础上寻求真正意义上的产品结构升级和产品升级延伸之路。众所周知，中国很多企业都是在改革开放之后成长起来的，而且长期都是从事"贴牌生产"和代加工贸易。虽然现阶段，中国涌现出了像 LX、JL、HR、GL 等在行业内有一定知名度的品牌，但是这些品牌普遍是功能型价值突出而象征意义不足。这对现阶段欲顺应国家结构性供给侧改革和创新驱动的趋势，寻求产品结构升级的中国企业来说是一个极为不利的因素。因为根据本书的研究结论，没有符号属性和象征意义突出的品牌，企业的产品升级和产品结构调整很难取得成功。消费者对 JL 品牌和 MZD 品牌同路径延伸的巨大态度差异，以及消费者对 GL 和 PG 品牌的同路径延伸的巨大态度差异，就足以说明符号属性和象征意义突出的品牌在企业产品结构调整和产品结构升级中的支撑性作用。因此，中国企业要重视品牌符号属性和象征意义的塑造，让品牌成为消费者自我建构、自我表达的工具，然后谋求以品牌符号属性为圆心的产品升级和产品结构调整之路。

第五，中国企业要拓宽品牌在消费者品牌认知中的知识结构，以助力企业的跨界延伸和国家经济的高质量发展。改革开放后成长起来的中国企业，不仅由于"贴牌生产"而导致品牌的功能型概念有余、象征型概念不足，而且由于行业竞争激烈，造成中国大多企业的市场短视（marketing myopia），即大多企业只是将其品牌竞争局限于品牌旗下的产品或行业竞争，而没有着眼于品牌在观念或概念上的竞争。例如，很多中国企业做品牌宣传和品牌推广时都将品牌与产品紧密联系在一起。这样做固然能短期内使品牌宣传的效果增强，但是也使得消费者对品牌的认知结构变得单一而缺少应有的弹性。反观国外成功的品牌，一般都很少在其品牌宣传时将品牌与品牌旗下的具体产品联系在一起。这样做固然短期内可能会使得品牌宣传的效果不好，但它能促使消费者对品牌认知结构的多元化，让消费者的品牌认知结构充满弹性。根据本书的研究结论，这会让企业的跨界延伸更容易获得消费者的接纳和认可。因此，中国企业要改变原有的将产品或行业竞争作为品牌竞争主要战场的思想，而是要考虑如何让品牌拥有更多的为消费者所接受和分享的观念。

第四节 研究局限与未来研究方向

当然，本书也存在以下局限：

第一，本书没有考虑消费者自身差异对品牌认知结构形成的影响。在实验研究中，本书将所有被试看成是等同的，即本书设定他们对待实验刺激品牌的概念和认知结构的反应是一样的。但实际上，已有研究证实个体差异［如个体的情景依赖差异（Ng 和 Huston，2009；姚崎等，2014）、个体的认知图式差异（姚崎，等，2017）、个体的解释水平差异（Kim, et al，2009；柴俊武，等，2015）］能够影响他们对品牌的认知结构差异，为此后续研究还要考虑所招募被试的个体差异对研究结论的潜在影响，以使实验结果更加科学和可靠、研究结论更加有说服力。

第二，本书没有考虑品牌延伸历史对消费者延伸产品态度的影响。实验为了排除其他因素的干扰，所选择的实际品牌和构建的虚拟品牌都没有经历过复杂的品牌延伸历史。但现实中，企业可能会经历很多品牌延伸。且前人的研究表明，品牌延伸历史也会影响消费者当下的延伸产品态度（Volckner 和 Satter，2006）。因此，未来关于品牌延伸战略选择的研究，也应该加入企业品牌延伸历史这一变量。

第三，本书没有考虑延伸产品自身属性对消费者延伸产品态度的影响。为了使实验简化，以得出确切的研究结论，本书只考虑原品牌的属性以及延伸产品与原品牌的关系，忽略了延伸产品自身属性对消费者延伸产品态度的影响。但前人的研究证实，延伸产品的属性信息［如延伸产品的市场竞争程度（Dawar，1996；Michal 和 Donthu，2008）和延伸产品的生命周期（Kim, et al，2013）］对消费者延伸产品态度的形成有着重要的影响，因此，未来关于品牌概念对延伸产品态度影响的研究应该考虑加入反应延伸产品特征的变量，例如，延伸产品的市场竞争程度、延伸产品的技术生命周期等。使研究结论更严谨。

参考文献

[1] 安蓉. 基于相似性信息激活的相似表征形成及年龄差异[D]. 天津: 天津师范大学, 2006.

[2] 曹颖, 符国群. 使用者形象一致性及形象强度对品牌延伸的影响[J]. 管理学报, 2012, 9(5): 723-728.

[3] 柴俊武, 万迪日方. 品牌延伸利弊与延伸绩效述评[J]. 预测, 2004, (4): 26-32.

[4] 柴俊武, 赵广志, 何伟. 解释水平对品牌联想和品牌延伸评估的影响[J]. 心理学报, 2011, 43(2): 175-187.

[5] 杜春晶. 消费者感知契合度与品牌延伸态度关系研究——基于消费者创新的调节作用[J]. 商业经济研究, 2018, (24): 73-76.

[6] 范秀成, 高琳. 基于品牌识别的品牌延伸[J]. 天津大学学报(社会科学版), 2002, (4): 333-337.

[7] 符国群. 品牌延伸研究: 回顾与展望[J]. 中国软科学, 2003, (01): 75-81.

[8] 符国群, 丁嘉莉. 消费者对品牌延伸的评价: 拥有者效应[J]. 管理学报, 2008, (04): 528-536.

[9] 符国群, 约翰·桑德斯. 中、美、新三国消费者对品牌延伸的评价[J]. 经济评论, 1995, (04): 65-69.

[10] 符国群. 品牌延伸策略研究[J]. 武汉大学学报(哲学社会科学版), 1995, (01): 49-53.

[11] 符国群. 消费者对品牌延伸的评价: 运用残差中心化方法检验 Aaker 和 Keller 模型[J]. 中国管理科学, 2001, (05): 63-68.

[12] 龚艳萍, 范书利. 品牌延伸对消费者品牌忠诚的影响——基于品牌信任和品牌象征价值的实证研究[J]. 软科学, 2008, (03): 63-67.

[13] 何浏, 肖纯, 梁金定. 相似度对品牌延伸评价的影响研究[J]. 软科学, 2011, 25(05): 47-52.

[14] 雷莉, 王詠, 丁夏齐, 等. 低卷入情境中品牌远延伸的成功机制[J]. 心理学报, 2005, (03): 390-396.

[15] 厉以宁. 超越市场与超越政府: 论道德力量在经济中的作用[M]. 北京: 外语教学与研究出版社, 2015.

[16] 林少龙, 骆少康, 纪婉萍. 延伸相似度对于品牌延伸的成功重要吗?——消费者多样化寻觅与内在控制的调节角色[J]. 南开管理评论, 2014, 17(06): 139-148.

[17] 卢泰宏, 谢飙. 品牌延伸的评估模型[J]. 中山大学学报(社会科学版), 1997(06): 9-14.

[18] 邱玲, 张爽. 涉入程度在品牌延伸评价中的影响效应[J]. 商业研究, 2014(04): 105-111.

[19] 沈钺. 品牌延伸绩效模型研究: 以中国和加拿大消费者为例[M]. 北京: 北京大学出版社, 2008.

[20] 孙国辉, 韩慧林. 品牌延伸效应的研究评述与展望[J]. 中央财经大学学报, 2014(09): 73-82.

[21] 孙国辉, 梁渊, 李季鹏, 等. 社会认知理论视角下区域刻板印象的形成机制研究——基于深度访谈和扎根理论的数据分析[J]. 中央财经大学学报, 2019, (1): 118-128.

[22] 孙国辉, 梁渊, 李季鹏. 品牌延伸类型选择: 不同品牌概念下契合度和真实度对延伸产品态度的影响研究[J]. 管理评论, 2019, 31(2): 208-220.

[23] 唐建生, 王宝茹, 郑春东. 母品牌与延伸产品间个性一致性对延伸评价的影响[J]. 上海管理科学, 2014, 36(03): 17-21.

[24] 王寒, 齐永胜, 郑春东. 消费者品牌延伸评价认知过程研究[J]. 消费经济, 2014, 30(01): 63-66.

[25] 王寒, 申琦. 消费者感知契合度与延伸评价悖论研究: 涉入度与品牌概念类型的调节作用[J]. 财经问题研究, 2014(07): 124-128.

[26] 王寒, 王双, 郑春东. 基于消费者认知不对称的品牌延伸机理探析[J]. 中央财经大学学报, 2011, (5): 81-85.

[27] 王小毅, 马庆国. 基于神经营销学的品牌延伸评估探索: 对A&K模型的修正[J]. 管理世界, 2009(11): 115-121.

[28] 王小毅. 基于脑电信号分析的消费者品牌延伸评估决策研究[D]. 杭州: 浙江大学, 2008.

[29] 汪涛, 周玲, 周南, 等. 来源国形象是如何形成的?——基于美、印消费者评价和合理性理论视角的扎根研究[J]. 管理世界, 2012, (03): 113-126.

[30] 王紫薇, 涂平. 寂寞让人如此美丽——社会排斥对女性外表消费的促进作用[J]. 营销科学学报, 2015, 11(3): 18-28.

[31] 吴川, 张黎, 郑毓煌, 等. 调节聚焦对品牌延伸的影响: 母品牌类型、母品牌与延伸产品匹配类型的调节作用[J]. 南开管理评论, 2012, 15(06): 51-61.

[32] 罗伯特 F 德威利斯. 量表编制: 理论与应用[M]. 3版. 席仲恩, 杜珏 译. 重庆: 重庆大学出版社, 2016.

[33] 薛可, 余明阳. 品牌延伸: 资产价值转移与理论模型创建[J]. 南开管理评论, 2003(03): 54-60.

[34] 杨一翕, 孙国辉. 战略视角下的公司品牌研究: 一个量表的开发[J]. 中国管理科学, 2013, 21(S2): 535-541.

[35] 姚琦, 符国群. 品牌图解对消费者品牌延伸评价的影响——信息处理流畅性视角[J]. 大连理工大学学报(社会科学版), 2017, 38(02): 8-14.

[36] 姚琦, 周南, 李昂璟. 情景依赖对消费者品牌延伸评价的影响[J]. 大连理工大学学报(社会科学版), 2014, 35(03): 56-61.

[37] 银成钺, 于洪彦. 品牌形象对品牌延伸评价的影响: 消费者产品涉入的调节[J]. 软科学, 2008, (02): 26-31.

[38] 于春玲, 李飞, 薛镭, 等. 中国情境下成功品牌延伸影响因素的案例研究[J]. 管理世界, 2012(06): 147-162.

[39] 郑春东, 胡慧莹, 亓海鑫, 等. "认知唤醒"对契合度作用于品牌延伸评价的影响研究[J]. 西北工业大学学报(社会科学版), 2015, 35(04): 46-56.

[40] 郑春东, 马珂, 王寒. 消费者特征对品牌延伸边界的影响研究——基于品牌联想的视角[J]. 管理评论, 2016, 28(07): 130-142.

[41] 郑春东, 翟海英, 唐建生. 基于品牌概念地图的品牌延伸淡化效应测量方法研究[J]. 管理评论, 2015, 27(05): 92-104.

[42] 朱至文, 张黎. 自我建构对消费者品牌延伸评价的影响[J]. 软科学, 2013, 27(03): 125-128.

[43] 朱至文. 自我建构对消费者品牌延伸评价的影响研究[M]. 北京: 经济科学出版社, 2016.

[44] Aaker D A, Keller K L. Consumer evaluations of brand extensions [J]. Journal of Marketing, 1990, 54(3): 27-43.

[45] Abosag I, Roper S, Hind D. Examining the relationship between brand emotion and brand extension among supporters of professional football Clubs[J]. European Journal of Marketing, 2012, 46(9): 1231-1234.

[46] Adam C S, Vogel E K, Awh E. Clear evidence for item limits in visual working memory[J]. Cognitive Psychology, 2017, 3(97): 79-97.

[47] Adaval R. Sometimes it just feels right: The differential weighting of affect-consistent and affect- inconsistent product information[J]. Journal of Consumer Research, 2001, 6(28): 6-17.

[48] Agarwal J, Malhotra N K. An integrated model of attitude and affect: Theoretical foundation and an empirical investigation[J]. Journal of Business Research, 2005, 54(8): 483-493.

[49] Ahluwalia R, Gurhan-Canli Z. The effects of extensions on the family brand name: An accessibility diagnostic

perspective[J]. Journal of Consumer Research, 2002, 27 (12): 371-383.

[50] Ahluwalia R. How far can a brand stretch? Understanding the role of self-construal [J]. Journal of Marketing Research, 2008, 45(3): 337-351.

[51] Ahn J, Park J K, Hyun H. Luxury products to service brand extension and brand equity transfer[J]. Journal of Retailing and Consumer Services, 2018, 42(3): 22-29.

[52] Alba J W, Hutchinson J W. Dimensions of consumer expertise[J]. Journal of Consumer Research, 1987, 13(5): 411-425.

[53] Albarracin D, Kumkaie G T. Affect as information in persuasion: A Model of affect identification and discounting[J]. Journal of Personality and Social Psychology, 2014, 45(6): 453-469.

[54] Albrecht C M, Backhaus C, Gurzki H, et al. Drivers of brand extension Success: What really matters for luxury brands[J]. Psychology & Marketing, 2013, 30(8) : 647-652.

[55] Allman H F, Hewett L K, Morgan F N. Brand image evaluations: The interactive roles of country of manufacture, brand concept, and vertical line extension type[J]. Journal of International Marketing, 2016, 24(2): 40-61.

[56] Alter A L. The benefits of cognitive disfluency[J]. Current Directions in Psychological, 2013, 22(6): 437-442.

[57] Alter A L, Oppenheimer D M. Effects of fluency on psychological distance and mental construal (or why New York is a large city, but New York is a civilized jungle[J]. Psychological Science, 2008, 19(2): 161-168.

[58] Alter A L, Oppehemier D M. Predicting short-term stock fluctuations by using processing fluency[J]. Psychology and Marketing, 2006, 13(6): 97-102.

[59] Alter A L, Oppenheimer D M. Suppressing secrecy through metacognitive ease: Cognitive fluency encourages self-disclosure[J]. Psychological Science, 2009, 20(11): 1414-1420.

[60] Alter A L, Oppenheimer D M. Uniting the tribes of fluency to form a metacognitive nation[J]. Personality and Social Psychology, 2009, 13(3): 219-235.

[61] Anderson J R. Arguments concerning representations for mental imagery[J]. Psychological Review, 1978, 85(4): 249-267.

[62] Anderson J R. Language, memory, and thought [M]. London. Psychology Press, 2013.

[63] Andrade, E. B. The enduring impact of transient emotions on decision making [J]. Journal of Personality and Social Psychology, 2001, 109(1): 1-8.

[64] Auriacombe M, Fatséas M, Dubernet J. French field experience with buprenorphine[J]. The American Journal on Addictions, 2004, (13): 17-28.

[65] Avnet T, Higgins E T. How regulatory fit affects value in consumer choices and opinions[J]. Journal of Marketing Research, 2006, 43(1): 1-10.

[66] Avnet T, Pham M T. Metacognitive and nonmetacognitive reliance on affect as information in judgment[J]. Journal of Consumer, 2012, 32(2): 1-17.

[67] Bakamitsos G A. A cue alone or a probe to think? The dual role of affect in product evaluations[J]. Journal of Consumer Research, 2006, 33(3): 403-412.

[68] Bake H T, King K W. When comparative valence frame affects brand extension evaluations: The moderating role of parent-extension fit[J]. International Journal of Advertising. 2015, 34 (2): 382-401.

[69] Baker D W. The meaning and the measure of health literacy [J]. Journal of general internal medicine, 2006, 21(8): 878-883.

[70] Balachander S, Ghose S. Reciprocal spillover effects: A strategic benefit of brand extensions[J]. Journal of Marketing, 2003, 67(2): 4-16.

[71] Baron R M, Kenny D A. The moderator-mediator variable distinction in social psychological research: Conceptual, strategic and statistical considerations[J]. Journal of Personality and Social Psychology, 1986, 51(3): 1173-1182.

[72] Barsalou L W. Ad hoc categories[J]. Memory and Cognition, 1983, 11(3): 12-26.

[73] Beatty S E, Talpade S. Adolescent influence in family decision making: A replication with extension [J]. Journal of consumer research, 1994, 21(2): 332-341.

[74] Bei L T, Chu C H, Shen Y C. Positioning brand extensions in comparative advertising: An assessment of the roles of comparative brand similarity, comparative claims, and consumer product knowledge[J]. Journal of Marketing Communications, 2011, 12(4): 229-245.

[75] Berger J, Fitsimons G. Dogs on the street, pumas on your feet: How cues in the Environment influence product evaluation and choice[J]. Journal of Marketing Research, 2008, 45(1): 1-14.

[76] Beverland M B, Wilner S J, Micheli P. Reconciling the tension between consistency and relevance: Design thinking as a mechanism for brand ambidexterity[J]. Journal of Academy and Marketing Science, 2015, 34(2): 382-401.

[77] Bhat S, Reddy S K. The impact of parent brand attribute associations and effect on brand extension evaluation [J]. Journal of Business Research, 2001, 53(3): 111-123.

[78] Bless H, Bohner G, Schwarz N, et al. Mood and persuasion: A cognitive response analysis[J]. Personality and Social Psychology Bulletin, 1990, 16(2): 16-31.

[79] Bosmans A, Baumgartner H. Goal-relevant emotional information: When extraneous affect leads to persuasion and when it does not[J]. Journal of Consumer Research, 2003, 24(12): 12-34.

[80] Bottomley P A, Doyle J R. The formation of attitudes towards brand extensions: Testing and generalizing Aaker and Keller's model [J]. International Journal of Research in Marketing, 1996, 13(2): 365-377.

[81] Bottomley P A, Holden S J. Do we really know how consumers evaluate brand extensions? Empirical generalizations based on secondary analysis of eight studies [J]. Journal of Marketing Research, 2001, 42(11): 8-19.

[82] Boush D M, Loken B. A process-tracing study of brand extension evaluation[J]. Journal of Marketing Research, 1991, 33(2): 16-29.

[83] Bradu C, Orquin J L, Thøgersen J. The mediated influence of a traceability label on consumer's willingness to buy the labelled product[J]. Journal of Business Ethics, 2014, 124(2): 283-295.

[84] Brinol P, Petty R E, Tormala Z L. The malleable meaning of subjective ease [J]. Psychological Science, 2006, 12(2): 200-209.

[85] Broniarczyk S M, Alba J W. The importance of the brand in brand extension[J]. Journal of marketing research, 1994, 31(2): 214-228.

[86] Cao R, Nosofsky R M, Shiffrin R M. The development of automaticity in short-term memory search: Item-

response learning and category learning[J]. Journal of Experimental Psychology: Learning, Memory, and Cognition, 2017, 43(5): 669-679.

[87] Caruso, E. M. Use of experienced retrieval ease in self and social judgments[J]. Journal of Experimental Social Psychology, 2007, 44(3): 148-158.

[88] Castel A A D, Roediger H L. Illusions of competence and overestimation of associative memory for identical items: Evidence from judgments of learning [J]. Psychonomic Bulletin & Review, 2007, 14(1): 107-111.

[89] Chaabane A M, Pez V. "Make me feel special" are hierarchical loyalty programs a panacea for all brands? The role of brand concept[J]. Journal of Retailing and Consumer Services, 2017, (38): 108-117.

[90] Chang C C, Lin B C, Chang S S. The relative advantages of benefit overlap versus category similarity in brand extension evaluation: The moderating role of self--regulatory focus[J]. Marketing Letters, 2011, 22(4): 391-404.

[91] Chein M, Mugnier M L. Graph-based knowledge representation[M]. Cambridge: Harvard Press, 2009.

[92] Chen Z H, Lu Z. Understanding the role of brand personality fit and the moderating effect of self-connection in brand extension evaluations[J]. Advances in Consumer Research, 2010, 37: 778-789.

[93] Christensen G L, Olson J C. Mapping consumers' mental models with ZMET [J]. Psychology & Marketing, 2002, 19(6): 477-503.

[94] Chugani S K, Irwin J R, Redden J P. Happily ever after: The effect of identity-consistency on product satiation[J]. Journal of Consumer Research, 2015, 42(4): 564-577.

[95] Clark L A, Watson D. Constructing validity: Basic issues in objective scale development[J]. Psychological Assessment, 1995, 7(3): 309-321.

[96] Clark M S, Susan T, Fiske D. Affect and cognition: 17th annual Carnegie Mellon symposium on cognition[M]. London: Psychology Press, 2014.

[97] Cohen J B, Basu K. Alternative models of categorization: Toward a contingent processing framework[J]. Journal of Consumer Research, 1987, 13(5): 455-472.

[98] Colcombe S J. The Role of prototypes in the mental representation of temporally related events[J]. Cognitive Psychology, 2002, 44(2): 67-93.

[99] Collister D, Tversky B. Familiarity and categorical inference[J]. Proceedings of the Annual Meeting of the Cognitive Science Society, 2000, 22(3): 23-24.

[100] Coulter K S, Roggeveen A L. Price number relationships and deal processing fluency: The effects of approximation sequences and number multiples[J]. Journal of Marketing Research, 2014, 51(1): 69-82.

[101] Cowley E, Mitchell A A. The moderating effect of product knowledge on the learning and organization of product information[J]. Journal of Consumer Research, 2003, 30(12): 443-454.

[102] Cox G E, Criss A H. Parallel interactive retrieval of item and associative information from event memory[J]. Cognitive Psychology, 2017, 97(23): 31-57.

[103] Cronbach L J, Azuma H. Internal-consistency reliability formulas applied to randomly sampled single-factor tests: An empirical comparison[J]. Educational and Psychological Measurement, 1962, 22(4): 645-665.

[104] Dawar N. Extensions of broad brands: The role of retrieval in evaluations of fit[J]. Journal of Consumer Research, 1996, 5(2): 189-209.

[105] Deng W, Sloutsky V M. Selective attention, diffused attention, and the development of categorization[J]. Cognitive Psychology, 2016, 91(4): 24-37.

[106] De Vellis R F. Scale development: theory and applications[M]. London: Sage Publications, 2016.

[107] Diamantopoulos A, Winklhofer H M. Index construction with formative indicators: An alternative to scale development[J]. Journal of Marketing Research, 2001, 38(2): 269-277.

[108] Drolet A, Aaker J. Off‐target? Changing cognitive‐based attitudes[J]. Journal of Consumer Psychology, 2002, 12(1): 59-68.

[109] Echambadi R, Arroniz I, Reinartz W, et al. Empirical generalizations from brand extension research: How sure are we?[J]. International Journal of Research in Marketing, 2006, 23(3): 253-261.

[110] Endress A D, Langus A. Transitional probabilities count more than frequency, but might not be used for memorization[J]. Cognitive Psychology, 2017, 92(12): 37-64.

[111] Escalas J E, Bettman J R. Self-construal, reference groups, and brand meaning[J]. Journal of Consumer Research, 2005, 32(3): 378-389.

[112] Farquhar P H, Herr P M, Fazzio R. Relational model for category extensions of brands[J]. Advances in Consumer Research, 1990, 17(4): 856-861.

[113] Fedorikhin A, Park C W, Thomson M. Beyond fit and attitude: The effect of emotional attachment on consumer responses to brand extensions [J]. Journal of Consumer Psychology, 2008, 18(4): 281-291.

[114] Feldman J M., John G L. Self-generated validity and other effects of measurement on belief, attitude, intention, and behavior [J]. Journal of Applied Psychology 1988, 73(3): 421-435.

[115] Finlay K. Reliable and valid measurement of memory content and structure as a function of brand usage patterns [J]. Advanced in Consumer Research, 1996, 23(4): 282-289.

[116] Sorrentino R M, Higgins E T. Handbook of motivation and cognition: Foundations of social behavior[M]. Guilford. Guilford Press, 1986.

[117] Fiske S T, Pavelchak M A. Category-based versus piecemeal-based affective responses: Developments in schema-triggered affect[J]. Cognitive Psychology, 1986, 12(2): 100-120.

[118] Flavell J H. Metacognition and cognitive monitoring[J]. American Psychology, 1979, 34(10): 906-911.

[119] Frieden L R. The role of consumer gender identity and brand concept consistency in evaluating cross-gender brand Extensions[D]. University of Wisconsin, 2013.

[120] Frijda N H. Emotion cognitive structure, and action tendency[J]. Cognition and Emotion, 1987, 1(2): 115-133.

[121] Fu G Q, Ding J L, Qu R L. Ownership effects in consumers brand extension evaluations [J]. Brand Management, 2009, 16(4): 221-233.

[122] Fu G Q, Saunders J, Qu R L. Brand extensions in emerging markets: Theory development and testing in China[J]. Journal of Global Marketing, 2009, 22(3): 217-228.

[123] Galak J, Nelson L D. The virtues of opaque prose: How lay beliefs about fluency influence perceptions of quality[J]. Journal of Experimental Social Psychology, 2011, 47(1): 250-253.

[124] Gao L, Wheeler S C, Shiv B. The "shaken self": Product choices as a means of restoring self-view confidence[J]. Journal of Consumer Research, 2008, 36(1): 29-38.

[125] Gerbing D W, Anderson J C. An updated paradigm for scale development incorporating unidimensionality and its assessment[J]. Journal of Marketing Research, 1988, 25(5): 186-192.

[126] Gilovich T. Seeing the past in the present: The effect of associations to familiar on judgments and decisions[J]. Journal of Personality and Psychology, 1981, 40(5): 797-811.

[127] Goedertier F, Dawar N, Geuens M, et al. Brand typicality and distant novel extension acceptance: How risk-reduction counters low category fit[J]. Journal of Business Research, 2015, 68(1): 157-165.

[128] Goert K M, Robert O M, Bahary I K. Will consumers always hold a positive attitude towards brand sponsorship for public welfare events? A research based on brand concept fluency[J]. Journal of Consumer Research, 2012, 32(1): 112-126.

[129] Gresham L G, Bush A J, Davis R A. Measures of brand attitude: Are cognitive structure approaches really needed?[J]. Journal of Business Research, 1984, 12(3): 353-361.

[130] Gürhan-Canli Z, Maheswaran D. The effects of extensions on brand name dilution and enhancement[J]. Journal of Marketing Research, 1998, 35(4): 464-473.

[131] Gürhan-Canli Z. The effect of expected variability of product quality and attribute uniqueness on family brand evaluations [J]. Journal of Consumer Research, 2003, 30(1): 105-114.

[132] Gwinner K P, Eaton J. Building brand image through event sponsorship: The role of image transfer[J]. Journal of Advertising, 1999, 28(4): 47-57.

[133] Hagtvedt H, Patrick V M. The broad embrace of luxury: Hedonic potential as a driver of brand extendibility[J]. Journal of Consumer Psychology, 2009, 19(4): 608-618.

[134] Hampton J. Prototype models of concept representation[J]. American Psychology Review, 1993, 12(3): 182-201.

[135] Hansen J, Dechene A, Wanke M. Discrepant fluency increases subjective truth [J]. Journal of Experimental Social Psychology, 2008, 44(3): 687-698.

[136] Hartwing M K, Dunlosky J. Category learning judgments in the classroom: Can students judge how well they know course topics?[J]. Contemporary Educational Psychology, 2017, 49(2): 80-90.

[137] Hastak M, Olson J C. Assessing the role of brand-related cognitive responses as mediators of communication effects on cognitive structure [J]. Journal of Consumer Research, 1989, 15(4): 444-456.

[138] Hem L E, Chernatony L D. Factors influencing successful brand extensions[J]. Journal of Marketing Management, 2003, 19(2): 781-805.

[139] Hem L E, Iversen N M. Effects of different types of perceived similarity and subjective knowledge in evaluations of brand extensions[J]. International Journal of Market Research, 2009, 51(6): 1-19.

[140] Herbort O, Mathew H, Kunde W. Habit outweighs planning in grasp selection for object manipulation[J]. Cognitive Psychology, 2017, 92(3): 127-141.

[141] Higgins E T. Beyond pleasure and pain [J]. American Psychologist, 1997, 52 (12) : 1280-1300.

[142] Hinkin T R. A brief tutorial on the development of measures for use in survey questionnaires [J]. Organizational Research Methods, 1993, 1(1): 104-121.

[143] Hoorens V, Bruckmuller S. Less is more? Think again! A cognitive fluency-based more-less asymmetry in comparative communication [J]. Journal of Consumer Research, 2015, 32(2): 2-21.

[144] Horen F, Pieters R. Out-of-category brand imitation: Product categorization determines copycat evaluation[J]. Journal of Consumer Research, 2017, 44(4): 816-833.

[145] Horowitz M. States, Schemas and control: General theories for psychotherapy integration [J]. Clinical Psychology and Psychotherapy, 1994, 3(1): 143-153.

[146] Howell J L, Shepperd J A. Social exclusion, self-affirmation, and health information avoidance[J]. Journal of Experimental Social Psychology, 2017, 68(6): 21-26.

[147] Hu S, Li G. Study on the influence of brand concept processing fluency on the selection and evaluation of spokespersons[J]. Journal of Advertising, 2017, 34(4): 289-307.

[148] James R, Douglas C, Richard C, et al. Judging the important issues in moral dilemmas: An objective measure of development[J]. Developmental Psychology, 1974, 10(4): 491-503.

[149] Jin L, Zou D. Extend to online or offline? The effects of web-brand extension mode, similarity, and brand concept on consumer evaluation [J]. Journal of Marketing Management, 2013, 29(8): 755-771.

[150] John D R, Loken B, Kim K, et al. Brand concept maps: A methodology for identifying brand association networks[J]. Journal of marketing research, 2006, 43(4): 549-563.

[151] Keller K L, Aaker D A. The effects of sequential introduction of brand extensions[J]. Journal of Marketing Research, 1992, 29(1): 35-50.

[152] Keller K L. Conceptualizing, Measuring, and managing customer-based brand equity [J]. Journal of Marketing, 1993, 57(2): 1-24.

[153] Keller K L. Managing brands for the long run: Brand reinforcement and revitalization strategies[J]. California Management Review, 1990, 41(3): 102-125.

[154] Keller K L. Understanding brands, branding and brand equity[J]. Interactive Marketing, 2003, 5(3): 7-23.

[155] keller K L. Economic and behavioral perspectives on brand extension[J]. Marketing Science, 2012, 31(5): 772-781.

[156] Keller K L, Aaker D A. The effects of sequential introduction of brand extensions[J]. Journal of Marketing Research, 1992, 29(1): 35-50.

[157] Keller K L. Brand synthesis: The multidimensionality of brand knowledge[J]. Journal of Consumer Research, 2003, 29(5): 595-603.

[158] Kelley C M. Remembering mistaken for knowing: Ease of retrieval as a basis for confidence in answers to general knowledge questions[J]. Journal of Memory and Language, 1993, 32(3): 1-23.

[159] Kent R J, Allen C T. Competitive interference effects in consumer memory for advertising: The role of brand familiarity [J]. Journal of Marketing, 1994, 58(3): 97-105.

[160] Kim J, Yoon H J. Association ambiguity in brand extension[J]. Journal of Advertising, 2013, 42(4): 358-372.

[161] Kim Y, Wingate N. Narrow, powerful, and public: The influence of brand breadth in the luxury market [J]. Journal of Brand Management, 2017, 23(4): 168-182.

[162] Klink R R, Smith D C. Threats to the external validity of brand extension research [J]. Journal of Marketing Research, 2001, 38(3): 326-335.

[163] Koriat A. Metacognition and consciousness[J]. Journal of Business, 2009, 23(3): 289-308.

[164] Krystallis A. Motivation and cognitive structures of store versus manufacturer brand consumers[J]. Journal of

Consumer Behabior, 2015, 14(3): 270-285.

[165] Kumar P. Brand counterextensions: The impact of brand extension success versus failure[J]. Journal of Marketing Research, 2005, 42(2): 183-194.

[166] Labroo A A, Kim S. Metacognitive experiences in consumer judgment and decision making [J]. Advances in Consumer Research, 2009, 36(3): 6-10.

[167] Labroo A A, Dhar R, Schwarz N. Of frog wines and frowning watches: Semantic priming, perceptual fluency, and brand evaluation[J]. Journal of Consumer Research, 2008, 34(1): 819-832.

[168] Lee A Y. Labroo A A. The effect of conceptual and perceptual fluency on brand evaluation[J]. Journal of Marketing Research, 2004, 32(5): 151-167.

[169] Lee A Y. The Prevalence of metacognitive routes to judgment[J]. Journal of Consumer Psychology, 2004, 4(7): 349-356.

[170] Lee A Y, Aaker J L. Bringing the frame into focus: The influence of regulatory fit on processing fluency and persuasion[J]. Journal of Personality and Social Psychology, 2004, 86(2): 205-218.

[171] Lehmann D R, Stuart J A, Johar G V, et al. Spontaneous visualization and concept evaluation[J]. Journal of the Academy of Marketing Science, 2007, 35(3): 309-316.

[172] Liu X , Hu Y M, Grimm P E. Affect transfer in brand extensions: The role of expectancy and relevancy[J]. Journal of Product & Brand Management, 2010 , 19(5): 317-329.

[173] Love B C, Medin D L. Sustain: A network model of category learning[J]. Psychological Review, 2004, 111(2): 309-332.

[174] Lutz R J. Changing brand attitudes through modification of cognitive structure[J]. Journal of Consumer Research, 1975, 1(4): 49-59.

[175] Ma Q G, Wang C C, Wang X Y. Two-stage categorization in brand extension evaluation: electrophysiological time course evidence[J]. Plos One, 2014, 9(12): 114-132.

[176] Maloney M P, Ward M P. Ecology: Let's hear from the people: An objective scale for the measurement of ecological attitudes and knowledge[J]. American psychologist, 1973, 28(7): 583-591.

[177] Mao H F, Krishnan, H. S. Effects of prototype and exemplar fit on brand extension evaluations: A two-process contingency model[J]. Journal of Consumer Research, 2006 , 33(6): 41-52.

[178] Mao H F, Mariadoss B J. Brand extensions via complements or substitutes: The moderating role of manufacturing transferability[J]. Marketing Letters, 2012, 23(3): 279-293.

[179] Martin M I, Stewart D W. The differential impact of goal congruency on attitudes, intentions, and the transfer of brand equity[J]. Journal of Marketing Research, 2001, 32(4): 471-485.

[180] Martinez E, De Chernatony L. The effect of brand extension strategies upon brand image[J]. Journal of Consumer Marketing, 2014, 21(1): 39-50.

[181] Marti E, Pina J M. Consumer responses to brand extensions: A comprehensive model[J]. European Journal of Marketing, 2009, 44(7): 1182-1205.

[182] McCarthy M S, Heath T B, Milberg S J. New brands versus brand extensions, attitudes versus choice: Experimental evidence for theory and practice[J]. Marketing Letters, 2001, 12(1): 75-90.

[183] McCloskey M, Glucksberc S. Decision processes in verifying category membership statements: Implications

for models of semantic memory[J]. Cognitive Psychology, 1979, 11(2): 1-17.

[184] Medin D L, Schaffer M M. Context theory of classification learning[J]. Psychological Review, 1978, 85(3): 207-229.

[185] Medin D L, Atran S. The native mind: Biological categorization, reasoning, and decision making in development and across cultures[J]. Psychological Review, 2004, 111(4): 960-983.

[186] Meyvis T, Goldsmith K, Dhar R. The importance of the context in brand extension: How pictures and comparisons shift consumers' focus from fit to quality[J]. Journal of Marketing Research, 2012, 32(4): 217-229.

[187] Michel G, Donthu N. Why negative brand extension evaluations do not always negatively affect the brand: The role of central and peripheral brand associations[J]. Journal of Business Research, 2014, 67(12): 2611-2619.

[188] Milberg S J, Park C W, McCarthy M S. Managing negative feedback effects associated with brand extensions: The impact of alternative branding strategies[J]. Journal of Consumer Psychology, 1997, 23(6): 119-143.

[189] Milberg S J, Sinn F, Goodstein R C. Consumer reactions to brand extensions in a competitive context: Does fit still matter?[J]. Journal of Consumer Research, 2010, 37(8): 543-556.

[190] Mollers J, Meyer W, Xhema S. Cognitive constructs and the intention to remit[J]. The Journal of Development Studies, 2015, 51(10): 1341-1357.

[191] Monga A B, Gurhan-Canli Z. The influence of mating mind-sets on brand extension evaluation[J]. Journal of Marketing Research, 2012, 32(2): 581-593.

[192] Monga A B, John D R. What makes brands elastic? The influence of brand concept and styles of thinking on brand extension evaluation[J]. Journal of Marketing, 2010, 74(3): 80-92.

[193] Muthulcrishnan A V, Weitz B A. Role of product knowledge in evaluation of brand extension [J]. Advances in consumer research, 1991, 18(2): 407-416.

[194] Nan X. Affective cues and brand-extension evaluation: Exploring the influence of attitude toward the parent brand and Attitude Toward the Extension Ad [J]. Psychology & Marketing, 2006, 23(7): 597-616.

[195] Nathan R G, Stanovich K E. The causes and consequences of differences in reading fluency[J]. Theory into Practice, 1991, 30(3): 176-184.

[196] Ng S. Cultural orientation and brand dilution: Impact of motivation level and extension typicality[J]. Journal of Marketing Research, 2010, 54(2): 186-199.

[197] Ng S, Houston M. Cross-cultural differences in brand cognitive structures[J]. Advanced in Consumer Research, 2005, 32(2): 294-310.

[198] Ng S, Houston M J. Field dependency and brand cognitive structures[J]. Journal of Marketing Research, 2009, 46(2): 279-292.

[199] Nielsen J H, Escalas J E. Easier is not always better: The moderating role of processing type on preference fluency[J]. Journal of Consumer Psychology, 2010, 20(2): 295-306.

[200] Nijssen E J, Agustin C. Brand extensions: A manager's perspective[J]. Journal of Brand Management, 2005, 13(1): 33-49.

[201] Nosofsky R M. Choice, similarity, and the context theory of classification[J]. Journal of Experimental

Psychology, 1984, 10(1): 104-114.

[202] Novemsky N, Dhar R, Schwarz N. Preference fluency in choice[J]. Journal of Consumer Research, 2007, 23(2): 347-357.

[203] Oakley J L, Duhachek A, Balachander S, et al. Order of entry and the moderating role of comparison brands in brand extension evaluation[J]. Journal of Consumer Research, 2008, 34(2): 706-714.

[204] Oberauer K, Süß H M, Wilhelm O, et al. The multiple faces of working memory: Storage, processing, supervision, and coordination [J]. Intelligence, 2003, 31(2): 167-187.

[205] Oliver R L. Whence consumer loyalty?[J]. Journal of marketing, 1999, 63(04): 33-44.

[206] Olson J C, Dover P. Effects of expectation creation and disconfirmation on belief elements of cognitive structure [J]. ACR North American Advances, 2006, 3(1): 168-175.

[207] Oppenheimer, D. M. The secret life of fluency[J]. Trends In Cognitive Sciences, 2008, 12(6): 237-242.

[208] Ortony A, Clore G L, Collins A. The cognitive structure of emotions[M]. Cambridge：Cambridge University Press, 1990.

[209] Osth A F, Dennis S, Heathcote A. Likelihood ratio sequential sampling models of recognition memory[J]. Cognitive Psychology, 2017, 92(3): 101-126.

[210] Padmanabhan R, Chandirasekaran G. Brand extension strategy : Literature review and conceptual model development[J]. Journal of Management, 2016, 9(2): 92-101.

[211] Park C W, Jaworski B J, MacInnis D J. Strategic brand concept-image management [J]. Journal of Marketing, 1986, 13(3): 135-147.

[212] Park C W, McCarthy M S, Milberg S J. The effects of direct and associative brand extension strategies on consumer response to brand extensions[J]. Advances in Consumer Research, 1993, 20(1): 28-34.

[213] Park C W, Milberg S, Lawson R. Evaluation of brand extensions: The role of product feature similarity and brand concept consistency[J]. Journal of Consumer Research, 1991, 18 (9): 185-203.

[214] Parker J R, Lehmann D L, Keller K L. Building a multi-category brand: When should distant brand extensions be introduced?[J]. Journal of Academy and Marketing Society , 2017, 10(3): 114-130.

[215] Paul S, Datta K S. An Empirical study of the effects of consumer knowledge on fit perception in brand extension success[J]. Journal of Brand Management, 2013, 36(3) : 37-52.

[216] Pitkin H F. The concept of representation[M]. California: University of California Press, 1967.

[217] Puligadda S, Cronley M, Kardes F. Effects of advertising cues on brand extension evaluation: A global versus focused processing style account [J]. Journal of Brand Management, 2013, 20(6): 473-487.

[218] Punj G N, Hillyer C L. A cognitive model of customer-based brand equity for frequently purchased products: Conceptual framework and empirical results[J]. Journal of Consumer Psychology, 2004, 14(3): 124-132.

[219] Putrevu S, Lord K R. Comparative and noncomparative advertising: Attitudinal effects under cognitive and affective involvement conditions[J]. Journal of Advertising, 1994, 23(2): 77-91.

[220] Ratheshwar S, Shocker A D. Substitution in use and the role of usage context in product category structures[J]. Journal of Marketing Research, 1991, 32(8): 281-297.

[221] Reber R, Schwarz N. Effects of perceptual fluency on judgments of truth[J]. Consciousness and Cognition, 1999, 8(3): 338-341.

[222] Reber R, Schwarz N, Winkielman P. Processing fluency and aesthetic pleasure: Is beauty in the perceiver's processing experience?[J]. Personality and Social Psychology Review, 2004, 8(4): 364-388.

[223] Reber R, Winkielman P, Schwarz N. Effects of perceptual fluency on affective judgments[J]. Psychological Science, 1998, 9(1): 45-51.

[224] Reddy S K, Holak S L, Bhat S. To extend or not to extend: Success determinants of line extensions[J]. Journal of Marketing Research, 1994, 23(3): 243-265.

[225] Reinholtz N, Bartels D M, Parker J R. On the mental accounting of restricted-use funds: How gift cards change what people purchase[J]. Journal of Consumer Research, 2015, 12(2): 1-20.

[226] Rennekamp K. Processing fluency and investors' reactions to disclosure readability[J]. Journal of Accounting Research, 2012, 50(5): 1319-1334.

[227] Robert B, Woodruff, P. Measurement of consumers' prior brand information[J]. Journal of Marketing Research, 1972, 4(2): 258-265.

[228] Rosch, E. , Mervis C B. Family resemblances: studies in the internal structure of categories[J]. Cognitive Psychology, 1975, 7(2): 573-597.

[229] Rosch E, Mervis C B, Gray W D, et al. Basic objects in natural categories [J]. Cognitive Psychology, 1976, 8(1): 382-397.

[230] Rosenberg M J. Cognitive structure and attitudinal affect[J]. The Journal of Abnormal and Social Psychology, 1956, 53(3): 367-372.

[231] Rossiter J R. The course procedure for scale development in marketing[J]. International Journal of Research in Marketing, 2002, 19(4): 305-327.

[232] Rucker D D, Galinsky A D. Desire to acquire: Powerlessness and compensatory consumption [J]. Journal of Consumer Research, 2008, 35(2): 257-267.

[233] Rumelhart D E, Norman D A. Representation in Memory[R]. California Univ San Diego La Jolla Center for Human Information Processing, 1983.

[234] Sandy D J. An Examination of the effects of multiple brand extensions on the brand concept [J]. Advances in Consumer Research, 1993, 20(2): 607-612.

[235] Scarabis M, Florack A, Gosejohann S. When consumers follow their feelings: The impact of affective or cognitive focus on the basis of consumers' choice[J]. Journal of Consumer Psychology, 2017, 5(2): 118-138.

[236] Schmitt, B. The consumer psychology of brands[J] Journal of Consumer Psychology , 2012, 22(3): 7-17.

[237] Schnittka O, Sattler H, Zenker S. Advanced brand concept maps: A new approach for evaluating the favorability of brand association networks[J]. International Journal of Research in Marketing, 2012, 29(3): 265-274.

[238] Schwarz, N. Metacognitive experiences in consumer judgment and decision making[J]. Journal of Consumer Psychology, 2004, 14(4): 332-357.

[239] Schwarz N, Bless H, Strack F, et al. Ease of retrieval as information: Another look at the availability heuristic[J]. Journal of Personality and Social Psychology, 1991, 61(2) : 195-220.

[240] Schwarz N. Feelings as information : Informational and motivational functions of affective states[J]. Journal of Consumer Psychology, 2018, 181(2): 23-42.

[241] Schwarz N. Feelings as information: Implications for affective influences on information processing [J]. Journal of Psychology, 2016, 33(2): 198-219.

[242] Schwarz N. Accessible content and accessibility experiences: The interplay of declarative and experiential information in judgment[J]. Personality and Social Psychology Review, 1998, 2(2): 87-96.

[243] Schwarz N, Sanna L J, Skurnik I, et al. Metacognitive experiences and the intricacies of setting people straight: Implications for debiasing and public information campaigns [J]. Advances in Experimental Social Psychology, 2007, 39: 127-143.

[244] Seamon J G, Williams P C. The mere exposure effect is based on implicit memory: Effects of stimulus type, encoding conditions, and number of exposures on recognition and affect judgments[J]. Journal of Experimental Psychology: Learning, Memory, and Cognition, 1995, 21(3): 711-721.

[245] Shan C, Yu M, Xue K. Effects of metaphor advertising on brand extension evaluation: Construal level as mediator[J]. Social Behavior and Personality, 2017, 45(6): 967-985.

[246] Shao R, Martin H L. I can't understand why they are tied together: Conceptual fluency in the role of bundling sales[J]. Journal of Consumer Psychology, 2016, 371(4): 397-426.

[247] Shapiro S A. When an ad's influence is beyond our conscious control: Perceptual and conceptual fluency effects caused by incidental ad exposure[J]. Journal of Consumer Research, 1999, 26(6): 16-37.

[248] Shapiro S A, Nielsen J H. What the blind eye sees: Incidental change detection as a source of perceptual fluency[J]. Journal of Consumer Research, 2013, 39(4): 1202-1219.

[249] Shea C H, Wulf G. Schema theory: A critical appraisal and reevaluation[J]. J Mot Behav, 2005, 37(5): 101-118.

[250] Shen Y C, Bei L T. Consumer evaluations of brand extension: The roles of case-based reminding on brand-to-brand similarity[J]. Psychology & Marketing, 2011 , 28(1): 91-117.

[251] Sheng G Y, Veena C, Sandra F. Brand and category design consistency in brand extensions[J]. Journal of Product & Brand Management, 2013, 22(4) : 272-285.

[252] Shepherd S, Chartrand T, Fitzsimons G. When brands reflect our ideal world: The values and brand preferences of consumers who support versus reject society's dominant ideology[J]. Journal of Consumer Research, 2015, 42(3): 76-93.

[253] Shine B C, Park J, Wyer Jr R S. Brand synergy effects in multiple brand extensions[J]. Journal of Marketing Research, 2007, 44(4): 663-670.

[254] Shoben E J, Rips L J. Structure and process in semantic memory: A featural model for semantic decisions[J]. Psychological Review, 1974, 31(3): 214-240.

[255] Song H, Schwarz N. If it's hard to read, it's hard to do: Processing fluency affects effort prediction and motivation[J]. Psychological Science, 2008, 19(10): 986-988.

[256] Sood S, Keller K L. The effects of brand name structure on brand extension evaluations and parent brand dilution[J]. Journal of Marketing Research, 2012, 132(8): 28-49.

[257] Spiggle S, Nguyen H T, Caravella M. More than fit: Brand extension authenticity[J]. Journal of Marketing Research, 2012, 27(12): 967-983.

[258] Srivastava K, Sharma N K. Consumer attitude towards brand-extension incongruity: The moderating role of

need for cognition and need for change[J]. Journal of Marketing Management, 2012, 28(5-6): 652-675.

[259] Srull T K, Wyer R S. Person memory and judgment[J]. Psychological Review, 1989, 96 (1): 58-73.

[260] Sujan M. Consumer knowledge: Effects on evaluation strategies mediating consumer judgments[J]. Journal of Consumer Research (1985): 31-46.

[261] Sullivan M J L, Bishop S R, Pivik J. The pain catastrophizing scale: Development and validation[J]. Psychological Assessment, 1995, 7(4): 524-537.

[262] Sullivan M W. Brand extensions: When to use them[J]. Management Science, 1982, 38(6): 793-806.

[263] Sundar A, Kardes F R, Wright S A. The influence of repetitive health messages and sensitivity to fluency on the truth effect in advertising[J]. Journal of Advertising, 2015, 44(4): 375-387.

[264] Tauber E M. Brand franchise extension: New product benefits from existing brand names[J]. Business Horizons, 1981, 32(2): 36-42.

[265] Taylor V A, Bearden W O. The effects of price on brand extension evaluations: The moderating role of extension similarity[J]. Journal of the Academy of Marketing Science, 2002, 30(2): 131-140.

[266] Thomas M, Morwitz V G. The Ease-of-computation effect: The interplay of metacognitive experiences and naive theories in judgments of price differences[J]. [J]. Journal of Marketing Research, 2009, 46(1): 81-91.

[267] Till B D, Baack D, Waterman B. Strategic brand association maps: Developing brand insight[J]. Journal of product & brand management, 2011, 20(2): 92-100.

[268] Torelli C J, Ahluwalia R. Extending culturally symbolic brands: A blessing or a curse?[J]. Journal of Consumer Research, 2012, 38(2): 933-949.

[269] Tsai C I, Mcgili A L. No pain, No pain? How fluency and construal level affect consumer confidence[J]. Journal of Consumer Research, 2011, 37(2): 807-821.

[270] Tversky A, Kahneman D. Availability: Frequency a heuristic for judging and probability[J]. Cognitive Psychology, 1973, 5(3): 207-222.

[271] Tversky A, Gati I. Similarity, separability, and the triangle inequality[J]. Psychological Review, 1982, 89(2): 123-155.

[272] Völckner F, Sattler H. Drivers of brand extension success[J]. Journal of Marketing, 2006, 70(4): 18-34.

[273] Winkielman P, Cacioppo J T. Mind at ease puts a smile on the face psychophysiological evidence that processing facilitation elicits positive affect[J]. Journal of Personality and Social Psychology, 2001, 81(6): 989-1010.

[274] Winkielman P, Zajonc R, Schwarz N. Subliminal affective priming resists attributional interventions[J]. Cognitive and Emotion, 1997, 11(4): 433-457.

[275] Witkin H A, Birnbaum J, Lomonaco S, et al. Cognitive patterning in congenitally totally blind children[J]. Child Development, 1968, 12(3): 767-786.

[276] Worthington R L, Whittaker T A. Scale development research: A content analysis and recommendations for best practices[J]. The Counseling Psychologist, 2006, 34(6): 806-838.

[277] Wright, P. L. The Cognitive processes mediating acceptance of advertising[J]. Journal of Marketing Research, 1973, 52(2): 53-62.

[278] Wyer R S, Srull T K. Human cognition in Its social context[J]. Psychological Review, 1986, 93(3): 322-359.

[279] Yeung C W M, Wyer Jr R S. Does loving a brand mean loving its products? The role of brand-elicited affect in brand extension evaluations[J]. Journal of Marketing Research, 2005, 42(4): 495-506.

[280] Zajonc R B, Markus H. Affective and cognitive factors in preferences[J]. Journal of Consumer Research, 1982, 9(2): 123-131.

[281] Zajonc R B. Feeling and thinking: Preferences need no inferences[J]. American Psychology, 1980, 2(4): 151-175.

[282] Zhang S, Sood S. "Deep" and "Surface" cues: Brand extension evaluations by children and adults[J]. Journal of Consumer Research, 2002, 29(6): 129-141.

附录

一、量表信度、效度检验中的虚拟品牌延伸情境和调查问卷

（一）虚拟品牌延伸情境

AD 品牌的西装

AD 品牌的运动手环

CG 品牌的台灯

CG 品牌的电脑

（二）问卷

这是一份商业性质的问卷，所有问题的回答都没有对错之分，请您根据自己的意愿和真实想法来回答问题，且不要将问题中的有关内容泄露给任何人。

请您回答：

1.您对品牌 X 熟悉吗？

　　A. 非常不熟悉　　B. 一般不熟悉　　C. 不熟悉　　D. 不清楚

　　E. 熟悉　　　　　F. 一般熟悉　　　G. 非常熟悉

2.您关注品牌 X 吗？

A. 非常不关注　　B. 一般不关注　　C. 不关注　　D. 不清楚
E. 关注　　F. 一般关注　　G. 非常关注

3. 您对品牌 X 了解吗？
A. 非常不了解　　B. 一般不了解　　C. 不了解　　D. 不清楚
E. 了解　　F. 一般了解　　G. 非常了解

您赞成以下说法吗？

1. 一般来说，我对品牌 X 有着较强的兴趣。
A. 非常不赞同　　B. 一般不赞同　　C. 不赞同　　D. 不清楚
E. 赞同　　F. 一般赞同　　G. 非常赞同

2. 品牌 X 对于我来说，有着特殊而重要的意义。
A. 非常不赞同　　B. 一般不赞同　　C. 不赞同　　D. 不清楚
E. 赞同　　F. 一般赞同　　G. 非常赞同

3. 当周围人聊到品牌 X 时，我会觉得很无聊。
A. 非常不赞同　　B. 一般不赞同　　C. 不赞同　　D. 不清楚
E. 赞同　　F. 一般赞同　　G. 非常赞同

4. 我认为品牌 X 是一个优秀品牌。
A. 非常不赞同　　B. 一般不赞同　　C. 不赞同　　D. 不清楚
E. 赞同　　F. 一般赞同　　G. 非常赞同

5. 我非常喜欢品牌 X。
A. 非常不赞同　　B. 一般不赞同　　C. 不赞同　　D. 不清楚
E. 赞同　　F. 一般赞同　　G. 非常赞同

6. 与同类品牌相比，我更忠诚于品牌 X。
A. 非常不赞同　　B. 一般不赞同　　C. 不赞同　　D. 不清楚
E. 赞同　　F. 一般赞同　　G. 非常赞同

您赞成以下说法吗？

1. 延伸到产品 A，我很清楚品牌 X 是什么。
A. 非常不赞同　　B. 一般不赞同　　C. 不赞同　　D. 不清楚
E. 赞同　　F. 一般赞同　　G. 非常赞同

2. 延伸到产品 A，很好地定义了品牌 X。
A. 非常不赞同　　B. 一般不赞同　　C. 不赞同　　D. 不清楚
E. 赞同　　F. 一般赞同　　G. 非常赞同

3. 延伸到产品 A，我很清楚品牌 X 接下来要干什么。
A. 非常不赞同　　B. 一般不赞同　　C. 不赞同　　D. 不清楚

E. 赞同　　　　　　F. 一般赞同　　　　　G. 非常赞同

4. 延伸到产品 A，能让我更容易理解品牌 X。

　　A. 非常不赞同　　B. 一般不赞同　　C. 不赞同　　D. 不清楚
　　E. 赞同　　　　　F. 一般赞同　　　G. 非常赞同

5. 在延伸到产品 B 后，我很难回答"品牌 X 代表着什么？"这一问题。

　　A. 非常不赞同　　B. 一般不赞同　　C. 不赞同　　D. 不清楚
　　E. 赞同　　　　　F. 一般赞同　　　G. 非常赞同

6. 在延伸到产品 A 后，我很清楚地知道品牌 X 背后的战略目标是什么。

　　A. 非常不赞同　　B. 一般不赞同　　C. 不赞同　　D. 不清楚
　　E. 赞同　　　　　F. 一般赞同　　　G. 非常赞同

您同意以下说法吗？

1. 我会乐意接受品牌 A 的产品 X。

　　A. 非常不赞同　　B. 一般不赞同　　C. 不赞同　　D. 不清楚
　　E. 赞同　　　　　F. 一般赞同　　　G. 非常赞同

2. 品牌 A 的产品 X 将会受到市场的认可和青睐。

　　A. 非常不赞同　　B. 一般不赞同　　C. 不赞同　　D. 不清楚
　　E. 赞同　　　　　F. 一般赞同　　　G. 非常赞同

二、预实验一绘制的品牌概念地图

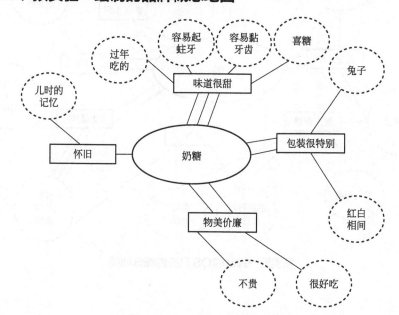

预实验一绘制的 DBT 品牌的概念地图

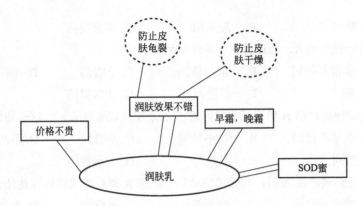

预实验一绘制的DB品牌的概念地图

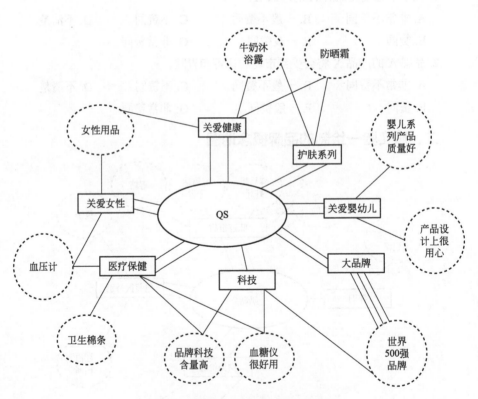

预实验一绘制的QS品牌的概念地图

附录 157

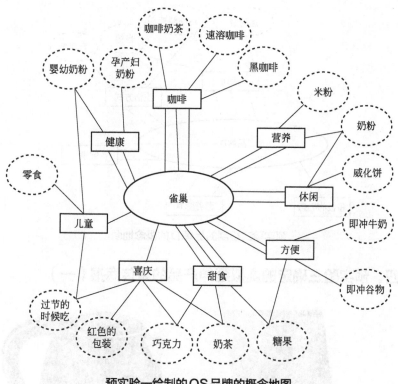

预实验一绘制的QS品牌的概念地图

三、预实验二绘制的品牌概念地图

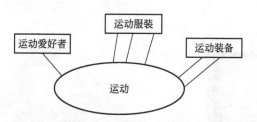

预实验二绘制的品牌C的概念地图

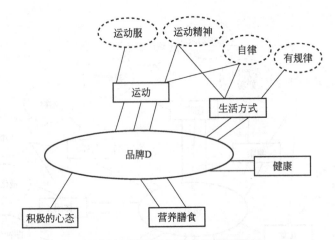

预实验二绘制的品牌 D 的概念地图

四、预实验三确定的虚拟延伸产品的宣传海报（一）

DL 品牌的笔记本电脑

LK 品牌的电热水壶

DL 品牌的公文包

GLJ 品牌的口气清新剂

AD 品牌的新能源汽车

PG 品牌的老人手机

AD 品牌的运动手环

PG 品牌的智能眼镜

五、预实验三确定的虚拟延伸产品的宣传海报（二）

DB 品牌的蛋白质粉

DB 品牌的婴儿润肤乳

DBT 品牌的纯牛奶

DBT 品牌的奶油蛋糕

QS 品牌的衣物柔顺剂

QC 品牌的薯片

QC 品牌的螺旋藻

QS 品牌的爽肤水

六、预实验四确定的虚拟延伸产品的宣传海报（一）

品牌A的巧克力

品牌B的巧克力

品牌A的风衣外套

品牌B的风衣外套

品牌A的T恤衫

品牌B的运动手表

品牌A的男士高档手表

品牌B的登山鞋

七、预实验四确定的虚拟延伸产品的宣传海报（二）

品牌C的马克杯

品牌C的皮夹克

品牌C的运动手环

品牌C的运动鞋

品牌D的马克杯

品牌D的皮夹克

品牌D的谷物早餐

品牌D的登山鞋

八、正式实验一使用的问卷

这是一份商业性质的问卷,所有的问题的回答都没有对和错之分,请您根据自己的意愿和真实想法来回答问题,且不要将问题中的有关内容泄露给任何人。

请您回答以下问题:

1. 您对品牌 X 熟悉吗?

   A. 非常不熟悉　　B. 一般不熟悉　　C. 不熟悉　　D. 不清楚
   E. 熟悉　　　　　F. 一般熟悉　　　G. 非常熟悉

2. 您关注品牌 X 吗?

   A. 非常不关注　　B. 一般不关注　　C. 不关注　　D. 不清楚
   E. 关注　　　　　F. 一般关注　　　G. 非常关注

3. 您对品牌 X 了解吗?

   A. 非常不了解　　B. 一般不了解　　C. 不了解　　D. 不清楚
   E. 了解　　　　　F. 一般了解　　　G. 非常了解

您赞成以下说法吗?

1. 一般来说,我对品牌 X 有着较强的兴趣。

   A. 非常不赞同　　B. 一般不赞同　　C. 不赞同　　D. 不清楚
   E. 赞同　　　　　F. 一般赞同　　　G. 非常赞同

2. 品牌 X 对于我来说,有着特殊而重要的意义。

   A. 非常不赞同　　B. 一般不赞同　　C. 不赞同　　D. 不清楚
   E. 赞同　　　　　F. 一般赞同　　　G. 非常赞同

3. 当周围人聊到品牌 X 时,我会觉得很无聊。

   A. 非常不赞同　　B. 一般不赞同　　C. 不赞同　　D. 不清楚

E. 赞同　　　　　F. 一般赞同　　　G. 非常赞同

4. 我认为品牌 X 是一个优秀品牌。
   A. 非常不赞同　　B. 一般不赞同　　C. 不赞同　　　D. 不清楚
   E. 赞同　　　　　F. 一般赞同　　　G. 非常赞同

5. 我非常喜欢品牌 X。
   A. 非常不赞同　　B. 一般不赞同　　C. 不赞同　　　D. 不清楚
   E. 赞同　　　　　F. 一般赞同　　　G. 非常赞同

6. 与同类品牌相比，我更忠诚于品牌 X。
   A. 非常不赞同　　B. 一般不赞同　　C. 不赞同　　　D. 不清楚
   E. 赞同　　　　　F. 一般赞同　　　G. 非常赞同

有学者将人们消费品牌的目的分为两种，第一种是功能型消费，即人们消费品牌的目的是获得对品牌的产品使用；第二种是象征型消费，即人们消费品牌的目的是获得对品牌的符号占有。那么依此分类，您对品牌 X 的消费目的是？
   A. 严格功能型　　B. 一般功能型　　C. 功能型　　　D. 不清楚
   E. 象征型　　　　F. 一般象征型　　G. 严格象征型

考虑到市场环境的变化和公司战略发展方向的调整，品牌 X 拟推出产品 A，并在产品 A 上使用品牌 X 的名称和 Logo，如图所示。请您据此回答以下问题：

您是否赞同以下说法：

1. 延伸产品 A 在类别上与品牌 X 原有产品品类上有很高的一致性。
   A. 非常不赞同　　B. 一般不赞同　　C. 不赞同　　　D. 不清楚
   E. 赞同　　　　　F. 一般赞同　　　G. 非常赞同

2. 延伸产品 A 与品牌 X 在产品类别上不具有相似性。
   A. 非常不赞同　　B. 一般不赞同　　C. 不赞同　　　D. 不清楚
   E. 赞同　　　　　F. 一般赞同　　　G. 非常赞同

3. 延伸产品 A 在品类上不能代表品牌 X 的原有产品。
   A. 非常不赞同　　B. 一般不赞同　　C. 不赞同　　　D. 不清楚
   E. 赞同　　　　　F. 一般赞同　　　G. 非常赞同

4. 延伸到产品 A，可以保留品牌 X 对于我的象征性意义。
   A. 非常不赞同　　B. 一般不赞同　　C. 不赞同　　　D. 不清楚
   E. 赞同　　　　　F. 一般赞同　　　G. 非常赞同

5. 延伸到产品 A，使得品牌 X 的特质被稀释了。
   A. 非常不赞同　　B. 一般不赞同　　C. 不赞同　　　D. 不清楚
   E. 赞同　　　　　F. 一般赞同　　　G. 非常赞同

6. 延伸产品 A 使我很难与品牌 X 的基因联系起来。
    A. 非常不赞同   B. 一般不赞同   C. 不赞同   D. 不清楚
    E. 赞同   F. 一般赞同   G. 非常赞同

您是否赞同以下说法：

1. 延伸到产品 A，我很清楚品牌 X 是什么。
    A. 非常不赞同   B. 一般不赞同   C. 不赞同   D. 不清楚
    E. 赞同   F. 一般赞同   G. 非常赞同

2. 延伸产品 A，很好地定义了品牌 X。
    A. 非常不赞同   B. 一般不赞同   C. 不赞同   D. 不清楚
    E. 赞同   F. 一般赞同   G. 非常赞同

3. 延伸到产品 A，我很清楚品牌 X 接下来要干什么。
    A. 非常不赞同   B. 一般不赞同   C. 不赞同   D. 不清楚
    E. 赞同   F. 一般赞同   G. 非常赞同

4. 延伸到产品 A，能让我容易理解品牌 X。
    A. 非常不赞同   B. 一般不赞同   C. 不赞同   D. 不清楚
    E. 赞同   F. 一般赞同   G. 非常赞同

5. 在延伸到产品 A 后，我很难回答"品牌 X 代表着什么？"这一问题。
    A. 非常不赞同   B. 一般不赞同   C. 不赞同   D. 不清楚
    E. 赞同   F. 一般赞同   G. 非常赞同

6. 在延伸到产品 A 后，我很清楚地知道品牌 X 背后的战略目标是什么？
    A. 非常不赞同   B. 一般不赞同   C. 不赞同   D. 不清楚
    E. 赞同   F. 一般赞同   G. 非常赞同

您是否赞同以下说法：

1. 我会乐意接受品牌 X 的产品 A。
    A. 非常不赞同   B. 一般不赞同   C. 不赞同   D. 不清楚
    E. 赞同   F. 一般赞同   G. 非常赞同

2. 品牌 X 的产品 A 将会受到市场的认可和青睐。
    A. 非常不赞同   B. 一般不赞同   C. 不赞同   D. 不清楚
    E. 赞同   F. 一般赞同   G. 非常赞同

3. 我很可能会购买品牌 X 的产品 A。
    A. 非常不赞同   B. 一般不赞同   C. 不赞同   D. 不清楚
    E. 赞同   F. 一般赞同   G. 非常赞同

4. 如果需要产品 A，我会选择品牌 X 的产品 A。

A. 非常不赞同　　　B. 一般不赞同　　　C. 不赞同　　　D. 不清楚
E. 赞同　　　　　　F. 一般赞同　　　　G. 非常赞同

5. 当有需要和购买力时，我将会义无反顾地选择品牌 X 的产品 A。

A. 非常不赞同　　　B. 一般不赞同　　　C. 不赞同　　　D. 不清楚
E. 赞同　　　　　　F. 一般赞同　　　　G. 非常赞同

6. 我会向周围需要产品 X 的亲友推荐品牌 X 的产品 A。

A. 非常不赞同　　　B. 一般不赞同　　　C. 不赞同　　　D. 不清楚
E. 赞同　　　　　　F. 一般赞同　　　　G. 非常赞同

九、正式实验二使用的问卷

这是一份商业性质的问卷，所有问题的回答都没有对错之分，请您根据自己的意愿和真实想法来回答问题，且不要将问题中的有关内容泄露给任何人。

品牌 A 以做工考究、质量上乘的西装赢得了消费者的认可，目前品牌致力于为男士提供选料讲究、工艺精湛、质量上乘的高档西装。其品牌广告口号为："让每位男士的衣柜中都有我的印记。"

品牌 B 以设计时尚、穿着舒适的专业运动服装赢得了广大运动爱好者的好评，目前品牌致力于向消费者宣传运动、健康的生活理念和生活方式，其品牌广告口号为："动起来更健康、更自信。"

有学者将人们消费品牌的目的分为两种，第一种是功能型消费，即人们消费品牌的目的是获得对品牌的产品使用；第二种是象征型消费，即人们消费品牌的目的是获得对品牌的符号占有。那么根据您阅读到的信息，您对品牌 A（或 B）的消费目的应该是？

A. 严格功能型　　　B. 一般功能型　　　C. 功能型　　　D. 不清楚
E. 象征型　　　　　F. 一般象征型　　　G. 严格象征型

考虑到市场环境的变化和公司战略发展方向的调整，品牌 X 拟推出产品 A，并在产品 A 上使用品牌 X 的名称和 Logo，如图所示。请您据此回答以下问题：

您是否赞同以下说法：

1. 延伸产品 A 在类别上与品牌 X 原有产品品类上有很高的一致性。

A. 非常不赞同　　　B. 一般不赞同　　　C. 不赞同　　　D. 不清楚
E. 赞同　　　　　　F. 一般赞同　　　　G. 非常赞同

2. 延伸产品 A 与品牌 X 在产品类别上不具有相似性。

A. 非常不赞同　　　B. 一般不赞同　　　C. 不赞同　　　D. 不清楚
E. 赞同　　　　　　F. 一般赞同　　　　G. 非常赞同

3. 延伸产品 A 在品类上不能代表品牌 X 的原有产品。
   A. 非常不赞同   B. 一般不赞同   C. 不赞同   D. 不清楚
   E. 赞同   F. 一般赞同   G. 非常赞同

4. 延伸到产品 A，可以保留品牌 X 对于我的象征性意义。
   A. 非常不赞同   B. 一般不赞同   C. 不赞同   D. 不清楚
   E. 赞同   F. 一般赞同   G. 非常赞同

5. 延伸到产品 A，使得品牌 X 的特质被稀释了。
   A. 非常不赞同   B. 一般不赞同   C. 不赞同   D. 不清楚
   E. 赞同   F. 一般赞同   G. 非常赞同

6. 延伸产品 A 使我很难与品牌 X 的基因联系起来。
   A. 非常不赞同   B. 一般不赞同   C. 不赞同   D. 不清楚
   E. 赞同   F. 一般赞同   G. 非常赞同

您是否同意以下说法：

1. 延伸到产品 A，我很清楚品牌 X 是什么。
   A. 非常不赞同   B. 一般不赞同   C. 不赞同   D. 不清楚
   E. 赞同   F. 一般赞同   G. 非常赞同

2. 延伸产品 A，很好地定义了品牌 X。
   A. 非常不赞同   B. 一般不赞同   C. 不赞同   D. 不清楚
   E. 赞同   F. 一般赞同   G. 非常赞同

3. 延伸到产品 A，我很清楚品牌 X 接下来要干什么。
   A. 非常不赞同   B. 一般不赞同   C. 不赞同   D. 不清楚
   E. 赞同   F. 一般赞同   G. 非常赞同

4. 延伸到产品 A，能让我容易理解品牌 X。
   A. 非常不赞同   B. 一般不赞同   C. 不赞同   D. 不清楚
   E. 赞同   F. 一般赞同   G. 非常赞同

5. 在延伸到产 A 后，我很难回答："品牌 X 代表着什么？"这一问题。
   A. 非常不赞同   B. 一般不赞同   C. 不赞同   D. 不清楚
   E. 赞同   F. 一般赞同   G. 非常赞同

6. 在延伸到产品 A 后，我很清楚地知道品牌 X 背后的战略愿景是什么。
   A. 非常不赞同   B. 一般不赞同   C. 不赞同   D. 不清楚
   E. 赞同   F. 一般赞同   G. 非常赞同

您是否同意以下说法：

1. 我会乐意接受品牌 X 的产品 A。

A. 非常不赞同　　　B. 一般不赞同　　　C. 不赞同　　　D. 不清楚
E. 赞同　　　F. 一般赞同　　　G. 非常赞同

2. 品牌 X 的产品 A 会受到市场的认可和青睐。
A. 非常不赞同　　　B. 一般不赞同　　　C. 不赞同　　　D. 不清楚
E. 赞同　　　F. 一般赞同　　　G. 非常赞同

3. 我很可能会购买品牌 X 的产品 A。
A. 非常不赞同　　　B. 一般不赞同　　　C. 不赞同　　　D. 不清楚
E. 赞同　　　F. 一般赞同　　　G. 非常赞同

4. 如果需要产品 A，我会选择品牌 X 的产品 A。
A. 非常不赞同　　　B. 一般不赞同　　　C. 不赞同　　　D. 不清楚
E. 赞同　　　F. 一般赞同　　　G. 非常赞同

5. 当有需要和购买力时，我将会义无反顾地选择品牌 X 的产品 A。
A. 非常不赞同　　　B. 一般不赞同　　　C. 不赞同　　　D. 不清楚
E. 赞同　　　F. 一般赞同　　　G. 非常赞同

6. 我会向周围需要产品 A 的亲友推荐品牌 X 的产品 A。
B. 非常不赞同　　　B. 一般不赞同　　　C. 不赞同　　　D. 不清楚
E. 赞同　　　F. 一般赞同　　　G. 非常赞同

十、正式实验三使用的问卷及整体的品牌概念地图绘制

（一）正式实验三使用的问卷

这是一份商业性质的问卷，所有的问题的回答都没有对错之分。请您根据自己的意愿和真实想法来回答问题，且不要将问题中的有关内容泄露给任何人。

请回答以下问题：

1. 您对品牌 X 熟悉吗？
A. 非常不熟悉　　　B. 一般不熟悉　　　C. 不熟悉　　　D. 不清楚
E. 熟悉　　　F. 一般熟悉　　　G. 非常熟悉

2. 您关注品牌 X 吗？
A. 非常不关注　　　B. 一般不关注　　　C. 不关注　　　D. 不清楚
E. 关注　　　F. 一般关注　　　G. 非常关注

3. 您对品牌 X 了解吗？
A. 非常不了解　　　B. 一般不了解　　　C. 不了解　　　D. 不清楚
E. 了解　　　F. 一般了解　　　G. 非常了解

您赞成以下说法吗？

1. 一般来说，我对品牌 X 有着较强的兴趣。
   A. 非常不赞同　　　B. 一般不赞同　　　C. 不赞同　　　D. 不清楚
   E. 赞同　　　　　　F. 一般赞同　　　　G. 非常赞同

2. 品牌 X 对于我来说，有着特殊而重要的意义。
   A. 非常不赞同　　　B. 一般不赞同　　　C. 不赞同　　　D. 不清楚
   E. 赞同　　　　　　F. 一般赞同　　　　G. 非常赞同

3. 当周围人聊到品牌 X 时，我会觉得很无聊。
   A. 非常不赞同　　　B. 一般不赞同　　　C. 不赞同　　　D. 不清楚
   E. 赞同　　　　　　F. 一般赞同　　　　G. 非常赞同

4. 我认为品牌 X 是一个优秀品牌。
   A. 非常不赞同　　　B. 一般不赞同　　　C. 不赞同　　　D. 不清楚
   E. 赞同　　　　　　F. 一般赞同　　　　G. 非常赞同

5. 我非常喜欢品牌 X。
   A. 非常不赞同　　　B. 一般不赞同　　　C. 不赞同　　　D. 不清楚
   E. 赞同　　　　　　F. 一般赞同　　　　G. 非常赞同

6. 与其他同类品牌相比，我更忠诚于品牌 X。
   A. 非常不赞同　　　B. 一般不赞同　　　C. 不赞同　　　D. 不清楚
   E. 赞同　　　　　　F. 一般赞同　　　　G. 非常赞同

提到品牌 X 您会联想到哪些词，请您用下图所示的学者们绘制的对品牌 X 的信息联想图，将您能联想到的词汇进行绘图。

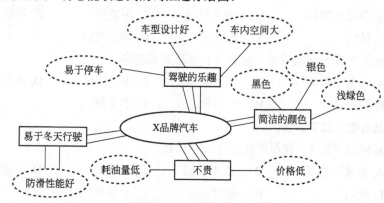

品牌概念地图绘制样图

注：连接线的条数代表词汇间的连接强度，三条代表强度最高，一条代表强度最低。图中的实线椭圆框代表核心词汇联想；实线方框代表次级核心词汇联想；虚线椭圆框代表末级联想词汇。

有学者将人们消费品牌的目的分为两种，第一种是功能型消费，即人们消费品牌的目的是获得对品牌的产品使用；第二种是象征型消费，即人们消费品牌的目的是获得对品牌的符号占有。那么依此分类，您对品牌 X 的消费目的是？

  A. 严格功能型   B. 一般功能型   C. 功能型   D. 不清楚

  E. 象征型   F. 一般象征型   G. 严格象征型

考虑到市场环境的变化和公司战略发展方向的调整，品牌 X 拟推出产品 A，并在产品 A 上使用品牌 X 的名称和 Logo，如图所示。请您据此回答以下问题：

您是否赞同以下说法：

1. 延伸产品 A 在类别上与品牌 X 原有产品品类上有很高的一致性。

  A. 非常不赞同 B. 一般不赞同 C. 不赞同   D. 不清楚

  E. 赞同   F. 一般赞同   G. 非常赞同

2. 延伸产品 A 与品牌 X 在产品类别上不具有相似性。

  A. 非常不赞同 B. 一般不赞同 C. 不赞同   D. 不清楚

  E. 赞同   F. 一般赞同   G. 非常赞同

3. 延伸产品 A 在品类上不能代表品牌 X 的原有产品。

  A. 非常不赞同 B. 一般不赞同 C. 不赞同   D. 不清楚

  E. 赞同   F. 一般赞同   G. 非常赞同

4. 延伸到产品 A，可以保留品牌 X 对于我的象征性意义。

  A. 非常不赞同 B. 一般不赞同 C. 不赞同   D. 不清楚

  E. 赞同   F. 一般赞同   G. 非常赞同

5. 延伸到产品 A，使得品牌 X 的特质被稀释了。

  A. 非常不赞同 B. 一般不赞同 C. 不赞同   D. 不清楚

  E. 赞同   F. 一般赞同   G. 非常赞同

6. 延伸产品 A 使我很难与品牌 X 的基因联系起来。

  A. 非常不赞同 B. 一般不赞同 C. 不赞同   D. 不清楚

  E. 赞同   F. 一般赞同   G. 非常赞同

您是否赞同以下说法：

1. 延伸到产品 A，我很清楚品牌 X 是什么。

  A. 非常不赞同 B. 一般不赞同 C. 不赞同   D. 不清楚

  E. 赞同   F. 一般赞同   G. 非常赞同

2. 延伸产品 A, 很好地定义了品牌 X。

  A. 非常不赞同 B. 一般不赞同 C. 不赞同   D. 不清楚

  E. 赞同   F. 一般赞同   G. 非常赞同

3. 延伸到产品 A，我很清楚品牌 X 接下来要干什么。
   A. 非常不赞同　　　B. 一般不赞同　　　C. 不赞同　　　D. 不清楚
   E. 赞同　　　　　　F. 一般赞同　　　　G. 非常赞同

4. 延伸到产品 A，能让我容易理解品牌 X。
   A. 非常不赞同　　　B. 一般不赞同　　　C. 不赞同　　　D. 不清楚
   E. 赞同　　　　　　F. 一般赞同　　　　G. 非常赞同

5. 在延伸到产 A 后，我很难回答"品牌 X 代表着什么？"这一问题。
   A. 非常不赞同　　　B. 一般不赞同　　　C. 不赞同　　　D. 不清楚
   E. 赞同　　　　　　F. 一般赞同　　　　G. 非常赞同

6. 在延伸到产品 A 后，我很清楚地知道品牌 X 背后的战略愿景是什么。
   A. 非常不赞同　　　B. 一般不赞同　　　C. 不赞同　　　D. 不清楚
   E. 赞同　　　　　　F. 一般赞同　　　　G. 非常赞同

您是否赞同以下说法：

1. 我会乐意接受品牌 X 的产品 A。
   A. 非常不赞同　　　B. 一般不赞同　　　C. 不赞同　　　D. 不清楚
   E. 赞同　　　　　　F. 一般赞同　　　　G. 非常赞同

2 品牌 X 的产品 A 将会受到市场的认可和青睐。
   A. 非常不赞同　　　B. 一般不赞同　　　C. 不赞同　　　D. 不清楚
   E. 赞同　　　　　　F. 一般赞同　　　　G. 非常赞同

3. 我很可能会购买品牌 X 的产品 A。
   A. 非常不赞同　　　B. 一般不赞同　　　C. 不赞同　　　D. 不清楚
   E. 赞同　　　　　　F. 一般赞同　　　　G. 非常赞同

4. 如果需要产品 A，我会选择品牌 X 的产品 A。
   A. 非常不赞同　　　B. 一般不赞同　　　C. 不赞同　　　D. 不清楚
   E. 赞同　　　　　　F. 一般赞同　　　　G. 非常赞同

5. 当有需要和购买力时，我将会义无反顾地选择品牌 X 的产品 A。
   A. 非常不赞同　　　B. 一般不赞同　　　C. 不赞同　　　D. 不清楚
   E. 赞同　　　　　　F. 一般赞同　　　　G. 非常赞同

6. 我会向周围需要产品 A 的亲友推荐品牌 X 的产品 A。
   A. 非常不赞同　　　B. 一般不赞同　　　C. 不赞同　　　D. 不清楚
   E. 赞同　　　　　　F. 一般赞同　　　　G. 非常赞同

（二）正式实验三绘制的品牌概念地图

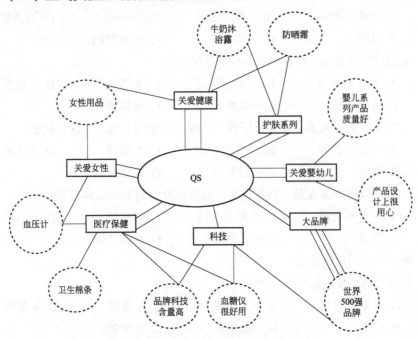

正式实验三绘制的 QS 品牌的品牌概念地图

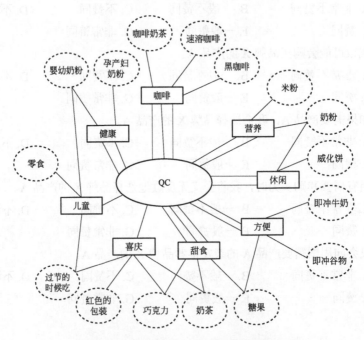

正式实验三绘制的 QC 品牌的品牌概念地图

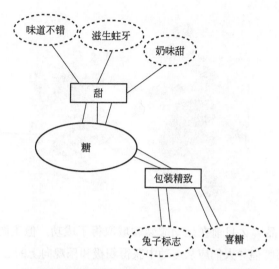

正式实验三绘制的DBT品牌的品牌概念地图

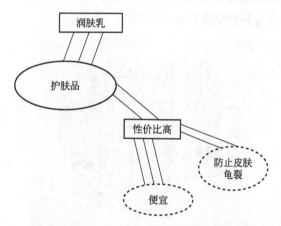

正式实验三绘制的DB品牌的品牌概念地图

十一、正式实验四使用的问卷及整体的品牌概念地图绘制

（一）正式实验四使用的问卷

这是一份商业性质的问卷，所有的问题的回答都没有对错之分，请您根据自己的意愿和真实想法来回答问题，且不要将问题中的有关内容泄露给任何人。

如图所示，品牌Y目前专注于向运动爱好者提供专业的运动装备，品牌旗下的运动服装深受广大运动爱好的喜欢，成为了他们运动时必备品牌：

如图所示，品牌 Z 目前在运动服装领域取得了成功，但正如品牌 Logo 所展示的那样，该品牌倡导人们应从运动中获得积极和乐观向上的心态、自律和健康的生活方式、勇于挑战自我的精神状态以及膳食营养均衡等能让人获得向上力量的元素，该品牌目前不仅在运动服装领域获得了消费者的好评，而且健康管理和健康咨询等服务行业领域获得了用户的认可。

请您根据上述描述，回答以下问题：

有学者将人们消费品牌的目的分为两种，第一种是功能型消费，即人们消费品牌的目的是获得对品牌的产品使用；第二种是象征型消费，即人们消费品牌的目的是获得对品牌的符号占有。那么依此分类，您对品牌 Y（或 Z）的消费目的是？

A. 严格功能型　　　　B. 一般功能型　　　　C. 功能型　　　　D. 不清楚
E. 象征型　　　　　　F. 一般象征型　　　　G. 严格象征型

根据阅读到的关于品牌 Y（或 Z）的信息，您会用哪些词来描述品牌 Y（或 Z），请您用下图所示的学者们绘制的对 DZ 品牌的信息联想图，将这些词汇进行画图。

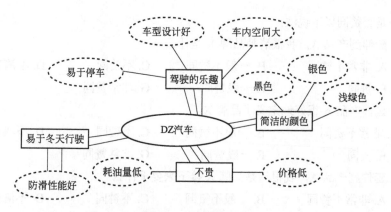

品牌概念地图绘制样图

备注：连接线的条数代表词汇间的连接强度，三条代表强度最高，一条代表强度最低。图中的实线椭圆框代表核心词汇联想；实线方框代表次级核心词汇联想；虚线椭圆框代表末级联想词汇。

考虑到市场环境的变化和公司战略发展方向的调整，品牌 X 拟推出产品 A，并在产品 A 上使用品牌 X 的名称和 Logo，如图所示。请您据此回答以下问题：

您是否赞同以下说法：

1. 延伸产品 A 在类别上与品牌 X 原有产品品类上有很高的一致性。
   A. 非常不赞同   B. 一般不赞同   C. 不赞同   D. 不清楚
   E. 赞同   F. 一般赞同   G. 非常赞同

2. 延伸产品 A 与品牌 X 在产品类别上不具有相似性。
   A. 非常不赞同   B. 一般不赞同   C. 不赞同   D. 不清楚
   E. 赞同   F. 一般赞同   G. 非常赞同

3. 延伸产品 A 在品类上不能代表品牌 X 的原有产品。
   A. 非常不赞同   B. 一般不赞同   C. 不赞同   D. 不清楚
   E. 赞同   F. 一般赞同   G. 非常赞同

4. 延伸到产品 A，可以保留品牌 X 对于我的象征性意义。
   A. 非常不赞同   B. 一般不赞同   C. 不赞同   D. 不清楚
   E. 赞同   F. 一般赞同   G. 非常赞同

5. 延伸到产品 A，使得品牌 X 的特质被稀释了。
   A. 非常不赞同   B. 一般不赞同   C. 不赞同   D. 不清楚
   E. 赞同   F. 一般赞同   G. 非常赞同

6. 延伸产品 A 使我很难与品牌 X 的基因联系起来。
   A. 非常不赞同   B. 一般不赞同   C. 不赞同   D. 不清楚
   E. 赞同   F. 一般赞同   G. 非常赞同

您是否赞同以下说法：

1. 延伸到产品 A，我很清楚品牌 X 是什么。

   A. 非常不赞同　　B. 一般不赞同　　C. 不赞同　　D. 不清楚
   E. 赞同　　　　　F. 一般赞同　　　G. 非常赞同

2. 延伸产品 A 很好地定义了品牌 X。

   A. 非常不赞同　　B. 一般不赞同　　C. 不赞同　　D. 不清楚
   E. 赞同　　　　　F. 一般赞同　　　G. 非常赞同

3. 延伸到产品 A，我很清楚品牌 X 接下来要干什么。

   A. 非常不赞同　　B. 一般不赞同　　C. 不赞同　　D. 不清楚
   E. 赞同　　　　　F. 一般赞同　　　G. 非常赞同

4. 延伸到产品 A 能让我容易理解品牌 X。

   A. 非常不赞同　　B. 一般不赞同　　C. 不赞同　　D. 不清楚
   E. 赞同　　　　　F. 一般赞同　　　G. 非常赞同

5. 在延伸到产品 A 后，我很难回答"品牌 X 代表着什么？"这一问题。

   A. 非常不赞同　　B. 一般不赞同　　C. 不赞同　　D. 不清楚
   E. 赞同　　　　　F. 一般赞同　　　G. 非常赞同

6. 在延伸到产品 A 后，我很清楚地知道品牌 X 背后的战略愿景是什么？

   A. 非常不赞同　　B. 一般不赞同　　C. 不赞同　　D. 不清楚
   E. 赞同　　　　　F. 一般赞同　　　G. 非常赞同

您是否赞同以下说法：

1. 我会乐意接受品牌 X 的产品 A。

   A. 非常不赞同　　B. 一般不赞同　　C. 不赞同　　D. 不清楚
   E. 赞同　　　　　F. 一般赞同　　　G. 非常赞同

2 品牌 X 的产品 A 将会受到市场的认可和青睐。

   A. 非常不赞同　　B. 一般不赞同　　C. 不赞同　　D. 不清楚
   E. 赞同　　　　　F. 一般赞同　　　G. 非常赞同

3. 我很可能会购买品牌 X 的产品 A。

   A. 非常不赞同　　B. 一般不赞同　　C. 不赞同　　D. 不清楚
   E. 赞同　　　　　F. 一般赞同　　　G. 非常赞同

4. 如果需要产品 A，我会选择品牌 X 的产品 A。

   A. 非常不赞同　　B. 一般不赞同　　C. 不赞同　　D. 不清楚
   E. 赞同　　　　　F. 一般赞同　　　G. 非常赞同

5. 当有需要和购买力时，我将会义无反顾地选择品牌 X 的产品 A。

A. 非常不赞同　　　B. 一般不赞同　　　C. 不赞同　　　D. 不清楚

E. 赞同　　　　　　F. 一般赞同　　　　G. 非常赞同

6. 我会向周围需要产品 A 的亲友推荐品牌 X 的产品 A。

A. 非常不赞同　　　B. 一般不赞同　　　C. 不赞同　　　D. 不清楚

E. 赞同　　　　　　F. 一般赞同　　　　G. 非常赞同

（二）正式实验四绘制的品牌概念地图

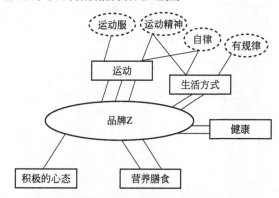

正式实验四绘制的品牌 Z 的品牌概念地图

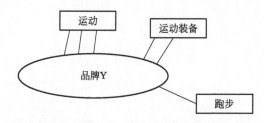

正式实验四绘制的品牌 Y 的品牌概念地图